Q&A
移転価格税制の
グレーゾーンと
実務対応

税理士法人フェアコンサルティング
伊藤 雄二・萩谷 忠 著

税務経理協会

はしがき

　2008年9月のリーマン・ブラザーズの経営破綻をきっかけとして生じた世界規模の金融危機，2011年3月11日の東日本大震災，2011年後半のタイの洪水による日本企業の生産工場への打撃及び今まさに吹き荒れるヨーロッパの信用不安の嵐は，日本企業にとってまさに未曾有の試練といえましょう。

　さらに，お家芸の製造業分野での韓国企業の躍進や中国企業の台頭，超円高による輸出競争力の低下など，日本企業に対する向かい風はますます激しいものとなっています。

　このような厳しい現状を踏まえ，日本企業の多くが，国際競争を勝ち抜くためにその製造拠点や管理統括拠点を海外にシフトする傾向が顕著となっています。そして，その大きな流れの中で，企業には各種の国際課税問題，とりわけ移転価格税制上の問題に，スピーディかつ的確に対処する能力が求められるようになってきたということがいえます。

　移転価格課税は，常に国際的な二重課税の状態を生み出します。そしてそれは時として，巨額の追加的税徴収となって企業の経営に甚大な影響を及ぼすことがあります。

　課税された企業は，追加納付という直接的な負担はもとより，企業イメージの毀損や争訟対応という間接的な負担にも耐えなければなりません。また，場合によってはビジネスモデルの見直しや経営資源の再配分によって対応しなければならないこともあるかもしれません。

　このため，世界各国の移転価格税制に適合するような価格設定や利益配分政策の策定が，多国籍企業にとって経営上の最重要課題の一つとなっているといっても過言ではありません。

　しかし，世界各国の移転価格税制はそれぞれに異なるものであり，それらを同時に遵守した税務申告をすることは不可能です。多国籍企業にとって可能なことは，企業グループ全体として移転価格課税リスクを最小化することであり，それは，リスクが大きいところに対して優先して対策を講じるということに他

なりません。

　また，初めて海外に進出する企業にとっても，進出国の移転価格税制は未知の領域であり，大きな課税問題に発展しないような事前対策が必要とされます。

　本書では，様々な状況下でそれぞれの事情を抱える企業にとって有益となるよう，現状において最も移転価格税制上課税リスクがあると思われる事項や取扱いが曖昧な事項に焦点をあて，質疑応答の形式によってグレーゾーンに斬りこみ，できるだけ明解な解説を行うことに心がけています。

　なお，本書の構成は次のようになっています。

Ⅰ　ドキュメンテーション
Ⅱ　役務提供
Ⅲ　事業再編と移転価格
Ⅳ　残余利益分割法
Ⅴ　取引単位営業利益法
Ⅵ　その他

　本書は，移転価格税制に関する実務上の諸問題の中で，重要であるにもかかわらずこれまで明確な方向性が示されてこなかったものを取り上げ，これらについて独自の見解を示したものであり，多々ご批判を頂戴することは承知の上で，本書をたたき台に各方面で議論が深まることを期待して敢えてチャレンジしたものです。

　本書が企業経営者，経理・財務担当，海外業務担当及び税務担当の方々にとって何らかの手助けとなればこの上ない喜びです。

　最後に，本書の制作に当たり様々な支援と助言をしていただいた皆様に深く感謝申し上げます。

　　平成24年3月

　　　　　　税理士法人フェアコンサルティング　代表社員　伊藤雄二
　　　　　　　　　　　　同　　　　　　　　　代表社員　萩谷　忠

Contents

はしがき

I ドキュメンテーション

1. わが国の移転価格ドキュメンテーションの具体的な留意事項 …………… 2
2. 親会社と外国子会社の移転価格ドキュメンテーションのあり方 ………… 9

II 役務提供

1. 移転価格税制上の役務の提供とは …………………………………………… 18
2. 親会社による海外子会社の設立費用の負担 ………………………………… 29
3. 海外子会社への出向と給与較差補てん ……………………………………… 34

III 事業再編と移転価格

1. 事業再編費用の負担 …………………………………………………………… 44
2. 事業再編と移転価格税制 ……………………………………………………… 49

IV 残余利益分割法

1. 残余利益分割法の問題（独自の機能とは何か）……………………………… 62
2. 研究開発の成果だけが独自の機能か ………………………………………… 70
3. 残余利益分割法におけるファクターの額を基本的利益算出の際に除く理由 ‥ 74
4. 残余利益分割法における分割ファクターの2度使い ……………………… 78
5. 研究成果と相関が不明な研究開発費の額を残余利益の分割ファクターに使用するのは妥当か ………………………………………………………… 84
6. 販管費率が非常に低いため超過的収益が生じているときの残余利益分割ファクター ……………………………………………………………………… 88
7. 分割対象利益がマイナスの場合の利益分割法の適用は可能か …………… 92
8. 研究開発費など，主に将来の利益に関連する費用を残余利益分割ファクターとするのは妥当か ……………………………………………………… 95

Ⅴ 取引単位営業利益法

1 取引単位営業利益法でベンチマークを行う場合，比較対象企業の業種と検証対象法人の業種は常に同じでなければならないのか ………… 100

2 受託製造会社の負担すべきリスクの範囲 ………………………… 104

3 取引単位営業利益法で，超過収益力を比較対象企業の選定基準に含めることは妥当か ……………………………………………………… 110

4 合算利益がマイナスの場合の取引単位営業利益法の適用は独立企業原則に則っているのか ………………………………………………… 114

5 独立企業間取引における取引価格がコストプラスで決まるとは認められない業界に属していても，売上先が国外関連者という理由で総費用営業利益率を用いた取引単位営業利益法を使用して独立企業間価格を算定することは妥当か ……………………………………………………… 118

7 外国課税当局が，自国の財務データベースの使用しか認めない場合のベンチマーク方法 …………………………………………………… 122

8 国外関連者が製造業の場合に，国外関連者を検証対象とする取引単位営業利益法で独立企業間価格を算定するとき，総費用に有償支給された原材料費を含むのか ………………………………………………… 125

9 検証対象法人が独自の機能を持つとき，原価基準法は適用できないのか … 128

Ⅵ その他

1 外国子会社に対する寄附金が認定される場合（移転価格課税との線引き） … 134

2 赤字操業となるＡ国子会社に対するロイヤルティの支払免除 ………… 143

3 ロケーション・セービングは誰が享受すべきか …………………… 148

4 国外関連者が他の国外関連者と取引している場合の移転価格の問題 …… 156

5 ユーロ建て金銭消費貸借取引で，金利情報を得られなかった場合の独立企業間利率 …………………………………………………… 162

6 外国税額控除と移転価格課税の関係 ………………………………… 169

7 相互協議制度とは ………………………………………………… 176

■ 資　料

- ■ 移転価格用語集 ……………………………………………………… 188
- ■ 租税特別措置法（抄）………………………………………………… 200
- ■ 租税特別措置法施行令（抄）………………………………………… 206
- ■ 租税特別措置法施行規則（抄）……………………………………… 215
- ■ 租税特別措置法関係通達（法人税編）
  第66条の4《国外関連者との取引に係る課税の特例》関係（抄）………… 218
- ■ 移転価格事務運営要領 ……………………………………………… 229

I ドキュメンテーション

I ドキュメンテーション

1 わが国の移転価格ドキュメンテーションの具体的な留意事項

Question 移転価格ドキュメンテーションという言葉をよく聞きますが，それをしておかないと課税されるのでしょうか。本来の目的や具体的な実施の方法などについて教えてください。

Answer 移転価格のドキュメンテーションとは，法人がその国外関連者と行う取引（国外関連取引）の価格が独立企業間価格であることを証明する資料を作成・保管しておくことをいいます。これをしておかないと推定課税を受けるなどのリスクがあります。推定課税との関係や具体的にどのような資料を作成・保管すべきかについては，解説の項で詳しく述べます。

―― 解　説 ――

Ⅰ　ドキュメンテーションと推定課税の関係

　租税特別措置法（以下「措置法」）66条の4第6項では，調査官から独立企業間価格を算定するために必要と認められる書類として財務省令で定めるものの提出を求められた法人が，それを遅滞なく提示又は提出しなかったときは，課税当局は推定課税をすることができるとされています。この場合の推定課税は，具体的には，次の方法によるものとされています。なお，推定課税の詳細については別項で取り上げます。

① 　法人の当該国外関連取引に係る事業と同種の事業を営む法人で，事業規模その他の事業の内容が類似するもののその事業に係る売上総利益率又はこれに準ずる割合を基礎とした再販売価格基準法若しくは原価基準法又はそれらの方法と同等の方法

② 　比較利益分割法，寄与度利益分割法，残余利益分割法又は取引単位営業利益法に類する一定の方法

Ⅱ　ドキュメンテーションと同種の事業を営む者に対する質問又は検査の関係

　法人が独立企業間価格を算定するために必要と認められる書類として財務省令で定めるものを、調査官の求めに応じて遅滞なく提示又は提出することができなかった場合、推定課税とは別に、措置法66条の4第8項により、その法人の国外関連取引に係る事業と同種の事業を営む者に質問し、又は当該事業に関する帳簿書類を検査することができることとされています。

　ここで注意すべきことは、この質問や検査の対象は法人の国外関連取引に係る事業と同種の事業を営む者であり、必ずしも法人と実際に取引関係にある者に限られないということです。この点で反面調査とは異なるものです。取引の相手方であれば、その取引の税務処理が適正かどうかを確認するために反面調査の対象とされることは、ある意味やむを得ないことであると思いますが、単に同業者であるという理由だけで質問や検査を受忍しなければならないこととされているのです。

　この質問や検査の結果、国外関連取引と比較可能な独立企業間取引の情報が得られると、課税当局はその情報に基づいて課税することがあります。また、十分な情報が得られないときは、上記Ⅰの推定課税を選択することもあります。

Ⅲ　措置法施行規則22条の10の新設

　措置法の新省令は、調査官の求めに応じて法人が遅滞なく提示又は提出すべき、独立企業間価格を算定するために必要と認められる書類を具体的に列挙しています。この規定により、納税者が何を遅滞なく提示又は提出しなければならないかということが明確になりました。換言すれば、法人がそのような書類を予め作成・保管（ドキュメンテーション）しておけば、推定課税や同業者に対する質問又は検査を回避することができるということが明らかになったということです。この点を捉えて、新省令をわが国で初めて定められた移転価格ドキュメンテーション規定であるという人もいます。もっとも、世界各国が導入

しているドキュメンテーション規定の多くは，納税者が申告時点で自ら独立企業間価格を算定するために必要な書類を作成・保管しておくといういわゆる同時文書化（Contemporaneous Documentation コンテンポレイニアス・ドキュメンテーション）を内容とするものですが，新省令は申告時点での文書化を促すものとはなっていません。

なお，新省令が規定される以前は，課税当局と納税者との間で，独立企業間価格を算定するために必要と認められる書類の内容を巡って様々な論議が生じていましたが，今後はそのような議論は徐々に収束していくものと思われます。この意味で，新省令は，納税者にとってドキュメンテーションが推定課税等を回避するための有効な手段であるということを示すとともに，ドキュメンテーションが不十分な場合には，課税当局による正確な事実認定に支障が生じる結果，反証可能な推定という形で立証責任が課税当局から納税者に転換される可能性が高くなるということをより一層明確にしたものであると考えられます。

Ⅳ 新省令の規定する書類の具体的な内容とドキュメンテーションを実施する上での留意点

ここでは，新省令の列挙する書類について紹介するとともに，それらについてのドキュメンテーションの面で留意すべきポイントを個々に示したいと思います。

① 国外関連取引の内容を記載した書類として次に掲げる書類
　イ 国外関連取引に係る資産の明細及び役務の内容を記載した書類

ポイント
➡(i) 別表17(4)（「国外関連者に関する明細書」）の記載の徹底
➡(ii) 製造の場合は，製品の製造工程図及び商流図により製品の特徴等を説明
➡(iii) 販売の場合は，商流図により取扱製品の特徴や販売方法等を説明
➡(iv) 役務提供の場合は取引図により役務の内容及びその提供方法を説明

　ロ 国外関連取引において法人及び国外関連者の果たす機能，負担するリス

Ⅰ　ドキュメンテーション

クに係る事項を記載した書類

ポイント
- (i) 法人，国外関連者それぞれが国外関連取引において果たす機能，負担するリスクを洗い出し，一覧表の形で整理
- (ii) 洗い出した機能及びリスクが，国外関連取引価格にどのような影響を及ぼすかについて分析

ハ　法人又は国外関連者が国外関連取引において使用した無形固定資産その他の無形資産の内容を記載した書類

ポイント
- (i) 特許や，ノウハウの具体的な内容について記載
- (ii) 経済的又は商業的価値を有するかどうかについて分析

ニ　国外関連取引に係る契約書又は契約の内容を記載した書類

ポイント
- (i) 契約書ごとに商流と契約内容が一致しているかどうかを確認し，不一致の場合，その具体的事実関係と不一致の理由を解明
- (ii) 契約書の締結がない口頭ベースでの合意については，内容を簡記した書類を作成して代用
- (iii) 契約でカバーしていない無形資産取引が事実上行われていないかどうかについて確認

ホ　国外関連取引において法人が国外関連者から支払を受ける対価の額又は支払う対価の額の設定の方法及びその設定に係る交渉の内容を記載した書類

ポイント
- (i) 価格設定フォーミュラがある場合にはバックデータとともに保管
- (ii) 価格設定フォーミュラがない場合には，予算書，稟議書又は会議議事録

等，価格設定方法を確認する上で参考となる資料を保管
➡(iii) 交渉経緯については，直接担当者からヒアリングしてその概要を整理しておくとともに，交渉時に使用した資料，データ等を保管

② 国外関連取引に係る独立企業間価格を算定するための書類として次に掲げる書類
　イ　法人の選定した独立企業間価格の算定方法及びその選定の理由を記載した書類その他法人が独立企業間価格を算定するに当たり作成した書類（次のロからホの書類を除く）

ポイント
➡(i) 措置法66条の4第2項に定める独立企業間価格の算定方法（a独立価格比準法，b再販売価格基準法，c原価基準法，aからcまでに掲げる方法に準ずる方法その他政令で定める方法）のうち最終的にどの方法を選定するに至ったかについて確認することのできる書類・資料を保管
➡(ii) 独立企業間価格の検証結果を提示

　ロ　法人が採用した国外関連取引に係る比較対象取引の選定に係る事項等を記載した書類
ポイント　比較対象取引において取引の対象とされる商品，製品，又は提供される役務等の性状，構造，機能等を分析するとともに，その取引段階，取引数量その他取引条件の有無についても検討し，国外関連取引における諸要素と比較対比

　ハ　法人が利益分割法を選定した場合の法人及び国外関連者に帰属するものとして計算した金額を算定するための書類
ポイント　所得配分のファクターの選定理由及びその計算過程を明らかにする資料の作成

I　ドキュメンテーション

　ニ　法人が複数の国外関連取引を一の取引として独立企業間価格の算定を行った場合のその理由及び各取引の内容を記載した書類

ポイント　一の国外関連取引の取引価格の形成に他の国外関連取引が影響していると認められる等の理由によって，複数の国外関連取引を一の取引として独立企業間価格を算定することが合理的と認められる場合のその根拠を示す書類の作成・保管

　ホ　比較対象取引について差異調整を行った場合のその理由等について記載した書類

ポイント　取引の差異が取引価格に影響を及ぼすことを客観的に示し，差異調整の合理性を説明

今後の課題

　移転価格ドキュメンテーションの実施に当たり困難な点は，作成・保管すべき書類の範囲が国外関連取引ごとに異なるため，個々の取引についてその実態を説明するために有効な書類を特定しなければならないことです。移転価格ドキュメンテーションにおいては，次のステップとしてそれらに基づいて選定した独立企業間価格の算定方法が合理的であること及び導出した価格が独立企業間価格となっていることを証明しなければならないため，その書類の特定は慎重にかつ的確に行わなければなりません。そのためには，社内においてドキュメンテーションに関する留意事項の周知・徹底するための研修会等を開催して，事業部間での共通認識の醸成を図ることが重要です。

グレーゾーンの背景と留意点

　国外関連取引の実態については，それがグループ間で，他人行儀にではなく，融通無碍に行われるものであるが故に，あるときは独立企業間取引よりも効率

的に，またあるときはそれに比してかなりの無駄を伴って行われることがあるということを認識しておかなければなりません。その上で，国外関連取引の価格が独立企業間価格となっていない可能性があることを視野に入れながら，常に「独立企業間であればどのようにしただろうか」ということを念頭において，経済合理性のある独立企業間価格を算定する必要があります。その算定の過程を書類にまとめることが移転価格ドキュメンテーションの本質にほかならないのです。まずはやってみること，そして試行錯誤を経て一歩ずつ理想的なドキュメンテーションに近づけることが肝要です。移転価格調査を受けてから泥縄で対応しようとしても物理的に不可能であるため，課税当局による正確な事実認定に支障が生じ，その結果推定課税などを誘引しかねないことは既に述べたとおりです。

Ⅰ ドキュメンテーション

2 親会社と外国子会社の移転価格ドキュメンテーションのあり方

Question 弊社はＡ国に製造技術（特許及び製法ノウハウ）を供与している子会社がありますが，現地税制が移転価格についてドキュメンテーションを義務付けていることから，現地の会計事務所のサポートを受け子会社においてドキュメンテーションを行っています。

ところで，日本の税制も平成22年から移転価格ドキュメンテーションを義務付けたと聞きましたが，弊社ではこれに関して今のところ何もやっていません。このままの状態で移転価格調査を受けると即課税されるといっている人もいますが，本当でしょうか。弊社と製造子会社の取引は技術供与取引だけで，その取引についてはＡ国税制に基づくドキュメンテーションも完了していますので，弊社に対して移転価格調査があった場合にもそのドキュメンテーション資料を提出すれば問題ないと思うのですが。

Answer Ａ国税制に対応した製造子会社のドキュメンテーション資料が，その対象となる国外関連取引のもう一方の当事者である日本親会社のドキュメンテーション資料としても十分活用できるものであれば，その製造子会社のドキュメンテーションは意義あるものということがいえるでしょう。

実際問題として，移転価格ドキュメンテーションの規定は各国ごとに異なるものであるため，Ａ国税制に対応した製造子会社のドキュメンテーション資料が即日本の親会社のドキュメンテーション資料として使えるわけではありません。

しかし，ドキュメンテーションは，そもそも国外関連取引ごとに行うべきものですから，一の国外関連取引に関するドキュメンテーションの中身が親会社と子会社で大幅に異なるものであってはなりません。

現実的な対応としては，まずは，子会社よりも多くの機能を果たしリスクを負担していると考えられる親会社の立場から国外関連取引を分析してドキュメンテーションを実施し，それを子会社の所在する国の法律が要求するものに修正して子会社のためのドキュメンテーションとして活用するということになる

のではないかと思います。そのことが，企業グループ全体として重複作業を回避し，効率的・効果的なドキュメンテーションを実施することにつながるのではないかと考えます。

解　説

　措置法施行規則により，法人が移転価格調査において調査官の求めに対し遅滞なく提示又は提出すべき書類が具体的に列挙され，いわば文書化すべき書類の内容・程度が明らかにされました。今後は，それら具体的に示された書類を遅滞なく提示又は提出できないときに推定課税や法人の直接の取引先ではない同業者に対する課税当局による情報収集に基づく課税が行われる可能性が生じることになります。なお，この省令の施行日は平成22年10月1日です。

　この改正以前は，課税当局と納税者との間で，独立企業間価格を算定するために必要と認められる書類の文書化の内容及び程度を巡って論議が生じていましたが，今後は，そのような議論は徐々に終息していくものと思われます。一方，的確な文書化が納税者側の目指すべき安全なゴールを意味する半面，不十分な文書化は反証可能な推定という形で課税当局から納税者に立証責任が転換される際のトリガーとなるということが，より一層明確になったのではないかと考えられます。

Ⅰ　日本の移転価格ドキュメンテーションの具体的な内容

　平成22年度の税制改正では，措置法66条の4第6項において，「独立企業間価格を算定するために必要と認められる書類」を省令で定めることとされ，省令では要旨次のような書類が具体的に列挙されました（措規22の10①）。

① 　国外関連取引の内容を記載した書類として次に掲げる書類
　　イ　国外関連取引に係る資産の明細及び役務の内容を記載した書類
　　ロ　国外関連取引において法人及び国外関連者の果たす機能，負担するリスクに係る事項を記載した書類

ハ　法人又は国外関連者が国外関連取引において使用した無形固定資産その他の無形資産の内容を記載した書類
　ニ　国外関連取引に係る契約書又は契約の内容を記載した書類
　ホ　国外関連取引において法人が国外関連者から支払を受ける対価の額又は支払う対価の額の設定の方法及びその設定に係る交渉の内容を記載した書類
② 国外関連取引に係る独立企業間価格を算定するための書類として次に掲げる書類
　イ　法人の選定した独立企業間価格の算定方法及びその選定の理由を記載した書類その他法人が独立企業間価格を算定するに当たり作成した書類（次のロからホの書類を除く）
　ロ　法人が採用した国外関連取引に係る比較対象取引の選定に係る事項等を記載した書類
　ハ　法人が利益分割法を選定した場合の法人及び国外関連者に帰属するものとして計算した金額を算定するための書類
　ニ　法人が複数の国外関連取引を一の取引として独立企業間価格の算定を行った場合のその理由及び各取引の内容を記載した書類
　ホ　比較対象取引について差異調整を行った場合のその理由等について記載した書類

Ⅱ 製造子会社のドキュメンテーションを親会社のドキュメンテーション資料として活用することは可能か

　既にA国製造子会社についてドキュメンテーションを完了しているとのことですが、それが親会社との取引（国外関連取引）に係るものであり、かつ、上記省令に定める要件に該当するものであれば、基本的にそれを日本におけるドキュメンテーション用に活用することは可能でしょう。

Ⅲ 子会社のドキュメンテーションによって,子会社の利益が高めに誘導されていないか

　海外の多くの国のドキュメンテーション規定は,わが国のドキュメンテーション規定と異なり,納税者が申告時点で自ら独立企業間価格を算定するために必要な書類を作成・保管しておくという,いわゆる同時文書化（Contemporaneous Documentation コンテンポレイニアス・ドキュメンテーション）です。

　私の知る限り,日系企業の中には,同時文書化規定を遵守するために,現地の会計事務所等に依頼してとりあえず申告期限までにドキュメンテーションを完了しておくというスタンスの会社が少なくないように感じます。いきおい,形を整えることが優先され,実態としては,現地税務当局から課税されないよう,国外関連者の利益を高めに誘導するといった傾向も見て取れます。そうすることにより確かに現地の課税リスクを低く抑える効果は生じますが,裏を返せば親会社の利益率の低下を招き,親会社の所在する国における課税リスクをその分引き上げることになっていることを忘れてはならないと思います。

　日本の課税当局は,そのような状況には常に目を光らせていますので,親会社が日本法人の場合には,子会社がそういった安易なドキュメンテーションを行っていると,日本の課税リスクを確実に高めることになるので要注意です。移転価格事務運営要領の2-4（調査時に検査を行う書類）では,移転価格税制上の問題があるかどうかを判断するため,「移転価格税制に相当する外国の制度にあって同制度の実効性を担保するために適正な資料作成を求める規定（いわゆるドキュメンテーション・ルール）に従って国外関連者が書類を準備している場合の当該書類」を把握し検討することとしています。

Ⅳ どのようなドキュメンテーションが望ましいか

　子会社のドキュメンテーションでは,その検討の範囲がその子会社の果たしている機能及び負担しているリスクに限定されていることが少なくなく,日本の親会社についてのドキュメンテーションとしては不備な場合があります。このため,まずは,子会社の果たす機能及び負担するリスクよりもより広範な機

能を果たし，より大きなリスクを負担している親会社を検討対象とするドキュメンテーションを行い，それを子会社の所在する国の法制度に合わせて修正し，子会社のドキュメンテーションとして活用するということが一般的です。一見重複した作業のようにも思われますが，親会社のドキュメンテーション作業においては，国外関連取引における子会社の果たす機能及び負担するリスクの分析は欠かせない作業であり，親会社のドキュメンテーションが完成する過程で子会社のドキュメンテーションもほぼ完成するという関係にありますので，ばらばらに行うよりかえって効率的といえます。ご質問の場合，親会社から製造子会社に対して特許やノウハウが供与されているということですので，その供与取引の対価が独立企業間価格となっているかどうかが移転価格税制上検討対象となりますので，国外関連取引において製造子会社及び親会社双方の果たしている機能及び負担しているリスクを分析するとともに，同業者の取引内容や市場の状況等を総合的に勘案する必要があります。このような点に配慮しないで製造子会社のドキュメンテーションを先行して実施した場合，後で大幅に修正しなければならないこともあり得るということに注意してください。

今後の課題

　ある意味で，平成22年の省令改正により日本におけるドキュメンテーション制度がスタートしたといってよいと思います。しかし，これが定着してすべての企業が適正なドキュメンテーションを実施することができるようになるまでには相当の時間を要するものと想定されます。その原因は，ずばり法令の不備と執行方針の不透明さといって差し支えないものと思われます。日本の移転価格税制では，まず，一義的には納税者が独立企業間価格に基づいて法人税の申告を行う必要がありますが，納税者が独立企業間価格を算定するために用いることのできる方法は事実上そう多くはありません。なぜならば，企業が国外関連者を有してそれと国外関連取引を行う場合，それと同時並行して非関連者と同様の取引を行うことはほとんどあり得ないからです。したがって，比較対

象取引を見つけることには常に困難を伴います。いきおい、伝統的な比較法（独立価格比準法、原価基準法、再販売価格基準法）に代えて取引単位営業利益法か利益分割法を選択するケースが多くなります。しかしこれらの方法において比較可能性を担保するために有効な手法や判断基準あるいは、利益獲得に対する貢献度合いの測定・評価方法について規定した法律はなく、また、それらに関する課税当局の執行方針も十分には示されていないのが現状です。したがって、納税者は自らの判断で行ったドキュメンテーションについて常に調査官との議論を覚悟しておかなければならないのであり、予見可能性や法的安定性は期待しようもありません。こういったことからしますと、（多少の言い過ぎはご容赦いただくとして）上記の省令改正は、日本のドキュメンテーション制度の始まりというよりは、むしろ、推定課税やシークレットコンパラに基づく課税を受けないために用意しておくべき事柄の掲示という方が正確かもしれません。個人的には、この法令の不備及び執行方針の不透明の解消と同時文書化義務はセットで取り扱われるべきものと考えます。

グレーゾーンの背景と留意点

　繰り返しになりますが、外国子会社のドキュメンテーションは、自国税制の求めるドキュメンテーションを期日までにとりあえず形だけでも整えておけばよい、といったその場しのぎのスタンスで実施されていることが少なくありません。その結果、そのドキュメンテーションが親会社にどのような影響を与えるものか、すなわち、それが親会社の存在する国の移転価格課税を惹起するリスクはないか、という点についての検討が疎かにされていることも珍しくないのです。

　仮に、外国子会社において、親会社の果たす機能と負担するリスクを無視し、外国の税務当局寄りのずさんなドキュメンテーションが行われているような事実が認められれば、日本の優秀な調査官ならばそれを取っ掛かりとして移転価格上の問題を的確に把握し、親会社に移転価格課税を行うといった事態も容易

I　ドキュメンテーション

に想定されるところです。もっとも，法令の不備や執行方針の不透明さをそのままにして課税が強化されることは望ましくありません。

　このような現状においては，法令の整備をひたすら待っているというわけにもいきませんので，まずは，国外関連取引における親会社の果たす機能及び負担するリスクについて十分検討し，親会社のドキュメンテーションを完成させることが大事です。その上で，それが国外関連取引に関係する各国の課税当局にとって矛盾のない整合性のとれたドキュメンテーションとなっているかどうかを最終的にチェックするという順番で作業を行うことが効率的で効果的な手法であると思います。またドキュメンテーションの実施に当たっては，一の算定方法のみならず，複数の算定手法による検討を常に心がけるとともに，直接的に適用することができない算定手法であっても，ドキュメンテーションの合理性を検証するための材料として使うことができないか丁寧に検討することが必要です。さらには，実施したドキュメンテーションの合理性を裏付けることに役立つと思われるデータや事実をできるだけ収集しておくといった現実的な対応も求められるところです。

II 役務提供

Ⅱ 役務提供

1 移転価格税制上の役務の提供とは

Question 弊社は、この度の移転価格調査で、米国、英国及び中国の子会社に対し経営上の助言や事業企画上の指導監督を行っているのに、それらの役務提供の対価を回収していないのは問題であるとの指摘を受けました。

　弊社としては、これらの活動は自らの株主としての投資を保全するために行っているものであって、子会社に対する役務提供とは考えていません。

　移転価格税制の対象となる役務の提供とはどのようなものをいうのか必ずしも明確ではないような気がしますが、この点について何か参考となるようなものはないでしょうか。

Answer 移転価格税制の対象となる役務の提供取引（「IGS」= Intra Group Service）に関し、法令上の規定はありません。このため、国税庁の発遣する措置法通達や移転価格事務運営要領、あるいは、OECD移転価格ガイドライン（2010年版）を注意深く読んで、課税当局の考える役務提供の中身や国際的議論の動向について理解を進めておくことが必要であると思います。

　これらを通じて一貫していわれていることは、国外関連者と同様の状況にある非関連者が、国外関連者が法人から受けた活動と同じ活動を非関連者から受けた場合に、進んで対価を支払うかどうか、又は法人がその活動を行わなかったとした場合に国外関連者自らがこれと同じ活動を行う必要があると認められるかどうかにより、移転価格税制上検討すべき役務の提供であるかどうかを判断するということです。

―― 解　説 ――

Ⅰ 課税当局の見解

1 役務の提供に該当するかどうかの判断基準

　法人が国外関連者に対し、経営・財務・業務・事務管理上の活動を行う場合において、その活動が移転価格税の対象となる役務の提供に該当するかどうか

Ⅱ　役務提供

は，その活動がその国外関連者にとって経済的又は商業的価値を有するものかどうかにより判断するとしています。具体的には，当該国外関連者と同様の状況にある非関連者が他の非関連者からこれと同じ活動を受けた場合に対価を支払うかどうか，又は当該法人が当該活動を行わなかったとした場合に国外関連者自らがこれと同じ活動を行う必要があると認められるかどうかにより判断することとしています（移転価格事務運営要領2-9(1)）。

　イ　国外関連者にとって経済的又は商業的価値を有するものかどうかの判断基準

　　次の(イ)～(ヲ)に挙げるような経営・財務・業務・事務管理上の活動で，その活動の受け手である国外関連者と同様の状況にある非関連者が他の非関連者からこれと同じ活動を受けた場合に対価を支払うかどうか，又はその法人が当該活動を行わなかったとした場合に国外関連者自らがこれと同じ活動を行う必要があると認められるかどうかにより，その活動が国外関連者にとって経済的又は商業的価値を有するものかどうかを判断するとしています（同2-9(1)）。

　(イ)　企画又は調整
　(ロ)　予算の作成又は管理
　(ハ)　会計，税務又は法務
　(ニ)　債権の管理又は回収
　(ホ)　情報通信システムの運用，保守又は管理
　(ヘ)　キャッシュフロー又は支払能力の管理
　(ト)　資金の運用又は調達
　(チ)　利子率又は外国為替レートに係るリスク管理
　(リ)　製造，購買，物流又はマーケティングに係る支援
　(ヌ)　従業員の雇用，配置又は教育
　(ル)　従業員の給与，保険等に関する事務
　(ヲ)　広告宣伝（(リ)に掲げるマーケティングに係る支援を除く）

ロ　法人が，国外関連者の要請に応じて随時役務の提供を行い得るよう人員や設備等を利用可能な状態に定常的に維持している場合には，そういった状態を維持していること自体が役務の提供に該当することに留意することとしています（同2-9(2)）。

ハ　経済的又は商業的価値を有しない活動（＝役務提供に該当しない活動）とは
　　法人が国外関連者に対し行う上記イの各活動が，役務の提供に該当するかどうかを検討するに当たり，次の(イ)及び(ロ)に掲げる活動は国外関連者にとって経済的又は商業的価値を有しないことに留意すべきであるとしています。国外関連者にとって経済的又は商業的価値を有しないものであれば，対価性を有しないことになりますので，結局，(イ)及び(ロ)に掲げる活動は役務提供取引に該当しないものの例示ということになります（同2-9(3)）。
(イ)　法人が国外関連者に対し，非関連者がその国外関連者に行う役務の提供又は当該国外関連者が自らのために行う上記イの各活動と重複する活動を行う場合におけるその重複する活動（ただし，その重複が一時的であると認められる場合，又は当該重複する活動が事業判断の誤りに係るリスクを減少させるために手続上重複して行われるチェック等であると認められる場合を除く）
(ロ)　国外関連者に対し株主としての地位を有する法人が，専ら自らのために行う株主としての法令上の権利の行使又は義務の履行に係る活動（以下「株主活動」という）で，たとえば次に掲げるもの
　　(i)　親会社が実施する株主総会の開催や株式の発行など，親会社が遵守すべき法令に基づいて行う活動
　　(ii)　親会社が金融商品取引法に基づく有価証券報告書等を作成するための活動

ハ　株主活動に該当しない活動（＝役務提供に該当する活動）とは

親会社が子会社等に対して行う特定の業務に係る企画，緊急時の管理，技術的助言，日々の経営に関する支援等は，株主としての地位を有する者が専ら株主として自らのために行うものとは認められないことから，株主活動には該当しないとしています（同2-9(3)注）。

　また，親会社が子会社等に対する投資の保全を目的として行う活動で，かつ，その子会社等にとって経済的又は商業的価値を有するものも，株主活動ではなく役務の提供に該当するとしています（同2-9(3)注）。

2　役務提供取引に係る独立企業間価格の算定方法

　役務提供取引について独立価格比準法と同等の方法を適用する場合には，比較対象取引に係る役務が国外関連取引に係る役務と同種であり，かつ，比較対象取引に係る役務提供の時期，役務提供の期間等の役務提供の条件が国外関連取引と同様であることを要することに留意するとしています。また，役務提供取引について，原価基準法と同等の方法を適用する場合には，比較対象取引に係る役務が国外関連取引に係る役務と同種又は類似であり，かつ，上記の役務提供の条件と同様であることを要することに留意すべきであるとしています（措置法通達66の4(7)-5）。

3　役務提供に係る総原価の額を独立企業間価格とする取扱い

　法人が国外関連者との間で行う役務提供のうち，その法人又はその国外関連者の本来の業務に付随した役務提供について調査を行う場合には，必要に応じ，その役務提供の総原価の額を独立企業間価格とする原価基準法に準ずる方法と同等の方法の適用について検討することとしています（移転価格事務運営要領2-10(1)）。これは，本来の業務に付随する役務提供に係る総原価の額を独立企業間価格とする場合があるという考え方です。

　ただし，次のような場合には，たとえ，本来の業務に付随した役務提供であったとしても，それに係る総原価の額を独立企業間価格とはしないとしています（同2-10(1)注）。

イ　役務提供に要した費用が，法人又は国外関連者のその役務提供を行った事業年度の原価又は費用の額の相当部分を占める場合
　　ロ　役務提供を行う際に無形資産を使用する場合等，その役務提供の対価の額をその役務提供の総原価とすることが相当ではないと認められる場合
　なお，ここでいう役務提供に係る総原価には，原則として，当該役務提供に関連する直接費のみならず，合理的な配賦基準によって計算された担当部門及び補助部門の一般管理費等間接費まで含まれるとされています（同2-10(1)）。

4　本来の業務に付随した役務提供とは

　本来の業務に付随した役務提供とは，海外子会社から製品を輸入している法人が当該海外子会社の製造設備に対して行う技術指導等，役務提供を主たる事業としていない法人又は国外関連者が，本来の業務に付随して又はこれに関連して行う役務提供を指します（同2-10(1)）。

5　本来の業務として行われる役務の提供についての特別な検討

　本来の業務で次のイ〜ホの要件をすべて満たす役務については，必要に応じそれに係る総原価の額を独立企業間価格とすることについて検討するとされています（同2-10(2)）。微妙な言い回しですが，一定の要件を満たす場合には，本来の業務であってもその役務提供に係る総原価の額を独立企業間価格とすることがあるということでしょう。
　　イ　役務の内容が次に掲げる業務のいずれかに該当すること
　　　(イ)　予算の作成又は管理
　　　(ロ)　会計，税務又は法務
　　　(ハ)　債権の管理又は回収
　　　(ニ)　情報通信システムの運用，保守又は管理
　　　(ホ)　キャッシュフロー又は支払能力の管理
　　　(ヘ)　資金の運用又は調達（事務処理上の手続に限る）
　　　(ト)　従業員の雇用，配置又は教育

㋠　従業員の給与，保険等に関する事務
　　㋷　広告宣伝（2-9(1)リに掲げるマーケティングに係る支援を除く）
　　㋴　その他一般事務管理

　なお，ここで注目すべき点は，移転価格事務運営要領2-10では，同2-9で経営・財務・業務・事務管理上の活動として挙げられているイからヲの12の活動のうち，イの企画又は調整及びリの製造，購買，物流又はマーケティングに係る支援を除いた10の活動が例示されているということです。このことは，ここで除かれた企画又は調整や製造，購買，物流又はマーケティングに係る支援といった役務の提供が本来の業務として行われる場合には，それに係る総原価の額を独立企業間価格とみなすことはないということを意味しているものと思われます。つまり，本来の業務として行われるそのような役務提供の付加価値は高いものであり，それゆえにそれを行う者に何らかの収益が帰属することが予想されるために，利益を乗せない総原価を独立企業間価格とすることは合理的でないということだと思います。

　ロ　当該役務提供が法人又は国外関連者の事業活動の重要な部分に関連していないこと

　ハ　当該役務提供に要した費用が法人又は国外関連者の当該役務提供を行った事業年度の原価又は費用の額の相当部分を占めていないこと

　ニ　当該役務提供を行う際に自己の無形資産を使用していないこと

　ホ　当該役務提供に関連する直接費及び間接費の計算が，当該役務提供に係る従事者の従事割合や使用資産の使用割合等，合理的な配分割合によっていること

6 国外関連者に対する寄附金の認定

　法人が国外関連者に対し支払うべき役務の提供に係る対価の額の適否の検討に際して，法人に対し，当該国外関連者から受けた役務の内容等が記載された書類（帳簿その他の資料を含む）の提示又は提出を求めるものとします。この場合において，当該役務の提供に係る実態等が確認できないときには，措置法66条の4第3項等の規定の適用について検討するとしています（同2-9(5)）。

7 まとめ

　以上のことから，課税当局としては，その活動が，その受け手にとって対価性を有する活動で，かつ，必要なものである場合には，経済的又は商業的価値を有する活動として移転価格税制の対象となる役務の提供に該当すると考えているものと認められます。また，役務提供取引について独立価格比準法と同等の方法を適用する場合には，一定の比較可能性を維持しなければならないとされています。

　さらに，本来の業務としての役務提供のうち特定のものについては必要に応じてその総原価を独立企業間価格とすることが相応しいかどうか検討すべきとしています。これに対し，本来の業務に付随した役務提供については，必要に応じてその総原価を独立企業間価格とすることが相応しいかどうか検討すべきとしています。さらに，株主活動や重複活動は役務提供に該当しないとしています。

　なお，以下に，これまでの点をまとめたフローチャートを示しておきます。

Ⅱ OECD移転価格ガイドライン（2010年版）の考え方

1 パラグラフ7.6

　OECD移転価格ガイドライン（2010年版）の7.6では，独立企業原則の下では，単数又は複数のグループの構成員のためにグループのその他の構成員によって活動が行われたときにグループ内役務提供が行われたか否かは，その活動が個々のグループの構成員に対して，商業上の立場を高めるために経済的又

Ⅱ　役務提供

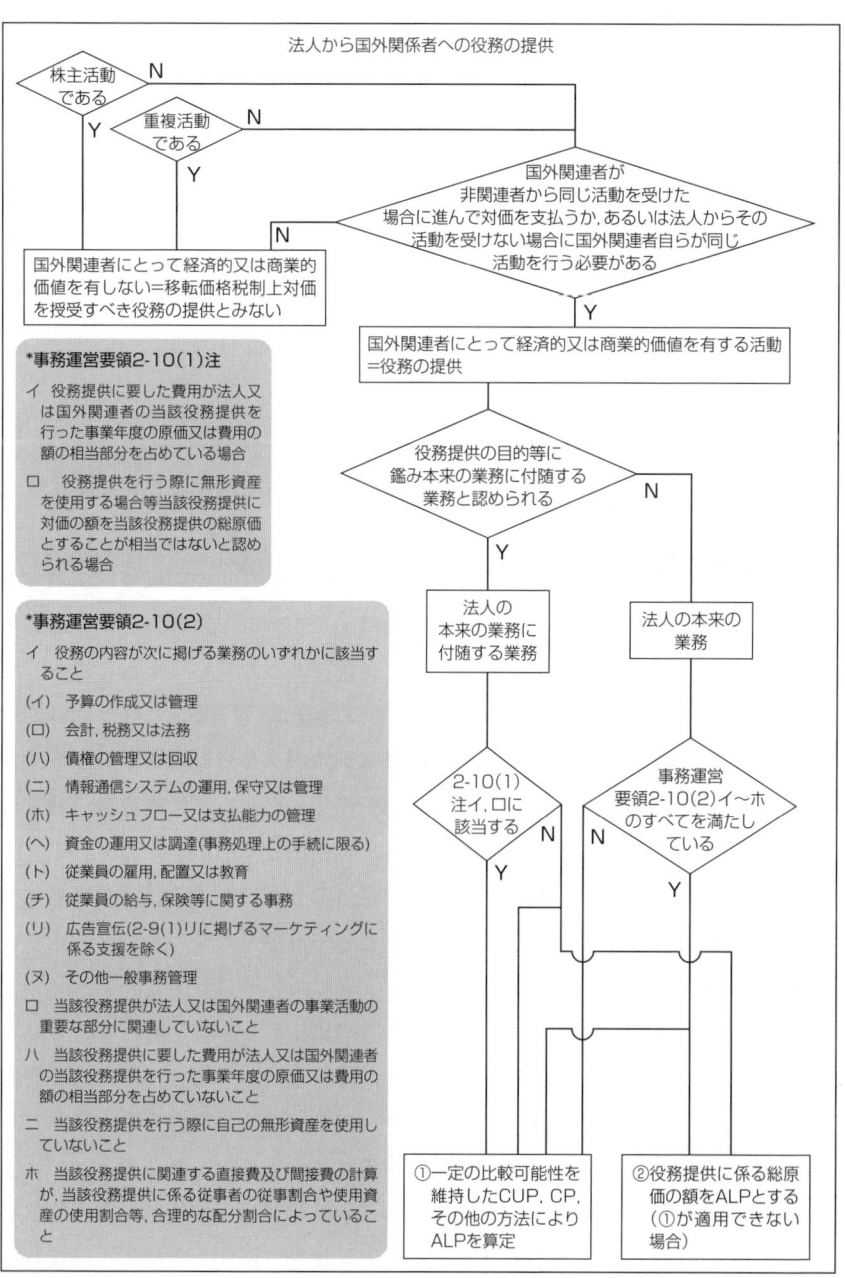

は商業的価値を提供するか否かによって判断されるべきであるとしています。

具体的には，その活動が独立企業によって行われる場合に比較可能な状況にある独立企業がその活動に対して進んで対価を支払うか，あるいは自分自身のために自らその活動を行う場合には，その活動は役務提供に該当し，そうでないときは役務提供に該当しないとしています。この考え方は，わが国の課税当局と軌を一にするもので，逆にいうと，わが国の課税当局はOECD移転価格ガイドラインの考え方を尊重した調査事務の運営を行おうとしているということがいえます。

2　パラグラフ7.9

ここは，株主活動について説明している箇所で，株主活動は役務提供に該当しないと結論付けています。

具体的には，関連者がグループの複数の構成員又はグループ全体に関連する活動を行う場合には，そのグループ内活動は，グループの構成員がその活動を必要としていなくても（そして彼らが独立企業であったなら，それに対して進んで対価を支払うことがなくても），グループの構成員に関して行われる可能性があるとし，そのような活動は，単数又は複数のグループの構成員の株式の所有を理由として，すなわち株主としての資格で，グループの構成員（通常は親会社あるいは特定地域の持株会社）が行う株主活動であろうとしています。その上で，この種の活動は，役務の提供を受ける会社に対する請求を正当化しないとしています。つまり活動の受け手にとって有償性のないものと考えているものと思われます。

さらに，この株主活動は，同ガイドライン1979年報告書で使用されている「管理活動」とは区別されるとしています。管理活動は，他のグループの構成員に対する役務提供，たとえば総括センターによって提供されるようなサービスの提供を含む株主による活動の範囲を対象とするもので，具体例としては，個々の業務に対する詳細な企画サービス，緊急時の管理，技術的助言（紛争解決）が挙げられますが，場合によっては日々の経営に関する支援等も含まれる

とされています。OECDガイドラインは，このような管理活動は株主活動ではなく，役務提供に該当すると考えているものと思われます。

3 パラグラフ7.10

パラグラフ7.6で示した基準に従えば，次のような活動は（役務提供ではなく）株主活動であるとしています。

　イ　親会社の株主総会及び親会社の株式発行のような，親会社自身の法的側面に関する活動の費用及び取締役会の費用
　ロ　連結報告を含む親会社に必要とされる報告に関する費用
　ハ　持分取得のための資金調達の費用

　これに対し，たとえば親会社が他のグループの構成員の代わりに資金を調達し，それを他のグループの構成員が新会社を設立するために用いる場合，一般に親会社はそのグループの構成員にサービスを提供したとみなされるとしています。また，これに関し，投資の監督，保護に関する管理監督（モニタリング）活動の費用が株主活動に該当するかどうかは，比較可能な事実及び状況の下で，当該活動が独立企業なら進んで対価を支払うか，あるいは自ら行うと考えられる活動であるか否かによって決定されるという同ガイドライン1984年報告書の記述を引用しています。要するに，ケースバイケースで事実に即して判断するということです。

今後の課題

　国外関連取引の中には役務提供と有形資産や無形資産の移転（あるいはその使用許諾）が混合しているものがよく見受けられることは，OECD移転価格ガイドラインのパラグラフ7.3でも指摘されていることです。これに関し，同パラグラフ3.9では，①商品又は役務の長期的提供契約，②無形資産の使用に関する権利及び③たとえば，製品ラインのように密接に関連した一連の製品で製品ごと又は取引ごとに価格を設定することが現実的でないもの，あるいは④製

造に不可欠な部品の供給とノウハウの提供が混合するなどの取引にあっては，それらの独立企業間価格を個々に検討するのではなくまとめて検討した方が適切な場合があるとしています。

　また，同パラグラフ3.11では，関連者間で複数の取引が包括的にパッケージ化されて行われているような場合であっても，個々の取引について独立企業間価格の検討を行う必要のある取引があることを指摘しています。

　税務調査においては，役務提供と有形資産や無形資産の移転（あるいはその使用許諾）が混合している取引について，役務提供取引のみを切り離して移転価格の妥当性の検討がなされることがしばしばあるようです。しかし，それらの取引の相関度合いを個別に考慮することなく，形式的に（安易に）役務提供を切り離して検討しても，正しい移転価格が求められるとも思われません。このため，上記のような混合取引から役務提供取引を切り離してよい場合とそうでない場合を区別するための判定基準の明確化が今後の課題といえます。

グレーゾーンの背景と留意点

　これまで述べてきたように，移転価格税制の対象となる役務の提供が必ずしも明確でないことから，役務提供の絡む事案についての税務の取扱いに統一性を欠く面もあるようです。株主活動の範囲や本業に付随することの意義，あるいは，混合取引の取扱いなどについて一つひとつ明らかにしていかない限り，役務提供を巡るトラブルはなくならないでしょう。本稿で示したフローチャートは私見に基づくもので，そのすべてが正しいという確信があるわけではありませんが，本件を考える上でのきっかけや参考となれば幸いと考えています。

Ⅱ 役務提供

2 親会社による海外子会社の設立費用の負担

Question 当社は，以前から海外に子会社を設立して工場を移転することを検討してきました。具体的には，外部のコンサルタントに依頼して，移転についてのフィージビリティスタディを行ったり，工場建設候補地に当社社員を派遣して立地条件等を調査するなどしてきましたが，今般の急激な円高を機に，取締役会において工場を移転することを決定しました。子会社はまだ設立されていませんので，これまでに当社が支出した移転計画関連費用については当社の費用として計上したいと思っています。また，現在，工場の建屋のグランドデザインを策定中で，設計作業も一部始めていますが，これらに要する費用についても当社の費用と考えてよいでしょうか。　　　　　　　　　　（東京Ａ社）

Answer 外部のコンサルタントによるフィージビリティスタディや工場立地条件等の調査に要した費用については，貴社の費用に計上しても問題ないものと考えられます。
　一方，工場の建屋のグランドデザインの策定及び設計に要した費用については，原則としてこれから設立する子会社の事業関連費用の立替金として処理すべきものと思われます。

解　説

　急速な円高が日本企業の海外進出を加速させる大きな要因となっている昨今，分けても人件費の安い海外地域への製造拠点の移転が進んできているといわれています。
　その際税務上問題となりがちなのが，親会社による海外子会社の設立費用の負担です。税務調査でも，どういった費用であれば親会社が負担しても税務上問題ないかということについてしばしば議論となるところです。以下この点について検討します。

Ⅰ 海外子会社の設立に要する費用

一般に，海外子会社の設立に要する費用として考えられるのは次のようなものと思われます。

① 設立の是非を判定するための，市場調査，損益見込，立地検討，現地視察，関係監督官庁との接触及び現地法令の検討などの活動に要する費用
② 設立について親会社において機関決定した後に行う子会社の事業開始に必要な準備活動に要する費用
③ 定款認証費用や登記費用など，子会社の設立手続に要する費用

Ⅱ 各費用の負担関係

上記Ⅰ①は，一般に，投資実行についての機関決定前に行われる活動に係る費用であり，親会社による株主活動のための費用と認められるため，親会社が負担するのが相当であると考えます。

また，同②は，海外子会社の事業開始のための準備活動に要する費用であり，海外子会社の事業の一端を担う活動と位置付けられるものですから，海外子会社が本来的に負担すべき費用と認められます。もっとも，親会社が新設海外子会社と取引を行うことを予定しているビジネスモデルの場合には，海外子会社の事業開始のための準備活動は，そのまま親会社にとっても新事業開始のための準備活動といえるものですから，一概にその活動に係る費用のすべてを海外子会社が負担すべきであるということはできません。そのような場合には，親会社の費用負担相当額を直ちに寄附金と考えるようなことは避け，ビジネスモデル（国外関連取引）の全体について移転価格の観点から詳細に検討すべきものと思われます。

さらに，同③は，海外子会社の設立手続に要する費用であり，子会社自らが負担すべきものと思われます。ちなみに，わが国の会社法28条4項では，設立する予定の株式会社が負担する設立に関する費用（定款の認証の手数料，登記の登録免許税等その他株式会社に損害を与える恐れがないものを除く）は，定款に記載（又は記録）しなければその効力を生じないとしています。これは，

Ⅱ　役務提供

設立見込の株式会社の利益を保護するための規定であり，誰が行ってもほぼ均一な支払となるような定款の認証の手数料，登記の登録免許税等その他株式会社に損害を与える恐れがない設立費用については設立見込会社の負担とするが，それ以外の費用は定款に記載しない限り，設立見込会社が負担する義務はないということを定めたものです。国内で子会社を設立するときの費用については，一応この規定を基準として費用負担のあり方を考えることも合理的であると思います。また，海外子会社を設立する国における会社法等においてもこの規定と同じような趣旨の規定があるときにも同様に判断基準として用いることができるものと思われます。また，現地にそのような規定がない場合，設立費用は，最初に戻って，海外子会社自らが負担すべきものということになります。もっとも，国内設立であっても海外設立であっても，もともと設立費用ではない同①の株主活動に係る費用や同②の子会社の事業開始準備費用を定款に記載したからといって，それらが子会社が負担すべき設立費用となるわけではないことは当然です。

　ご質問の場合，海外子会社の設立国の会社法等に設立費用の負担について，わが国の上記会社法の規定の様に特別の規定があるときには，それに従って費用負担を行っていればわが国の税務上も問題はないものと思われます。具体的には，現地法令等に従えば子会社に負担義務のない子会社の設立費用を親会社が負担しているような場合には，わが国の税務上もそれをそのまま容認すべきものと思われます。他方，そういった規定が現地にない場合，設立費用は海外子会社が負担すべきものと考えられます。

　なお，上記②及び③の活動に係る費用については，その支出時点で同子会社が設立されていないことから，実務的には親会社がこれをいったん支出しておき，子会社の設立後に，設立に必要なサービスを提供したとして役務提供料を請求することになるものと思われます。ちなみに，その役務提供が貴社の本来の業務に付随した業務であるときは，その役務を提供するために支出した総費用の額をもってその役務提供の独立企業間対価とし，その役務提供に係る総原価に，原則として，その役務提供に関連する直接費のみならず，合理的な配賦

基準によって計算された担当部門及び補助部門の一般管理費等間接費まで含めることに留意することとされています((移転価格事務運営要領2-10(1)))。

また、ご質問のようなケースでは、国によっては、貴社子会社の所在地に貴社PEが存在し、そのPEが貴社子会社に対して役務提供を行っているものと事実認定して、貴社に課税してくる場合があるということを付け加えておきます。

Ⅲ 法人税基本通達の取扱いとの関係

法人税基本通達2-6-2では、法人の設立期間中にその設立中の法人について生じた損益は、その法人のその設立後最初の事業年度の所得の金額の計算に含めて申告することができるものとされています。設立中の法人について生じた損益ということなので、上記Ⅰの②の費用及び③の費用のうち海外子会社が負担すべきものと認められる費用が該当するものと思われます。

(参考)

> (法人の設立期間中の損益の帰属)
> 2-6-2　法人の設立期間中に当該設立中の法人について生じた損益は、当該法人のその設立後最初の事業年度の所得の金額の計算に含めて申告することができるものとする。ただし、設立期間がその設立に通常要する期間を超えて長期にわたる場合における当該設立期間中の損益又は当該法人が個人事業を引き継いで設立されたものである場合における当該事業から生じた損益については、この限りでない。
> (注)
> 1　本文の取扱いによって申告する場合であっても、当該法人の設立後最初の事業年度の開始の日は1-2-1によるのであるから留意する。
> 2　現物出資により設立した法人の当該現物出資の日から当該法人の設立の日の前日までの期間中に生じた損益は、当該法人のその設立後最初の事業年度の所得の金額の計算に含めて申告することとなる。

Ⅱ　役務提供

今後の課題

　海外子会社の設立に要する費用負担について，課税上の取扱いはこれまで必ずしも統一されてきたとは思われません。今後，日本企業の拠点の海外移転に拍車がかかると予想されることから，通達レベルの整備が早急に求められます。その際には，企業の海外進出の実態に即した取扱いが示されるべきであると思います。

グレーゾーンの背景と留意点

　海外子会社の設立に要する費用のうち，親会社の株主活動に係るものについては，親会社負担相当と認められますが，それ以外の費用については，親会社と海外子会社のいずれが負担すべきかは，海外子会社が設立される国の会社法等の規定も考慮しつつ，ケースバイケースで判断することになります。また，移転価格の面から詳細な検討が必要なこともありますので慎重な対応が望まれます。

Ⅱ 役務提供

3 海外子会社への出向と給与較差補てん

Question 当社は，国内外の子会社に社員を多数出向させています。その際，各人に対して同子会社が支給することとしている給与の額と当社が支給することとしている給与の額との差額については，当社で補てんしています。この給与較差補てんについて海外子会社への出向と国内子会社への出向とで取扱いに違いはあるのでしょうか。

Answer 海外子会社への出向の場合と国内子会社への出向の場合とで給与較差補てんの取扱いに違いはありません。
　貴社が，貴社の給与条件と海外子会社の給与条件との較差を補てんするために出向社員に支給する金銭であれば，これを貴社において損金の額に算入することが認められます。

―― 解　説 ――

Ⅰ 較差補てん金を取り巻く執行の現状とその問題点

1 国内出向と海外出向

　国内における出向の場合の給与水準の較差は，出向元法人と出向先法人の規模や収益性等の違い，あるいは，所在地域の物価水準の差異等を起因として生じるものと考えられます。これに対し，海外子会社等に対する出向の場合，国内出向の場合の差異に加えて，物価水準，給与慣行，労働法規，雇用慣行，あるいは，人事政策についての差異が存在するため，その給与較差は国内出向の場合に比して格段に大きいのが通常です。

2 海外出向の際の較差補てんに対する課税当局の問題意識

　海外子会社等への出向の場合，上記Ⅰで挙げた数々の差異が原因で，出向

元法人の支払う較差補てん金の額が出向先法人の海外子会社が負担する給与をはるかに超えるというような現象が起きることも珍しくありません（たとえば，出向前に出向元法人が出向者に支払っていた給与の額が100であり，出向に伴い新たに出向先法人が負担する給与の額が30であったとすると，出向元法人による較差補てん額は出向先法人負担給与の2倍を超える70となる等）。これに比べ，国内出向の場合にはそのようなケースはほとんど想定されないところであり，この点が税務調査において海外出向の際の較差補てんが問題とされる主たる原因となっているものと推測されます。出向者は専ら出向先法人において役務提供し，出向元法人では実質休職扱いとなっているのであるから，出向元法人の給与負担額の方が出向先法人のそれよりも多いのは不合理であり，少なくとも出向元法人の給与負担額は出向先法人のそれを超えてはならない，という考え方がベースにありそうです。

Ⅲ 較差補てん金についての現行の取扱い

1 給与較差補てんに関する法人税基本通達の規定

法人税基本通達9-2-47（以下『本通達』）では，出向元法人が出向先法人との給与条件の較差を補てんするため出向者に対して支給した給与の額（出向先法人を経て支給した金額を含む）は，その出向元法人の損金の額に算入するとしています。換言すれば，出向元法人において支出した金額について損金算入が認められるためには，「給与条件の較差を補てんするために出向者に支給した給与」であることが必要とされているのです。

(参考)

> （出向者に対する給与の較差補てん）
> 9-2-47　出向元法人が出向先法人との給与条件の較差を補てんするため出向者に対して支給した給与の額（出向先法人を経て支給した金額を含む。）は，当該出向元法人の損金の額に算入する。
> （注）　出向元法人が出向者に対して支給する次の金額は，いずれも給与条件の較差を補てんするために支給したものとする。
> 　1　出向先法人が経営不振等で出向者に賞与を支給することができないため出向元

> 　　　法人が当該出向者に対して支給する賞与の額
> 　2　出向先法人が海外にあるため出向元法人が支給するいわゆる留守宅手当の額

　したがって，本通達を適切に適用するためには，給与条件の較差補てんの範囲と出向者に支給することの意義を明確にすることが重要となります。このため，これらについて順次検討します。

2　給与条件の較差補てんの範囲

　ここでいう給与条件の較差とは，出向元法人と出向先法人の給与条件の較差ですが，問題は給与条件とは何かということです。まず挙げられるのは，給与規定に定める月額給与の金額及び賞与の金額でしょう。次に，社会保険料（雇用保険料，厚生年金保険料，健康保険料，介護保険料など）や諸手当の額が続きます。このほか，労働時間，休憩時間，休日の定め，有給休暇日数等も挙げられるでしょう。さらに本通達では，その注書において次の場合も較差補てんに該当するものとしています。

　　イ　出向先法人が経営不振等で出向者に賞与を支給することができないため出向元法人が当該出向者に対して支給する賞与の額
　　ロ　出向先法人が海外にあるため出向元法人が支給するいわゆる留守宅手当の額

　このうちイについては，たとえば，出向元法人の従業員が出向先法人の役員として出向している場合で，出向先法人が経営不振であるため出向者に対して賞与を支給できないために，出向者の受け取る給与の額が出向元法人との雇用契約において支給されることが保証されている金額を下回るような事態となったときには，出向者との雇用契約を遵守する必要性から出向元法人が出向先法人に変わって賞与を支給するという経済的負担に対する取扱いです。

　また，ロは，本来の意味の較差補てんではありませんが，日本に住居や家族を有する出向者が，海外において勤務することによって，国内で勤務する場合に比較してより重い経済的負担が生じることのないようにバランスをとるため

に出向法人が一定の手当を支給するという経済的負担に対する取扱いです。

　ところで，これらの経済的負担は，法人税基本通達9-4-1や9-4-2における基準に照らせば，出向元法人から出向先法人に対する寄附金であると認定されてもおかしくないものですが，本通達は，これら経済的負担が，いずれも出向元法人の出向者に対する雇用契約の遵守という必要性からなされていることを考慮して，寄附金に該当せず損金算入を認めることとしているものと思われます。

　なお，巷間，本通達は国内出向についてのみ適用されるものであるとする説が流れていますが，本通達は，較差補てんの範囲を国内出向の場合に限るものではないことに留意すべきです。

3　出向者に支給することの意義

　本通達の本文にあるように，「出向者に支給すること」には，出向元法人が直接出向者に支給する場合のほか，出向先法人を経て支給する場合も含まれます。ここで，重要なことは，給与較差補てんとは，出向者に支給されるものをいい，たとえば，出向元法人が出向先法人に支払ったもののうち，出向者に支給されないで，出向先法人が自己の収益に計上するものは含まれないということです。

　なお，後述するように，課税当局が調査を通じて出向契約という法形式を否定し，出向契約の本質は出向元法人がその従業員を通じて出向先法人に対して役務を提供しているものであるとして，較差補てんそのものを認めない事例もあるように聞いていますが，出向先法人の支払金額が出向者に全額支給されているにもかかわらず，較差補てんでないとすることは原則として許されないと考えるべきでしょう。ただし，出向先法人の支払金額が出向者に全額支給されているからといって，較差補てん金額が常にそのまま損金算入されるというものでもありません。たとえば，本来出向先法人が負担すべき給与の額の一部を，出向元法人が給与較差補てんとして出向者に支給していると認められるようなケースでは，出向元法人から出向先法人に対する寄附金の支出があったものとみるべき場合もあるでしょう。

Ⅲ 較差補てんと寄附金課税や移転価格課税の接点
1 寄附金課税との接点

本通達でいう給与条件の格差は金銭に換算した結果の金額差と考えられるので，次の算式によって求められます。

　　　較差補てん額＝ (A)－(B)（マイナスの場合はゼロ）
　(A)：雇用契約に基づく給与条件により出向元法人が出向者に対して
　　　支払うべき給与の額
　(B)：雇用契約に基づく給与条件により出向先法人が出向者に対して
　　　支払うべき給与の額

ところで，雇用契約書が虚偽のものであるために雇用契約書に定める給与条件に従って給与が支払われていないか，雇用契約書は有効だが実際にそのとおりに給与が支払われていない場合，それらに基づいてなされた較差補てんについて寄附金規定や移転価格税制が適用されることがあります。すなわち，それらの較差補てんが，本来出向先法人が出向者に対して支払うべき給与を出向元法人が負担するためになされたものであると認定されるような場合には，出向元法人から出向先法人に対して寄附金が支出されたとみて，損金算入限度額を超える部分（出向先法人が国外関連者である場合には支出寄付金額の総額）について損金算入を否認するというものです。

また，たとえば，国内の出向元法人及び（又は）国内の出向先法人における特定の出向者の給与条件が他の従業員の給与条件とかけ離れているために，出向元法人がその出向者に係る給与条件の較差を補てんする際に出向元法人が不当に多額の給与を負担することになり，ひいてはそれにより出向元法人の所得金額が不当に減少することとなるような場合には，適正較差補てん額と実際較差補てん額との差額については，同族会社の行為計算否認の法理によりこれを出向元法人から出向先法人に対する支出寄附金と認定する課税処分が行われる可能性があります。上記算式に従って説明すれば，(B)が不当に少額なために(A)が不当に高額となり，その結果出向元法人の負担する較差補てん額が不当に多額となり，もって出向元法人の所得金額を不当に減少させているケースという

ことになります。

　このように，国内出向の場合，出向元法人による較差補てんを容認した場合に出向元法人の法人税の負担を不当に減少させる結果となるかどうかが問題となりますが，これについては出向者の給与条件が他の従業員の給与条件との比較において異常なものかどうかが決め手となるものと考えられます。

2　移転価格課税との接点

　出向先法人が出向元法人の国外関連者に該当する海外出向の場合には，較差補てんが適正か否かについては，移転価格税制に基づき独立企業原則によって検討されることになります。すなわち，給与較差の補てんを出向元法人及び出向先法人による出向者の給与負担契約と捉えれば，実際に独立企業間で行われた同様の給与負担取引において取引当事者によって給与がどのように負担されたかということを追求することによって独立企業間価格（適正較差補てん額）を算定することができます。その場合，同様の独立企業間取引が存在しないかその取引情報を把握することができないときには，独立企業間であればどのように負担し合ったかということを経済合理性に照らして見積もることになります。具体的には，出向者と同等の能力，経験を有する者を国外関連者が現地において雇用するために必要とされるコストを合理的に見積もり，これを出向先法人の独立企業間原則に則った負担給与額（以下この額を「ａ」とする）とみなし，出向元法人が出向者に対して支払う給与の額からａを控除した残額を出向元法人の適正較差補てんの限度額と考えることになります。

Ⅳ　出向契約と役務提供契約との関係

　出向契約は，出向元法人と出向者の雇用契約，出向元法人と出向先法人との従業員派遣契約及び出向先法人と出向者の雇用契約の三つの契約により構成されているものと考えられます。これらの契約は，従業員派遣契約の締結を機に出向元法人と出向者の雇用契約一部が出向先法人に移転し，出向者と出向先法人間に新たな雇用契約関係が生じることによって組成されます。新たな雇用契

約が締結されることにより，出向者は出向先法人の指揮命令下で出向先法人のために労務を提供することになります。

　外国の子会社に出向している親会社の従業員が，親会社の直接の指揮命令下で労働力不足を補う目的で子会社に対して労務を提供するような場合，出向契約の法形式とその目的とがかい離しているため，場合によっては，親子間で成立している真の法律関係は，出向契約ではなく役務提供契約であるとの認定も成り立ちます。そのようなケースでは，課税当局は出向契約を否認して役務提供契約を認定し，親会社が出向者の給与につき較差補てんしている場合には，親会社における損金算入を否認する可能性があります。

　また，出向先法人の工場立上時に出向元法人から多くの技術者が出向先法人に出向し，出向先法人の生産活動を支援するために労務を提供する事例に対し，課税当局が次のような指摘をすることが少なくありません。すなわち，出向契約そのものは有効に成立しているとしても，出向元法人は出向先法人からの要請を受けて従業員を派遣して出向先法人に役務を提供しているのであるから，出向先法人が出向者に対して支払うべき給与の全額を負担するのが当然であり，これにつき出向元法人が較差補てんをするいわれはないという主張です。しかしながら，役務提供が目的であるならば，わざわざ，出向元法人に籍を残しつつ従業員を出向先法人に派遣するようなことをしなくとも，単純に役務提供契約を締結して従業員を派遣すればよいだけのことであり，それでもなお，企業が出向契約を選択するのは，出向者の海外赴任に対する意欲を下げないために従来の雇用条件を維持することの保証などの労務人事管理上の必要性があるからなのです。よって，この点を無視し，専ら経済実態の面から給与の負担額を考えることには問題があるものと思われます。

Ⅴ　海外課税当局からのPE認定リスク

　出向先法人の所在する海外の課税当局は，出向先法人におけるわが国からの出向者の勤務実態を詳細に調査することがあります。その目的は，その出向者が出向元の直接の指揮命令の下で出向元法人のために労務を提供していないか

Ⅱ　役務提供

どうかを確認することにあります。つまり，出向者の活動をPE認定の具体的な根拠とすることを狙いとしているのです。このような場合，出向者が出向先の指揮命令下で出向先の従業員として働いていることについて，出向契約書，出向先の就業規則及び雇用契約書を示して理解を求める必要があります。また出向者の勤務実態を具体的なデータに基づき説明できるよう記録しておくことも重要となります。

　特に最近の中国当局はこのようなPE認定を積極的に行っているようです。たとえば，中国でPE認定がなされると，企業所得税及び営業税の納付をしなければ出向先法人が出向者に係る給与負担額相当額をわが国の出向元法人に送金することを認めない措置がとられることも少なくありません。中国の課税当局としては，日中租税条約5条5項の「一方の締約国の企業が他方の締約国内において使用人その他の職員（7の規定が適用される独立代理人を除く。）を通じてコンサルタントの役務を提供する場合には，このような活動が単一の工事又は複数の関連工事について12箇月の間に合計6箇月を超える期間行われるときに限り，当該企業は，当該他方の締約国内に「恒久的施設」を有するものとされる。」という規定を根拠として，日本からの出向者を一方の締約国の企業の使用人その他の職員と捉え，その出向者の労務提供を中国国内での6箇月を超える期間のコンサルタントの役務提供とみてPE認定しようとしているのです。したがって，中国子会社に対して出向者を送り込む日本企業はこの点に十分留意しておかなければなりません。

今後の課題

　企業の国際化の進展もあり，較差補てん金の取扱いについて実務上考慮しなければならない課税リスクは，同族会社の行為計算否認，寄附金課税，移転価格課税，あるいは，PE認定のリスクなど，多岐にわたるものとなっています。このため，現状では，本通達のみによって，較差補てんについての透明性のある安定的な執行を期待することは困難といわざるを得ません。そこで，筆者と

しては，現在のわが国の多くの法人が採用している出向制度に見合った税務の取扱いについて，一刻も早く詳細で明確な指針が示されるよう期待するものです。

グレーゾーンの背景と留意点

　外国子会社に出向する社員の給与の較差補てんを巡っては，わが国の国税当局のみならず外国税務当局からも問題を指摘され課税を受けるリスクがあります。これに備えるためには，移転価格課税やサービスPE課税を受けることにないよう十分に配慮した取引形態を選択し，親子会社間といえどもそれに対応する契約書をきちんと締結しておくことが肝要と思われます。

Ⅲ 事業再編と移転価格

Ⅲ 事業再編と移転価格

1 事業再編費用の負担

Question 多国籍企業グループの持株会社である日本法人Xは，傘下の中間持株会社である外国子会社Yの組織再編計画の一環としてYが保有する甲社の株式を非関連者Zに売却することを計画していました。この計画はXが独自の判断に基づいて策定したもので，YはXから特に意見を求められませんでした。

折しも，甲社の属する業界全体が世界的な不況に陥ったことから，Zとの売買交渉はとん挫し，ほかに甲社株式を買い取ろうとする会社が現れなかったことから，Xは甲社株式売却のみならず組織再編計画そのものを断念せざるを得ませんでした。

Xは，かねてより甲社株式の売却先の選定をあるコンサルタント会社に委託していました。株式売却そのものは不調に終わったものの，コンサルタント会社からは多額の業務報酬の請求がありましたので，Xはその業務委託費用を甲株式の保有者であるYに請求しました。

この一連の取引を通じ，コンサルタント会社に支払うべき業務委託費用をYが負担することは税務上適切といえるでしょうか。また，それが適切でない場合，どのような否認が考えられるのでしょうか。

Answer ご質問の場合，国税庁が発遣している移転価格事務運営要領（以下「移転価格事務運営要領」といいます）によれば，Xによる甲社株式の売却先選定活動は，Yにとって経済的又は商業的価値を有するものとは認められず，役務の提供とは認められません。したがって，Xがコンサルタントに対して支払った業務委託費用相当額をYに請求することに根拠はなく，仮にXの請求に応じてYがXに支払を行った場合には，Yにおいてその支払額の経費性を否認される恐れがあります。

解説

I 持株会社と中間持株会社の契約関係

　設例のように，企業グループ全体の経営戦略を掌る持株会社が，傘下の中間持株会社の事業の重要な一部を譲渡することをその中間持株会社に諮らずに独自に決定するというようなことは，決して珍しいことではありません。

　X，Yがいずれの国に所在するかにかかわらず，通常であれば，持株会社が中間持株会社の経営権を実質的に掌握しているため，中間持株会社が持株会社の決定に逆らうことは事実上不可能といってよいでしょう。

　たとえば，YがXの決定に異議を唱え，甲社の株式の売却を行わないことを決定したとしても，XはYの役員を解任するなどしてYの決定を覆すことができるでしょうし，Yが独自に甲社株式の売却先を見つけてきたとしても，Xがその売却に反対して株主総会決議で否決すれば，その売却は不可能となるものと思われます。このように持株会社は常に中間持株会社の事業を左右する経営上の決定権を有しているのであり，経営に関し両者の間にイコールパートナーとしての契約関係が生じる余地はないと考えられます。

II 移転価格事務運営要領の考え方

　移転価格事務運営要領の2-9に次のような取扱が示されています。

2-9(1) 抜粋

　法人が国外関連者に対し，次に掲げるような経営・財務・業務・事務管理上の活動を行う場合において，当該活動が役務の提供に該当するかどうかは，当該活動が当該国外関連者にとって経済的又は商業的価値を有するものかどうかにより判断する。具体的には，当該国外関連者と同様の状況にある非関連者が他の非関連者からこれと同じ活動を受けた場合に対価を支払うかどうか，又は当該法人が当該活動を行わなかったとした場合に国外関連者自らがこれと同じ活動を行う必要があると認められるかどうかにより判断する。

2-9(3)抜粋

　法人が国外関連者に対し行う(1)（筆者注：2-9(1)のこと）の活動が，役務の提供に該当するかどうかを検討するに当たり，次に掲げる活動は国外関連者にとって経済的又は商業的価値を有するものではないことに留意する。

　イ　省略
　ロ　国外関連者に対し株主としての地位を有する法人が，専ら自らのために行う株主としての法令上の権利の行使又は義務の履行に係る活動（以下「株主活動」という。）で，例えば次に掲げるもの
　　(イ)　親会社が実施する株主総会の開催や株式の発行など，親会社が遵守すべき法令に基づいて行う活動
　　(ロ)　親会社が金融商品取引法に基づく有価証券報告書等を作成するための活動

(注)　親会社が子会社等に対して行う特定の業務に係る企画，緊急時の管理，技術的助言，日々の経営に関する支援等は，株主としての地位を有する者が専ら株主として自らのために行うものとは認められないことから，株主活動には該当しない。
　また，親会社が子会社等に対する投資の保全を目的として行う活動で，かつ，当該子会社等にとって経済的又は商業的価値を有するものは役務の提供に該当する。

III　結論

　移転価格事務運営要領2-9(1)では，法人による国外関連者に対する経営・財務・業務・事務管理上の活動のうち，国外関連者にとって「経済的又は商業的価値を有する」と認められるものが役務の提供に当たるとしています。これは，上記**I**で取り上げた持株会社と中間持株会社の関係をはじめとする，契約関係の成り立たない特殊な関係に対処するための取扱いであると考えられます。すなわち，「活動」という表現を用いることによって，それが国外関連者にとって「経済的又は商業的価値を有する」ものであれば，国外関連者の同意なくして法人の一方的な意思に基づいて行われるものでも，法人から国外関連者に対する役務の提供がなされた，すなわち，有償性のある役務の提供取引があったものとみなすこととしているものと考えられます。また，2-9(3)では，法人の株主活動は国外関連者にとって経済的又は商業的価値を有するものでは

ないことが述べられています。さらに、その注書で、親会社が子会社等に対する投資の保全を目的として行う活動で、かつ、当該子会社等にとって経済的又は商業的価値を有するものは役務の提供に該当するとしています。

ご質問の場合、XによるY所有甲株式の譲渡先の選定作業は、Yとの契約に基づいて行われたものではなく、Xの単独意思に基づく活動です。また、株主活動には該当しません。そしてその活動は完遂されなかったため、Yにとって何ら「経済的又は商業的価値を有する」ものではありません。このため、事務運営要領の取扱いによれば、XはYに対して役務を提供しておらず、自らがコンサルタントに対して支払った譲渡先業務の対価に相当する額をYに請求することに正当な理由がないことになります。

今後の課題

移転価格事務運営要領2-9(1)では、法人の行う、国外関連者にとって「経済的又は商業的価値を有する」活動で、かつ、株主活動に当たらないものは役務の提供に当たるとしています。つまり、一定の条件の下で調査官に契約関係を認定することを認めているものと思われます。

しかし、この場合、何が「経済的又は商業的価値を有する」活動であるかということについては、あいまいさが残ります。ご質問に関していえば、仮に、Xが甲株式の譲渡先として相応しい相手を選定することができ、譲渡の結果、Yにおいて何がしかの譲渡損が認識されたような場合、短期的に見れば「経済的又は商業的価値を有する」活動でないことは確かでしょうが、仮に、甲株式の譲渡の目的が新規事業への投資資金の確保というようなものであれば、中期ないし長期的にみて、その譲渡によって譲渡損が生じるとしても、ただちにその譲渡先の選定活動が「経済的又は商業的価値を有する」活動でないと決めつけることもできないのではないかと思います。これに関し、同2-9(3)の注書では「親会社が子会社等に対する投資の保全を目的として行う活動で、かつ、当該子会社等にとって経済的又は商業的価値を有するものは役務の提供に該当す

る。」としており，親会社が子会社等に対する投資の保全を目的として行う活動でそれが子会社にとって経済的又は商業的価値のあるものであれば役務提供であるとしています。この注書も，投資の保全を目的として行う活動で，それが子会社に経済的又は商業的価値をもたらすかどうかがその活動時点で不明な場合には対応することができません。また，同じ活動であるにもかかわらず，それがその活動の受け手にとって経済的又は商業的価値を有するかどうかで役務提供になったりならなかったりすることも合理的でないような気がします。

グレーゾーンの背景と留意点

Ⅲで述べたように，移転価格事務運営要領2-9(1)における役務提供契約の認定の条件はあいまいであり，国外関連者にとって「経済的又は商業的価値を有する」活動かどうかのみが問われるというアプローチは，現代の複雑な企業グループ間活動を評価するには十分とはいえません。今後精緻な検討が望まれる分野ではないかと思われます。

Ⅲ　事業再編と移転価格

2　事業再編と移転価格税制

Question　海外子会社の事業再編に合わせて，親会社である弊社の製造機能の一部を海外子会社に移転することを考えています。この場合に移転価格税制上問題となることがあれば教えてください。

Answer　現在のところ，ご質問のような事業再編に関する移転価格税制上の規定はありません。このため，解説の後半にご質問に関連するOECD移転価格ガイドラインのパラグラフをいくつかご紹介しておきますので，参考にしていただければ幸いです。

　　　　　　　　　　　解　説

ご質問のケースにおいて留意すべき点をまとめると，次のようになります。

(1)　事業再編に伴い，再編直後又は数年にわたり，貴社と海外子会社の損益の再配分が起きる可能性があることに留意し，移転価格調査に備えて，事業再編に伴う収益の再配分が，その事業再編が非関連者間で行われたとした場合の再配分と同様の条件でなされているかどうかについて十分に検討しておく必要があります。

(2)　貴社が海外子会社の事業のリスクをコントロールしているのに貴社に正当なリスク（リスク負担の見返りとしての販売収益を含む）が配分されていない場合には，移転価格上問題があると指摘される可能性があります。

(3)　仮に，海外子会社にリスクを負担するために必要な財務能力がないのにリスクを負担しているような場合には，移転価格上の問題があると指摘される可能性があります。

(4) ①再編取引の特定,②再編の事業上の理由及び再編による期待利益(シナジーの役割を含む)及び③当事者にとって現実に利用可能な選択肢について検討することが,比較可能な非関連者間取引が見いだせない場合に類似の状況において独立当事者間であれば同様の条件に合意したものと期待できるものがあるか否かを決定するために有効です。

(5) 事業再編に伴って何らかの価値のあるものが移転しているかどうかについては,注意深く観察して,検討しておくべき国外関連取引の実態を明らかにすることが重要です。

(6) 既存の取極めの終了又は実質的な再交渉等があるときは,それらに関して補償が必要かどうか,それは独立企業原則に照らしていくらであるべきか,ということについて検討する必要があります。

(7) 独立企業原則及びOECD移転価格ガイドラインが,再編後の取引と,当初からそのような形で構築されていた取引とで,異なる形で適用されるものではなく,また,異なる形で適用されるべきではないという考えは,事業再編において移転価格上の問題があるか否かを考える上で欠かせないものといえます。

(8) 関連者間の事業再編であっても,独立企業間のリスク配分と同様の配分内容となっている契約書を作成し,その内容に適合した取引を行う必要があります。

参考 OECD移転価格ガイドラインのうち質問に関係するパラグラフ
1 OECD移転価格ガイドライン第9章「事業再編に係る移転価格の側面」の新設
2010年7月において,OECD移転価格ガイドラインに第9章「事業再編に係

る移転価格の側面」が追加されました。第9章は，多国籍企業グループ内の国際的な事業再編に伴って生じる様々な移転価格上の問題を整理・検討したものであり，納税者及び課税当局双方にとって実務上の指針となるものと思われます。以下では，第9章の主要なパラグラフ（以下「パラ」）を追いながら，OECD移転価格ガイドラインの考える組織再編と移転価格の関係について，ご質問に関連させて説明していきます。

2　事業再編の定義

事業再編とは，多国籍企業による機能，資産又はリスクの国境を越えた再編と定義されています（パラ9.1）。

事業再編は，再編直後又は数年にわたり，多国籍企業グループの構成企業間利得の再配分を伴うことが典型となっています。OECDモデル租税条約9条（特殊関連企業条項）との関係において，第9章の主な目的の一つは，このような利得の再配分が独立企業原則と合致する範囲を議論することであり，また，より一般的には事業再編に対する独立企業原則の適用のあり方を議論することであるとされています（パラ9.6）。

ご質問の場合にも，事業再編に伴い，再編直後又は数年にわたり，貴社と海外子会社の損益の再配分が起きる可能性があることに留意する必要があります。具体的には，従来日本での製造行為に伴い生じてきた損益が，今後は海外子会社の方に生じるという収益（損失）の再配分が行われるということです。これに関しては，わが国の課税当局は，それを税源の海外流出と捉え極めて敏感になっていますので，移転価格調査に備え，事業再編に伴う収益の再配分が，その事業再編が非関連者間で行われたとした場合の再配分と同様の条件でなされているかどうかについて十分に検討しておく必要があります。

3　事業再編とリスクの転換

事業再編によって，しばしば，親会社が企業家的リスクを負担して残余利益の配分を受け，現地の活動が低リスク販売会社又は低リスク契約製造会社に転

換され相対的に低い（しかし一般的には安定した）利益の配分を受けることがあるとし、リスクが事業再編において極めて重要であるとの認識の下、税務当局にとってはこのようなリスクの再配分を評価すること並びに独立企業原則を再編自体及び再編後の取引に適用し、当該再配分の結果を評価することが重要であるとしています（パラ9.10）。

ご質問の場合に、現地の活動が低リスク販売会社又は低リスク契約製造会社に転換されるようなこと、つまり、事業再編により、それまで高リスク事業を営んでいた海外子会社が新たに貴社の委託製造会社となり低リスク化するようなことがあれば、わが国の課税当局はそのリスク配分が適正であるかどうかについて確認するため、移転価格調査を実施するかもしれません。

4　ロケーション・セービング

事業再編後に重大なロケーション・セービングが得られる場合、ロケーション・セービングが再編当事者間で共有されるべきものかどうか、また、共有されるべきとしても、それはどのような場合にどういう形で共有されるべきかという問題が提起されています。これに対しては、同様な状況において独立企業であれば合意したであろう条件が解答となるとしています。そしてその条件は、通常、各当事者の機能、資産及びリスク並びにそれぞれの交渉力によって決まるとしています（パラ9.149）。なお、ロケーション・セービングを誰が享受すべきかという点については、本書別項で解説していますのでそちらを参照願います。

5　比較対象が見つからない場合のリスク配分及びリスクコントロール

比較対象が見つからないとき、関連者間取引におけるリスク配分が独立企業間のものとなっているか否かの検討として、決定的とはいかないまでも、相対的にリスクをコントロールしている者にリスクが配分されているかどうか、あるいは、財務能力を有する当事者にリスクが配分されているかどうかを検討することが提案されています。

また，独立企業間では，相対的にリスクをコントロールしている者にリスクが配分されるのが通常であるところ，関連者間取引において実態がそうなっていない場合には，そのリスク配分の独立企業的性質に異議を唱えるような決定がなされるかもしれないとしています。なお，ここでいうリスクコントロールの意義については，投資家本人がファンドマネージャーを採用して投資を行う事例，自己のために研究を行う契約研究機関との契約の事例及び自己のために製造を行う契約製造業者との契約の事例を通じて具体的な説明が加えられています（パラ9.19～9.28）。

　これは，実務上極めて重要な問題提起であり，ご質問の場合，たとえば，貴社が海外子会社の販売活動を行い，その在庫を負担することになっているにもかかわらず，通常の販売会社が獲得する利益レベルを超える利益が（貴社ではなく）海外子会社において得られるように国外関連取引価格が設定されている場合には，リスクをコントロールしている貴社に正当なリスク（リスク負担の見返りとしての販売収益を含む）が配分されていないとして，移転価格上問題があると指摘される可能性があることを示唆しています。

　さらに，リスクを引き受けるための財務能力を有しない当事者にリスクが配分されている場合，独立企業間で同じようなリスク配分がなされるかという点に疑義が生じ，契約関係の如何にかかわらず他の取引当事者等によって負担されなければならないかもしれないとしています。ここでいうリスクを引き受けるための財務能力とは，リスクの顕在の結果から自己を防御するためのリスク負担者の能力でもあり得ることから，そのリスクの顕在により生じた結果のすべてについて責任を負うことのできる財務能力を指すものではないとしています。また，より多くの資本を有する当事者がリスクを有するということでもないとしています（パラ9.29～9.32）。この点も重要な問題提起であり，ご質問の場合に，貴社が海外子会社に販売した貴社製品の製造物責任を海外子会社負担させる契約が締結されていたものと仮定し，かつ，海外子会社に請求が来た場合に支払うことができる財務能力が海外子会社にないために，貴社が海外子会社に代わって請求者に支払を行うことになっているものとの前提を置くと，

実際には製造物責任は貴社に残留し，海外子会社には移転していないという認定が課税当局によってなされる可能性があるということになります。

6 事業再編が独立企業原則を満たしているかどうかを確かめるために必要な情報

関連企業間の再編取引についての比較可能な非関連者間取引が見つからないというだけで，その再編が独立企業間のものではないことを意味するものではないが，それが独立企業原則を満たしているか否かを証明することが依然として必要であるとしています。

そしてそのような場合，類似の状況において独立企業間であれば同様の条件に合意したものと期待できるものがあるか否かを決定するために必要な情報は，①再編取引の特定，②再編の事業上の理由及び再編による期待利益（シナジーの役割を含む。）及び③当事者にとって現実に利用可能な選択肢について検討することによって得られるかもしれないとしています（パラ9.52）。

実際の移転価格調査においても，この①～③の検討が行われるものと予測されますので，ご質問の場合にもこのような観点で検討しておくことが重要であると思います。

7 事業再編の結果生じる潜在的損益の再配分

独立企業原則を事業再編に適用する際の問題は，何らかの価値ある権利その他の資産の移転又は既存の取極めの終了若しくは実質的な再交渉があったか否か，その移転，終了又は実質的な再交渉が，比較可能な状況における独立企業間であれば補償されるものであったか否かということであるとしています（パラ9.65）。この場合の，何らかの価値のあるもの（資産又は継続事業等）の移転の例として，有形資産，無形資産，活動（継続事業）の移転及びアウトソーシングが挙げられています（パラ9.74）。

ご質問の場合にも，事業再編に伴って何らかの価値のあるものが移転しているかどうかについて注意深く観察しなければなりません。そうすることによっ

て，検討しておくべき国外関連取引の実態が明らかになるからです。

8　無形資産とは

　価値ある無形資産には，特許，商標，商号，デザイン，型式等の産業上の資産を使用する権利，文学上，芸術上又は科学上の作品の著作権（ソフトウェアを含む），並びにノウハウ及び企業秘密等の知的財産権のほか，顧客リスト，販売網，ユニークな名称，記号又は図画も含まれるものとされています。そして，事業再編の分析の本質は，移転された重要な無形資産を特定すること，独立した当事者であればその移転に伴い対価を授受したかどうか，及びその独立企業間価値がどのようなものかを求めることであるとされています（パラ9.80）。

9　無形資産の移転

　無形資産の移転については，①現地事業から中央拠点（国外関連者）への無形資産の売却，②確立した価値を有していない無形資産の移転，③現地の無形資産の移転及び④契約上の権利の移転に分けて整理されています。

　このうち①について，事業再編があるまでは一つ又は複数の現地事業によって保有及び管理されていた無形資産を本人又は知的財産管理会社に移転する事例が取り上げられています。また②については，使用前の無形資産の移転の場合を例に説明が加えられており，③に関しては，現地の本格的事業が，リスク及び無形資産が限定された低収益の事業に転換される場合を前提として検討がなされています。さらに④については，価値ある契約上の権利が関連者間で移転（又は放棄）される場合，移転された権利の価値を譲渡人及び譲受人双方の観点から考慮を加え，独立企業間対価が授受されるべきであるとしています（パラ9.82～9.92）。

　ご質問の場合には，①の逆の形，すなわち，中央拠点（貴社）から現地事業（海外子会社）への無形資産の移転（売却）が想定されるところです。

10　継続事業の移転について

　継続事業の移転を，特定の機能を遂行し，特定のリスクを負担する能力を束ねた資産の移転と捉え，それらの機能，資産及びリスクとしては，たとえば，研究開発及び製造を遂行することに関連している資産，負債，移転前に譲渡人が営んでいた活動を営むための能力，並びに，あらゆるリソース，能力及び権利が含まれるのではないかとしています（パラ9.93）。

　ご質問の場合，この継続事業の移転に該当する可能性があります。

11　損失が生じている活動

　損失が生じている活動が引き継がれる場合，譲渡人から譲受人に対して対価が支払われるべきかどうかという点について，比較可能な状況における独立当事者であれば，損失が生じている活動を除去することに対して進んで支払をしたと思われるか又はその活動を廃業する等のほかの選択肢を検討したと思われるかにより，あるいは，第三者からみて，その損失が生じている活動を，自己のほかの活動との間にシナジーが生じる可能性があるなどの理由により進んで取得したか，及び進んで取得するとした場合にどのような条件で対価を決定するかにより判断されるとしています（パラ9.96）。

12　既存の取極めの終了又は実質的な再交渉に対する再編対象企業の補償

　事業再編によって，既存の契約関係が終了又は実質的に再交渉される場合，再編成を行う企業は，資産の償却や雇用関係の終了に伴う再編費用，既存の事業を他の顧客のニーズに合わせるための転換費用，又は潜在的利益の消失といった損害を被ることになるとされています。また，本格的製造取極が契約製造又は受託製造取極に転換される結果，利益の再配分が行われることもあるとされています。その上で，これらの状況において，類似の状況にある独立当事者が再編対象企業に補償金を支払うことに合意するか，合意するとしたならば補償金額をどのようにして決定するかについて検討することが求められるとしています（パラ9.100）。

ご質問の場合に，ここに記載しているような既存の取極めの終了又は実質的な再交渉等があるときは，それらに関して補償が必要かどうか，それは独立企業原則に照らしていくらであるべきか，ということについて検討する必要があります。

13　原則の平等な適用

独立企業原則及び本ガイドラインが，再編後の取引と，当初からそのような形で構築されていた取引とで，異なる形で適用されるものではなく，また，異なる形で適用されるべきではないとしており，その理由として，そうでなければ活動の再編を行う既存のプレーヤーと，事業の再編を行う必要なしに同一のビジネスモデルを実施する新規参入者との間で競争上のゆがみが生じるだろうとしています（パラ9.123）。

このような基本的な考えは，ご質問のケースに移転価格上の問題があるか否かを考える上で欠かせないものといえます。

14　再編後の関連者取引に対する移転価格算定方法の選択と適用

再編後の関連者間取引に対する独立企業間価格の算定方法の選択と適用は，取引の比較可能性分析に基づいて行われなければならないとしています。すなわち，再編後の取引に関する機能，資産及びリスクが何であるのか，また，いずれの当事者が機能を遂行し，資産を使用し又はリスクを負担するのか，ということについての理解が不可欠であるとしています（パラ9.133）。

15　実際に行われた取引

OECDモデル租税条約9条との関連において，関連者間取引に対する独立企業間価格の適用の検証は，関連者によって実際に行われた取引から始めるべきであり，そこでは，契約の条件が重要な役割を果たすとしています（パラ9.164）。

16 関連者間取引の否認との関係

　移転価格の調整は，企業の利得の調整のうち，関連者間取引の価格又はその他の条件（たとえば支払条件やリスク配分）の調整であって，パラグラフ1.64～1.69に基づく関連者間取引の否認とは異なるという考え方が示されています。パラグラフ1.64～1.69に基づく関連者間取引の否認とは，取引の経済的実質がその取引の形式と異なる場合に行われる否認と，取引の内容とその形式は同じであるものの，総合的に判断して，取引に関連した取極めが商業的合理性のある形で行動する独立企業が行ったであろう取極めと異なり，かつ，実際の仕組みが税務当局による適正な移転価格の決定を実務上妨げる場合になされる否認です（パラ9.165）。

　これも重要な問題提起であり，課税当局による関連者間取引の否認は極めて限定的に行われるべきであるということを確認しています。

17 契約条件

　独立企業原則との関連でのリスクの検討は，当事者間の契約条件の検討から始まるが，これは，一般的に契約条件によって当事者間のリスク負担が決まるからであるとしています。しかし，関連者間取引において主張されているリスク配分が尊重されるのは，それが取引の経済的実質に一致している限りにおいてであるとしています。したがって，関連企業間のリスク配分及びそれによる移転価格の結果を検討する際には，契約条件の検討だけではなく，関連企業が契約上のリスク配分を遵守しているか，及び契約条件が独立企業間のリスク配分を定めるものであるか否かについて検討することが重要であるとしています（パラ9.166）。

　ご質問の場合，関連者間の事業再編であるため，ともすれば契約条件の確認がおろそかになる可能性があります。契約書はしっかりしたものを作成し，その内容に適合した取引を行うことが求められます。もちろんその契約条件は，独立企業間のリスク配分と同様の配分内容となっていなければなりません。

今後の課題

　冒頭でも述べましたが，現在のところ，事業再編に関する移転価格税制上の規定はありません。また，これまでご紹介してきたOECD移転価格ガイドライン第9章「事業再編に係る移転価格の側面」が，わが国の措置法通達や国税庁の事務運営指針に具体的な形で反映されるまでには至っていません。

　このため，当分の間は納税者も課税当局も手探りの中でこの問題に対処しなければなりませんが，ここのところの歴史的な円高がわが国企業の海外進出に拍車をかけている状況では，わが国企業の海外の拠点を巻き込んだ事業再編がこれまで以上に大規模に展開されることは容易に想像されるところであり，法的な整備や実務上の指針の策定は喫緊の課題であると思われます。わが国企業から国際競争力を削がないよう，企業の組織再編について予見可能性を与え，かつ，法的安定性を確保するために，まずは法人税法の整備が必要であると考えられます。

グレーゾーンの背景と留意点

　グループ企業間で国際的な事業再編が行われる場合，その事業再編に伴い当事者によって締結される契約の内容・条件について，各国の移転価格税制を意識した検討が必ずしも十分になされているとはいえない場合があります。

　それは，現代のビジネス戦略が，グローバルな視点で，しかも迅速に展開される必要があるのに対し，前述のとおり，移転価格税制がこれまで国際的事業再編に関して十分な指針を示してこなかったため，税務に関する問題が先送りされ，結果的に事後の補足的検討に止まってしまう傾向にあったからではないかと思います。

　非関連者間での国際的な事業再編の場合には，契約締結までには双方の利害調整のためにより多くの時間と労力が費やされ，おのずと独立企業原則に則ったバランスのとれた合意が形成されることになりますが，関連者間の契約に

あっては，締結を急ぐあまり，非関連者同士では到底合意し得ないようなアンバランスな利害配分条件が規定される可能性があります。

　国際的な事業再編は厳しい競争を勝ち抜くために必要な戦略ですが，これを移転価格税制の問題を抜きにして構築すると，予期せぬ課税を呼び込んで，結局，競争力の強化や事業効率の向上といった事業再編の主目的の実現の障害となるリスクがあることを忘れてはいけないと思います。そのためにも，事業再編の企画当初から，独立企業原則を念頭に置いた慎重な検討が必須であるという意識を持つことが重要です。

Ⅳ 残余利益分割法

Ⅳ 残余利益分割法

1 残余利益分割法の問題（独自の機能とは何か）

Question 今までは通達においてその取扱いが示されていた残余利益分割法が，今度の法律で新たに規定されたと聞きましたが，それによって何か従来と違うようなことが決められたのでしょうか。

Answer 法律によって規定されたからといって，特に今までと変わるところはありませんが，法律の規定振りは複雑で難解なものとなっていますので，注意深く読んで正確に理解する必要があります。なお，これに合わせて措置法通達や移転価格事務運営要領の改定も行われましたので，それらにも目を通しておかれることをお勧めします。

――― 解 説 ―――

Ⅰ 平成23年度税制改正による残余利益分割法の新設

平成23年税制改正により，それまで措置法通達において取扱いが示されていた残余利益分割法が，措置法施行令39条の12第8項一号ハに新たに規定されました。

Ⅱ 措置法通達の整備

法令の新設に合わせて，措置法通達も整備され，その中で，「残余利益分割法という名称を用いること」及び「基本的利益」という用語を用いること（いずれも66の4(3)-1(5)）が示されました。また，残余利益の分割要因についての考え方（66の4(5)-2）が示されるとともに残余利益等の配分要因（66の4(5)-4）が例示されました。

なお，今回，移転価格事務運営要領は，残余利益分割法に関しては同3-7等に一部変更が見られますが，本稿に関連していえば重要性に乏しいことから，

ここでは触れません。

Ⅲ OECD移転価格ガイドライン

OECD移転価格ガイドライン2010年版では、その用語集の中に「残余利益分析」という項がありますのでご紹介します。

「調査対象とされた関連者間取引から発生する利益の合計額を、次の二段階で分割する利益分割法において用いられる分析である。その第一段階では、それぞれの取引参加者は、その関与する取引から得られる基本的利益として十分な利益の配分を受ける。通常、この基本的利益は、独立企業において行われる類似の取引において得られる市場利益を参考にして決定されることになる。このため、この基本的利益は、一般に、取引参加者が保有するユニークで価値の高い資産によってもたらされる収益を意味するものではない。次に、その第二段階では、第一段階での利益分割後に残余利益（又は損失）がある場合、その残余利益が独立企業間であれば分割されたであろう方法を推測するに足る事実及び状況の分析に基づき、関係当事者間に配分されることとなる。」

また、このほかにも残余利益分割法に関連するパラグラフがいくつかありますので、以下ではそのうち主要な箇所について取り上げます。

「2.121 残余利益分析では、調査対象となっている関連者間取引から得られる合算利益を二つの段階で分割する。まず、第一段階では、各参加企業に対し、それらのかかわった関連者間取引に関係する、ユニークではない貢献に対する独立企業間報酬が配分される。通常、この報酬は、伝統的取引基準法又は取引単位営業利益法を適用し、独立企業間の比較可能な取引の報酬を参考にして決定される。このため、その報酬の決定に当たっては、一般的には、取引に参加する各企業の寄与するユニークな価値のある資産によって創出される利益については考慮しない。第二段階では、第一段階における基本的利益の分割後の残余利益（又は損失）をパラグラフ2.132～2.145で示される合算利益の分割に関する指針に従い、事実及び状況に関する分析に基づいて取引に参加する各当事者間で配分する。」

「2.132　独立企業間における利益分割情報を得るために用いられる比較可能な非関連者間取引、内部データ又は基準の信頼性は、その事案の事実と状況によって決まる。このため、基準や配分キーの標準モデルリストを設定することは妥当ではない。分割ファクターの決定についての一貫性に関する一般的な指針については、パラグラフ2.115～2.117を参照のこと。なお、利益の分割に使用される基準又は配分キーは以下のとおりと考えられる。

　非関連者に対する売上のような客観的なデータに基づくなど、関連者間取引に係る移転価格算定方針における算定方式から一定の距離をおいたものである必要があり、関連者に対する売上などの関連者間取引における報酬に関するデータに基づくものであってはならず、かつ、比較対象取引データ若しくは内部データ又はその両方によって裏付けられるものでなければならない。」

「2.133　考えられる一つのアプローチとしては、比較可能な非関連者間取引における実際の利益分割に基づいて合算利益を分割する方法がある。事案の事実と状況に応じて利益を分割する基準の決定に通常役立つであろう非関連者間取引に関する情報源の例としては、石油、ガス産業における開発プロジェクト、製薬業界の提携、共同マーケティング又は共同販促に関する取極、音楽家が独立した音楽レコード会社とその音楽家との間の取極、金融サービス分野における非関連者間の契約など、非関連者間で利益を共有するジョイントベンチャー取極がある。」

Ⅳ　わが国の移転価格税制における残余利益分割法とは

　残余利益分割法とは、措置法施行令39条の12第8項一号ハに掲げる方法をいうものとされています（措置法通達66の4(3)-1(5)）。

　同施行令では、基本的利益及び残余利益等につき法人及び当該国外関連者ごとに合計した金額がこれらの者に帰属するものとして計算する方法とされています。基本的利益及び残余利益等については、下記Ⅴ及びⅥで説明します。

Ⅳ　残余利益分割法

Ⅴ　基本的利益

　法令上，基本的利益という文言について定めはなく，措置法通達66の4(3)-1(5)において，措置法施行令39条の12第8項一号ハ(1)に掲げる金額をいうものとされています。

　同施行令では，基本的利益は，国外関連取引に係る棚卸資産の法人及び国外関連者による販売等に係る所得が，その棚卸資産と同種又は類似の棚卸資産の非関連者による販売等（比較対象取引）に係る措置法施行令39条の12第6項，同第7項，同第8項2号又は3号に規定する調整を加えないものとした場合のこれらの規定による割合に基づき当該法人及び当該国外関連者に帰属するものとして計算した金額とされています。

(注)　措置法施行令39条の12第6項，同第7項，同第8項2号又は3号に規定する調整とは，以下のとおりです。
　ⅰ　措置法施行令39条の12第6項に規定する調整
　　再販売価格基準法の適用の際に，比較対象取引と国外関連取引に係る棚卸資産の買手が当該棚卸資産を非関連者に対して販売した取引とが売手の果たす機能その他において差異がある場合に，その差異により生ずる粗利率の差につき行うべき必要な調整をいいます。
　ⅱ　措置法施行令39条の12第7項に規定する調整
　　原価基準法の適用の際に，比較対象取引と国外関連取引とが，売手の果たす機能その他において差異がある場合に，比較対象取引と当該国外関連取引とが売手の果たす機能その他において差異がある場合には，その差異により生ずる粗利率の差につき行うべき必要な調整をいいます。
　ⅲ　措置法施行令39条の12第8項2号に規定する調整
　　売上高営業利益率を用いる取引単位営業利益法の適用の際に，再販売者が国外関連取引に係る棚卸資産と同種又は類似の棚卸資産を非関連者に対して販売した取引（比較対象取引）と国外関連取引に係る棚卸資産の買手が当該棚卸資産を非関連者に対して販売した取引とが，売手の果たす機能その他において差異がある場合に，その差異により生ずる売上高営業利益率の差につき行うべき必要な調整をいいます。
　ⅳ　措置法施行令39条の12第8項3号に規定する調整
　　総費用営業利益率を用いる取引単位営業利益法の適用の際に，販売者が国外関連取引に係る棚卸資産と同種又は類似の棚卸資産を非関連者に対して販売した取引（比較対象取引）と国外関連取引とが，売手の果たす機能その他において差異がある場合に，その差異により生ずる総費用営業利益率の差につき行うべき必要な調整をいいます。

　この場合，比較対象取引と国外関連取引に係る棚卸資産の当該法人及び当該

国外関連者による販売等とが当事者の果たす機能その他において差異があるときは，その差異により生ずる各利益指標の差につき必要な調整を加えた後の割合に基づき法人及び国外関連者に帰属するものとして計算した金額となります。ただし，その差異が棚卸資産の販売等に関し当該法人及び当該国外関連者に独自の機能が存在することによる差異である場合にはその調整は行わないこととされています。

　このことから，基本的利益を算出するためのベースとなる比較対象取引においては，取引当事者双方に独自の機能が存在しないことが求められているといえます。その結果，基本的利益とは，取引当事者双方が独自の機能を果たさない非関連者間取引において，その取引各当事者によって得られる利益に係る各利益指標に基づいて算定された法人及び国外関連者に帰属する所得ということになります。この点に関しては，措置法通達66の4(5)-4では，基本的利益とは，次のいずれかの取引に基づいて算定される独自の機能を果たさない非関連者間取引において得られる所得をいうとの考えが示されています。
① 国外関連取引に係る棚卸資産と同種又は類似の棚卸資産を，非関連者から購入した者がその同種又は類似の棚卸資産を非関連者に対して販売した取引
② 国外関連取引に係る棚卸資産と同種又は類似の棚卸資産を，非関連者からの購入，製造その他の行為により取得した者（販売者）がその同種又は類似の棚卸資産を非関連者に対して販売した取引
③ 国外関連取引に係る棚卸資産と同種又は類似の棚卸資産を非関連者から購入した者が，その棚卸資産と同種又は類似の棚卸資産を非関連者に対して販売した取引
④ 国外関連取引に係る棚卸資産と同種又は類似の棚卸資産を非関連者からの購入，製造その他の行為により取得した者が，その棚卸資産と同種又は類似の棚卸資産を非関連者に対して販売した取引

　なお，この通達では，あたかも基本的利益が非関連者間取引において得られる所得であるかのような記述がなされていますが，これは正確な表現ではなく，基本的利益はあくまでも法人及び国外関連者が国外関連取引を通じて得る所得

であることに留意する必要があります。

Ⅵ 残余利益等とは

　基本的利益と同様に、残余利益等という文言は法令に規定されているものではなく、措置法通達66の4(5)-2において、措置法施行令39条の12⑧一ハ(2)に掲げる金額を残余利益等と呼ぶという取扱いが示されています。同施行令では、残余利益等は、国外関連取引に係る棚卸資産の当該法人及び当該国外関連者による販売等に係る所得の金額と法人及び国外関連者の基本的利益の合計額との差額をいうものとされています。

　なお、残余利益等は、当該残余利益等の発生に寄与した程度を推測するに足りる法人及び国外関連者が支出した費用の額、使用した固定資産の価額その他これらの者に係る要因に応じてこれらの者に帰属するものとして配分されることになっています。また、残余利益等の「等」は、残余損失が含まれることを意味しています。

Ⅶ まとめ―残余利益分割法とは

　残余利益分割法とは、法人及び国外関連者による購入、製造その他の行為による取得及び販売に係る所得の額を、法人及び国外関連者に帰属する基本的利益の額並びにそれらの者に帰属する残余利益等の額に分割する方法です。その結果、法人及び国外関連者においてこの方法による利益分割結果が得られるような国外関連取引価格が独立企業間価格ということになります。なお、この場合の基本的利益は、取引当事者双方が独自の機能を果たさない非関連者間取引において、その取引各当事者が得る利益に係る各利益指標に基づいて法人及び国外関連者が得る所得です。また、残余利益等の額は、国外関連取引に係る棚卸資産の販売等において、法人及び国外関連者が独自の機能を果たすことによりこれらの者に生じた所得です。

今後の課題

　国外関連取引に係る棚卸資産の販売等において，法人及び国外関連者が独自の機能を果たすことによりこれらの者に生じた所得が残余利益等の額であるといいましたが，ここでいう「独自の機能」がどのようなものをいうのかが明確でなく，それが残余利益分割法を適用する上での大きなネックとなります。当然，比較対象企業の機能との比較において独自の機能であるか否かということが問題となるわけですが，それらの間にどのような差異があると「独自」という評価が確立されることになるか，客観的な指標が示されていないまま，残余利益分割法に基づく課税が行われるとすれば大きな問題であると思います。基本的利益の額と残余利益等の境界があいまいなまま，残余利益分割法を適用することは恣意的ないし不合理な運用となる危険性があるからです。

　また，上述したように，措置法通達では，残余利益等の配分のファクターは，残余利益等の発生に寄与した程度を推測するに足りる法人及び国外関連者が支出した費用の額，使用した固定資産の価額その他これらの者に係る要因とされていますが，残余利益等の発生に寄与した程度を推測するに足りる要因に支出費用の額が挙げられていることには疑問があります。それは，一般的にいって，支出費用の額と利益発生への寄与の程度との間に因果関係があることの方が珍しいからです。現代の経済取引ではコストカットが叫ばれ，より少ない費用でより多くの収益を上げることが企業にとっての最大目標となっていることに鑑み，このような物差しは時代遅れといわざるを得ないからです。

グレーゾーンの背景と留意点

　残余利益分割法は，法人及び国外関連者が国外関連取引においてそれぞれ独自の機能を果たしているような場合，非関連者間の比較対象取引を選定することが難しく，したがって，いわゆる基本三法や取引単位営業利益法によっては独立企業間価格を求めることができないと考えられる結果，最も相応しい独立

Ⅳ　残余利益分割法

企業間価格の算定方法と位置付けられる可能性の高いものであると考えられます。つまり，結果としては，価値ある無形資産が用いられている国外関連取引等に係る独立企業間価格の算定方法の最後の砦といえるものです。しかしながら，筆者としては，移転価格事務運営要領及びその事例集を通じて，課税当局が「独自の機能」及び残余利益の最適分割ファクターを明確に提示するまでは，残余利益分割法に基づく課税処分は行われるべきではないと考えています。

IV 残余利益分割法

2 研究開発の成果だけが独自の機能か

Question 当社は日本で当社の主力事業である健康食品事業に係る製品の研究開発を行い，毎年他社に追従を許さない高機能で高品質の製品を開発しています。

10年前に日本以外にも販路を求め，米国と欧州に販売子会社を設けました。当初，製品の高機能，高品質だけでは，現地消費者に認知されず，全くというほど売れない状態が数年続きました。このため，米国及び欧州の販売子会社は，現地消費者のニーズを吸い上げ，その情報を整理して当社にフィードバックし，当社はその情報に基づき，欧米向けに仕様を一部変更した製品を開発，投入しました。その上で各販売子会社は，SNSなどの媒体を使用するなど，現地の状況に即した販売戦略を実施した結果，当社製品の現地での認知度が高まり，各販売子会社の売上拡大と利益率の大幅な改善が達成されました。今ではこれら販売子会社の売上高営業利益率は共に50％を超え，また，それぞれの所在国での販売シェアを3％から50％以上に伸ばしています。

国税局の移転価格調査があった際，海外の販売子会社がこのような高収益を上げている点について，「販売会社が広告宣伝や営業活動を行うのは当たり前であり，貴社の米欧の販売子会社の広告宣伝や営業成績が当たったのは，つまるところ貴社の製品が良かったからであり，貴社の研究開発の成果が功を奏している結果である」と指摘されました。

このように，米欧の海外子会社の高収益に貢献している独自の機能が常に親会社である当社の研究開発活動の成果であるとする国税局の指摘は妥当なのでしょうか。

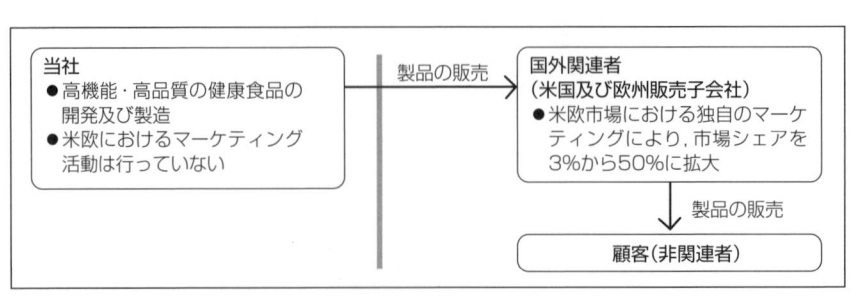

```
┌─────────────────────────┐         製品の販売      ┌──────────────────────────┐
│ 当社                    │ ──────────────────────→ │ 国外関連者               │
│ ● 高機能・高品質の健康食品の │                        │ （米国及び欧州販売子会社）  │
│   開発及び製造          │                        │ ● 米欧市場における独自のマーケ │
│ ● 米欧におけるマーケティング │                        │   ティングにより，市場シェアを │
│   活動は行っていない     │                        │   3％から50％に拡大       │
└─────────────────────────┘                        └──────────────────────────┘
                                                              │ 製品の販売
                                                              ↓
                                                   ┌──────────────────┐
                                                   │ 顧客（非関連者）  │
                                                   └──────────────────┘
```

IV 残余利益分割法

Answer 貴社の製品は，米欧で販売活動をほとんど行っていなかった進出段階では，その製品の良さが米国と欧州の消費者に認知されず，売れ行きもさっぱりという状況であったことから，米国及び欧州の販売子会社が現地消費者のニーズを吸い上げ，その情報を整理して貴社にフィードバックして貴社による仕様変更を促し，種々の効果的な宣伝・営業活動によってその現地での認知度を上げた結果，売上の拡大と利益率の大幅な改善が達成されたということでしたら，貴社の研究開発のみならず，米欧の販売子会社が行うマーケット情報の収集や効果的な販売，広告活動も本件国外関連取引の高収益に貢献しているものと思われることから，国税局の指摘は妥当性を欠くと思われます。

解説

　移転価格調査や，事前確認審査でしばしば問題になるのが，製造に関する無形資産と販売に関する無形資産の評価です。

　親会社から，研究所に勤務する技術者が国外関連者に出向き，国外関連者の製造ラインのオペレーションが軌道に乗るまで製造方法を指導し，軌道に乗った後も，製造に関係するトラブルがあった場合のサポートや，製造工程の改善情報があった場合の情報提供を行うといったことは，ほとんどの製造企業が行っている行為であり，そのような行為があったからといって，必ずしも超過収益を生むような独自の機能が果たされているとは言えませんから，こういった行為を親会社(の社員)が行っているということだけを理由として「国外関連者に対して無形資産の供与があった」ということは適切ではありません。

　しかしながら，移転価格調査では，たとえば，研究所があり，そこで研究開発部，技術開発部といった組織に所属する社員が製造工程の設計や分析業務を行っている，というような外形的な事実が重要視され，「研究所には超過収益を生む独自の機能が存在する」，と認定されることが少なくないのではないかと思われます。

　一方で，国外関連者が行うマーケティング，効果的手段を使った広告宣伝については，その活動があったことまでは認定されたとしても，そのことによっ

てどのような成果が上がったかについては、課税当局が納税者から厳密な根拠が提示されないと確認できないという態度で臨む結果、最終的には独自の機能ではないと課税当局に認定されてしまうことがあるようです。このように、移転価格調査や事前確認審査の現場では、「研究開発」という行為については、あまり議論されることがないまま当然に独自の機能であると認識される一方、それ以外の「マーケティング」などの行為については、膨大な資料や事実関係を基に納税者側が説明しないと、その活動が独自の機能を果たしているということが認められないという、偏った状況が常態化しているものと思われます。

しかし、国外関連者が現地消費者の嗜好を調査し、現地消費者に相応しい商品開発提案を貴社に行い、その結果を反映させた製品を、ウェブサイトはもちろん、SNSを使った口コミや、専門の販売店へ技術営業を行った結果、製品そのものの良さも相まって、爆発的に売上が拡大し現地での販売シェアが高まるということは、常識的で合理的な推定であり、かつ、経験則的にも大いにあり得ることですので、科学的、客観的な根拠がないと一切認めないという課税当局のスタンスには再考の余地があるのではないかと思われます。研究開発こそが唯一の独自の機能であるというような根拠のない思い込みこそ排除されるべきでしょう。

このような現状において、貴社として実施可能な対策としては、米国や欧州の子会社の果たす機能をできるだけ明確かつ客観的に説明できるような直接的な資料を日頃から収集・整理しておくとともに、各種の統計的な手法によって間接的にそれらの機能の効果を説明することができるように準備しておくということを主眼とした文書化が挙げられます。

グレーゾーンの背景と留意点

移転価格調査や事前確認の世界では、国税当局が、「製品の製造に係る研究開発行為は無形資産を生み、その無形資産を使用して製品を製造するということは、超過収益を生むのであるから、研究開発行為は、独自の機能を果たして

いる」と，あまり議論もなく評価する傾向にある一方で，販売やサービスの提供などの行為に対しては，その行為が超過収益を生じさせていることを多くの客観的事実が示していても，独自の機能として評価されることは少ないという現状にあることから，このような状況を念頭に置いて，文書化などの準備を行う必要があると思われます。

Ⅳ 残余利益分割法

3 残余利益分割法におけるファクターの額を基本的利益算出の際に除く理由

Question 当社は製品Aに係る研究開発を行い，米国に所在する国外関連者Xがその研究開発の成果を使用して米国で製品Aを製造し販売していますが，今回，当社とXとの取引に係る独立企業間価格を，残余利益分割法によって算定しようと考えています。

国外関連取引において超過収益を生む取引当事者の独自の機能は，当社の製品A製造に関する特許，ノウハウ等の無形資産及びXがそれぞれ販売テリトリーで行うユニークな広告宣伝です。

このため，残余利益の分割ファクターには，当社の製品Aの製造特許に係る研究開発費の額及びXの支出する広告宣伝費の額を用いることとしました。

ところで，当社及びXの基本的利益を算定する際，当社は比較対象企業の総費用営業利益率を当社の製品Aの開発に係る総費用の額に乗じて算出し，Xは比較対象企業の売上高営業利益率をXの製品Aに係る売上高に乗じて計算しようとしています。

この際，税理士より当社の総費用の額は，残余利益を分割する際のファクターとなる研究開発費の額（次の図では100）を除いて算定する必要があるとの指摘を受けましたが，なぜでしょうか。

【取引図】

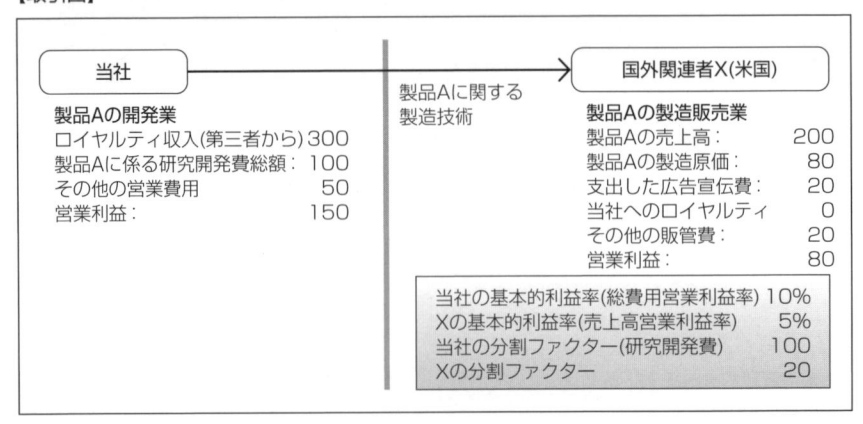

```
┌─────────────────────────────────────────────────────────────────┐
│  ┌──────────┐                              ┌──────────────────┐ │
│  │   当社    │ ──────────────────────────→ │ 国外関連者X(米国) │ │
│  └──────────┘      製品Aに関する                └──────────────────┘ │
│                    製造技術                                       │
│  製品Aの開発業                            製品Aの製造販売業        │
│  ロイヤルティ収入(第三者から) 300         製品Aの売上高：     200  │
│  製品Aに係る研究開発費総額：  100         製品Aの製造原価：    80  │
│  その他の営業費用：            50         支出した広告宣伝費： 20  │
│  営業利益：                   150         当社へのロイヤルティ： 0  │
│                                           その他の販管費：     20  │
│                                           営業利益：          80  │
│                                                                   │
│                          当社の基本的利益率(総費用営業利益率) 10% │
│                          Xの基本的利益率(売上高営業利益率)    5%  │
│                          当社の分割ファクター(研究開発費)    100  │
│                          Xの分割ファクター                    20  │
└─────────────────────────────────────────────────────────────────┘
```

Ⅳ 残余利益分割法

また，当社の基本的利益の算定上，当社の総費用の額をベースとしているのであればXにおいても総費用の額をベースとして算定する必要はないのでしょうか。

Answer 基本的利益の算定において，総費用に残余利益分割ファクターに該当する費用が含まれている場合は，それを総費用の額から差し引いたものに，基本的利益率を乗じて，基本的利益の額を算定します。

その理由は，基本的利益率を算出するための比較対象取引は，独自の機能（ex.超過収益を生む無形資産）がないものを選定しているため，比較対象取引の総費用には，残余利益の分割ファクターとなるような独自の機能に係る費用は含まれていないと想定されるからです。

また，ご質問にあるとおりXにも同様な調整が必要です。本件の場合，Xの基本的利益の算定には，売上高営業利益率が採用されていますので，これを総費用営業利益率に計算し直し，その計算しなおした総費用営業利益率をXの総費用の額（Xの残余利益分割ファクターである広告宣伝費20を除いたもの）に乗じて求めることとなります。

【基本的利益の算出】

当社		国外関連者X（米国）
基本的利益算定の基礎となる営業費用 50	総営業費用 150	基本的利益算定の基礎となる営業費用 100
残余利益分割ファクターとなる営業費用(研究開発費) 100		総営業費用 120
		残余利益分割ファクターとなる営業費用(広告宣伝費) 20

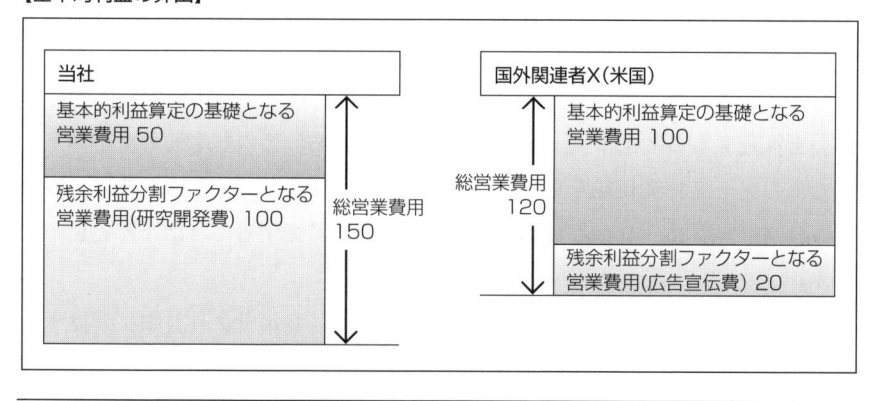

解　説

　残余利益分割法における基本的利益の額は，分割対象利益（本件でいえば，貴社と国外関連者Ｘとの国外関連取引に係る営業利益の合計額）のうち，独自の機能により稼得された超過収益で構成される残余利益の額を求めるために算定します。したがって，独自の機能のもととなる費用（本件でいえば研究開発費や広告宣伝費）を含めた総費用に基本的利益率を乗じて，基本的利益を算定してしまうと，その基本的利益の中には，独自の機能から生じた利益つまり残余利益の一部が含まれてしまうことになることから，独自の機能のもととなる費用を含めないで，基本的利益を算定することになります。

　また，本件取引で国外関連者Ｘが販売する製品Ａは付加価値の高い製品であり，Ｘの製造原価を基準に売値が決まるようなものではなく，市場の製品Ａに対する評価に基づき売値が決まると思われることから，基本的利益の算定に使用する比較対象取引の営業利益率は，売上高を分母として求めることが妥当です。したがって，Ｘの基本的利益はＸの顧客への売上高に基本的利益率を乗じて算定しますが，貴社の基本的利益算定の計算方法と同様に，当該売上高から残余利益分割ファクターに対応する部分を取り除く必要があります。

　しかし，当該売上高のうち，「残余利益分割ファクターに相当する部分の金額」を算定することは事実上不可能であることから，Ｘの基本的利益を算定するための売上高営業利益率を総費用営業利益率に変換して，Ｘの総費用（残余利益分割ファクターとなる金額を除く）に乗じて計算することになると思われます。

　なお，売上高営業利益率は次の算式を用いれば総費用営業利益率に変換することができます。

$$y = \frac{x}{1-x}$$

　　ｘ＝売上高営業利益率
　　ｙ＝総費用営業利益率

Ⅳ 残余利益分割法

グレーゾーンの背景と留意点

　課税当局による移転価格更正処分や事前確認において，残余利益分割法における基本的利益の計算が総費用営業利益率に基づき行われる場合は，その総費用から残余利益分割ファクターとする費用を除くという調整計算が通常行われていますが，基本的利益の算定が売上高営業利益率に基づいて行われる場合には，そのような調整計算が行われないことがあるので留意する必要があります。

　仮に国外関連者においてこの調整計算が行われなかった場合，それが適正に行われた場合に比較して国外関連者の基本的利益の額は大きくなり，その結果，日本から国外関連者への所得移転額が過大に計算されることになってしまいます。

Ⅳ 残余利益分割法

4 残余利益分割法における分割ファクターの２度使い

Question 当社は製品Aの製造に係る研究開発を行い，米国，フランス，オーストラリアに所在する国外関連者3社（X, Y, Z）がその研究開発の成果（製造に必要なソフトウェア一式）を使用して各国で製品Aを製造し販売していますが，今回，X, Y, Zに対するソフトウェア一式の供与取引に係る独立企業間価格を，残余利益分割法によって算定しようと考えています。

国外関連取引において超過収益を生む取引当事者の独自の機能は，当社の製品Aの製造に関する特許，ノウハウ等の無形資産及びX, Y, Zがそれぞれの販売テリトリーで行うユニークな広告宣伝です。

このため，残余利益の分割ファクターには，当社の製品Aの製造特許やノウハウ等に係る研究開発費の額及びX, Y, Zがそれぞれ支出する広告宣伝費の額を用いることとしました。

【取引図】

当社		
製品Aの開発業		
ロイヤルティ収入		300
製品Aに係る研究開発費総額		100
その他の営業費用		50
営業利益：		150

グループ全体の製品Aの売上高：	400
当社の基本的利益率(総費用営業利益率)	10%
Xの基本的利益率(売上高営業利益率)	5%
按分する場合の当社の分割ファクター(研究開発費)	50
按分しない場合の当社の分割ファクター(研究開発費)	100
Xの分割ファクター	20

製品Aに関する製造技術供与 →

国外関連者X（米国）	
製品Aの製造販売業	
製品Aの売上高：	200
支出した広告宣伝費：	20
その他の営業費用	100
営業利益：	80

製品Aに関する製造技術供与 →

国外関連者Y（フランス）	
製品Aの製造販売業	
製品Aの売上高：	100
支出した広告宣伝費：	10
その他の営業費用	50
営業利益：	40

製品Aに関する製造技術供与 →

国外関連者Z（オーストラリア）	
製品Aの製造販売業	
製品Aの売上高：	100
支出した広告宣伝費：	10
その他の営業費用	50
営業利益：	40

Ⅳ 残余利益分割法

　この場合，当社の分割ファクターの金額は，当社の製品Ａの製造特許やノウハウ等に係る研究開発費の額の総額とするべきなのでしょうか，それとも，その総額を製品Ａの総売上高に占めるＸ，Ｙ，Ｚそれぞれの製品Ａの売上高の割合を乗じて按分するなどして，計算するのでしょうか。

　なお，Ｘとの取引を例にとり，当社の研究開発費の総額をファクターとした場合と，研究開発費の総額を製品Ａの全世界での売上高に占めるＸの売上高の割合で按分したものをファクターとした場合の利益配分状況を示すと次の表のとおりとなります。

【残余利益分割法による利益配分計算】

製品Ａの開発費の按分の有無			按分する場合	按分しない場合
グループ全体の製品Ａの売上高	(1)		400	400
当社の総費用（ファクター金額を除く，実績）	(2)		50	50
当社の基本的利益率（総費用営業利益率）	(3)		10%	10%
当社の基本的利益	(4)	(2)×(3)	5	5
当社の営業利益（実績）	(5)		150	150
当社の残余利益	(6)	(5)−(4)	145	145
Ｘの総費用（ファクター金額を除く実績）	(7)		100	100
Ｘの基本的利益率（売上高営業利益率5％を総費用営業利益率に換算）	(8)	総費用営業利益率＝5％/(1−5％)≒5.263％	5.263％	5.263％
Ｘの基本的利益	(9)	(7)×(8)	5.26	5.26
Ｘの営業利益（実績）	(10)		80	80
Ｘの残余利益	(11)	(10)−(9)	74.74	74.74
分割対象残余利益	(12)	(6)+(11)	219.74	219.74
当社の分割ファクター	(13)	（100×200/400）	50	100
Ｘの分割ファクター	(14)		20	20
当社の配分残余利益	(15)	(12)×(13)/((13)+(14))	156.96	183.12
Ｘの配分残余利益	(16)	(12)×(14)/((13)+(14))	62.78	36.62
当社の移転価格調整額	(17)	(4)+(15)−(5)	11.96	38.12
Ｘの移転価格調整額	(18)	(9)+(16)−(10)	−11.96	−38.12

この表からわかることは，当社とXとの国外関連取引において，当社の分割ファクターをX，Y，Zの売上比で按分した場合は，当社からXへ（日本から米国へ）所得が11.96移転していたことになり，当社の分割ファクターを同売上比で按分しない場合には，同じく所得が38.12移転しているという結果になります。

Answer 仮に，貴社の製品Aの製造特許に係る研究開発費の額の総額を，製品Aの貴社グループ総売上高に占めるX，Y，Zそれぞれの製品Aの売上高の割合を乗じて按分するなどして計算する場合，貴社がX，Y，Z以外の者に，同じ無形資産を新規に供与する場合，貴社の分割ファクターを按分するという計算方法であれば，新規供与の度に，貴社の分割ファクターが変化することから，供与先との各取引における，残余利益の分割の再計算を行わなければならなくなり，また，その結果，個々の取引における貴社の配分利益は残余利益分割ファクターが薄まる分減少する（つまりロイヤルティ料率を引き下げる）ということになると思われます。しかし，独立企業間取引において，劇的に無形資産の供与先が増加する場合は別として，供与先が増えるからといって，直ちにロイヤルティ料率を引き下げるということはなく，また，供与先が増えるからといって，供与する無形資産の内容には全く変化はありません。
　以上のことから考えると，貴社はX，Y，Zそれぞれに，製品Aの製造に必要なソフトウェアー式を供与しており，また，独立企業間取引において，貴社の無形資産の供与先が増えたからといって，直ちにロイヤルティ料率が引き下げられることがないことからしても，貴社の残余利益分割ファクターを按分して，残余利益分割計算をする必要はないものと思われます。

解説

　無形資産には複製にコストがかからないという非常に大きな特徴があります。
　たとえば，Wという名称のビジネスソフトウェアパッケージが販売されているのを考えてみます。Wソフトウェアの開発には5億円がかかり，1パッケージ（外箱，マニュアル及びインストールプログラムの記憶媒体であるDVDで構成）の製造費は500円，販売価格は1万円だとします。仮に，このW

の販売本数が10万本の時と，100万本の時のそれぞれの損益は次の表のとおりとなります。

Wの販売本数	(1)		100,000本	1,000,000本
Wの販売単価	(2)		10,000円	10,000円
Wの売上高	(3)	(1)×(2)	1,000,000,000円	10,000,000,000円
Wの開発費	(4)		500,000,000円	500,000,000円
Wの製造単価	(5)		500円	500円
Wの製造原価	(6)	(1)×(5)	50,000,000円	500,000,000円
Wの売上原価	(7)	(4)+(6)	550,000,000円	1,000,000,000円
Wの売上総利益	(8)	(3)−(7)	450,000,000円	9,000,000,000円
売上総利益率	(9)	(8)÷(3)	45%	90%

　上記表の計算結果によれば，ビジネスソフトウェアパッケージWの開発，製造，販売に係る損益は，売上が10万本の場合，売上総利益率は45％ですが，売上が100万本の場合の売上総利益率は90％と，その販売本数の増加によって売上総利益率は劇的に上昇することがわかります。その理由は販売価格に比して，製品の複製コストが極めて低い，つまり開発費を考慮しない場合の粗利益率が極めて高いからということができます。

　販売本数が増えるほど，1パッケージ当たりの開発費は小さくなることから，売上総利益率は限りなく95％（パッケージ製造費だけを原価とした場合の売上総利益率）に近づくことになります。

　これが既にコモディティ化して，開発が簡単なコンピュータ用のキーボードV（1台当たりの製造原価は6,000円，販売価格は10,000円）であったら，次のようなシミュレーションになります。

Vの販売台数	(1)		100,000台	1,000,000台
Vの販売単価	(2)		10,000円	10,000円
Vの売上高	(3)	(1)×(2)	1,000,000,000円	10,000,000,000円
Vの開発費（金型設計含む）	(4)		10,000,000円	10,000,000円
Vの製造単価	(5)		6,000円	6,000円
Vの製造原価	(6)	(1)×(5)	600,000,000円	6,000,000,000円
売上原価	(7)	(4)+(6)	610,000,000円	6,010,000,000円
売上総利益	(8)	(3)−(7)	390,000,000円	3,990,000,000円
売上総利益率	(9)	(8)÷(3)	39%	39.9%

　10万台の売上高と100万台の売上高での売上総利益率は39%と39.9%とほとんど差がありません。その理由は，コモディティであることから開発費の絶対額が少なくて済む一方でキーボードV1台当たりの販売価格に占める製造コストの割合が高いという点にあります。販売台数が増えるほど1台当たりの開発費は小さくなることはコンピュータソフトウェアWと同じですが，開発費自体が少額であることと，原価率が高いことが影響して，売上総利益率はせいぜい40%に近づくに過ぎません。

　100万本（台）の売上の時，ビジネスソフトウェアパッケージWの売上総利益率が90%であり，キーボードVは39.9%である最大の原因は，コストをかけずに複製可能な無形資産が，キーボードVにはほとんどないという点にあります。

　本件製品Aの取引では，上記の例でもわかるようにソフトウェアは複製にほとんどコストがかからないことにその利益の源泉があり，また，貴社が，製品Aを製造するために製造に必要なソフトウェア一式を，国外関連者X, Y, Zそれぞれに等しく供与するのですから，貴社の残余利益分割ファクターは複製して使用する，つまり，貴社の製品Aに係る研究開発費総額を，X, Y, Zとのそれぞれの国外関連取引における残余利益分割ファクターとして使用するのが，独立企業原則に適う妥当な移転価格算定方法であると考えられます。

現在の日本企業のドキュメンテーションや課税当局が残余利益分割法で移転価格課税を行うときは、製品Ａ製造に係る研究開発費の総額に、国外関連者Ｘの製品Ａの売上金額（又は数量など）が、全世界の製品Ａの売上金額（又は数量など）に占める割合を乗じて、日本の親会社の分割ファクターとすることが多いものと思われます。

しかし、研究開発費を按分して、ファクターの額を算出することについては、複製にコストがかからないという無形資産の性質からいって、疑問の余地があります。

今後の課題

この、「分割ファクターの２度使い」に対しては、課税当局や納税者の間であまり議論されることがなかったものと思われます。そのため、場合によっては「２度使い」されないまま誤って、移転価格課税や事前確認が行われてきたものと推測されますが、独立企業間取引の実態からしても、見直しのための議論が必要ではないでしょうか。

グレーゾーンの背景と留意点

繰り返しになりますが、無形資産と有形資産の大きな相違点は、複製コストの有無にあります。この相違点を無視して、移転価格調査や事前確認あるいは文書化が行われると、その結果導き出される独立企業間価格は、歪んだものとなりかねないという点に留意して、独立企業間価格を考える必要があると考えます。

Ⅳ 残余利益分割法

5 研究成果と相関が不明な研究開発費の額を残余利益の分割ファクターに使用するのは妥当か

Question 当社の知る限り，企業において研究開発に携わる方々の意見では，研究開発費をかけたからといって良い研究成果を得られるとは限らない，研究開発費の額とその成果の間には相関があるかどうか不明であるという意見がほとんどです。

実際に当社の属する業界の公開情報に基づき，企業（又は事業部等）が支出する年間の研究開発費の額をX軸，年間の製造特許の取得件数をY軸として，企業（又は事業部等）ごとにプロットしてみると次のグラフのようになり，X軸とY軸の相関を表す回帰線を引くことはできませんでした。つまり，研究開発費の額と製造特許の取得件数とは相関がないという結果が得られました。

企業の研究開発担当者の直感を信頼するならば，実際の研究開発の現場の多くではこのような状況にあることが容易に推測されます。それにもかかわらず，残余利益分割法で独立企業間価格を算定する際，投入した研究開発費の額を残余利益の分割ファクターに使用するのは，経済実態に合わない，合理性を欠く方法ではないでしょうか。

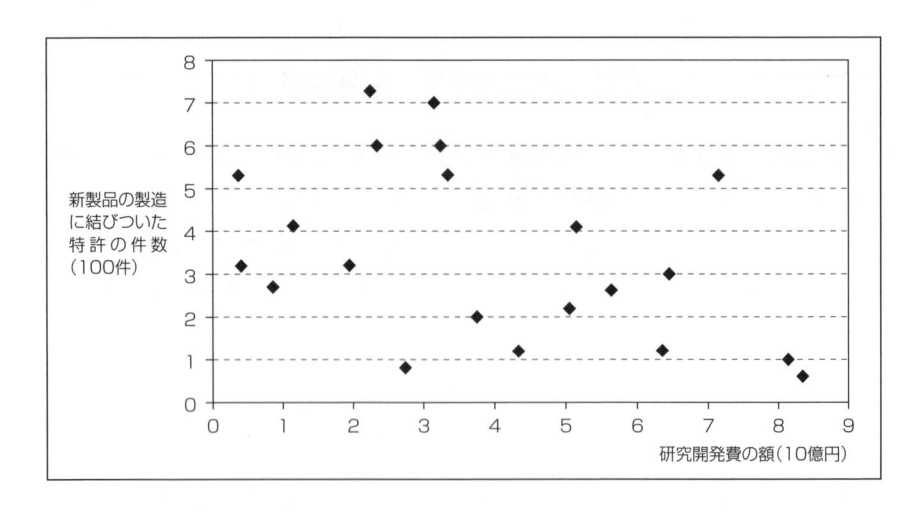

Ⅳ　残余利益分割法

> Answer　研究開発費の額と研究開発で形成される無形資産の価値との間に明確な相関が確認できないケースが多いのは事実であり，それにもかかわらず，無形資産の開発のために支出した費用の額を，残余利益分割ファクターとすることは，その結果導き出された価格は，独立企業間価格ではない可能性があります。
>
> 　しかし，実際の移転価格調査や事前確認審査の現場では，残余利益分割ファクターに研究開発費の額が使用されることが一般的です。
>
> 　ただし，残余利益分割ファクターとしての無形資産の価値を評価するうえで，研究開発費の額ではなく，独立企業原則に照らして相応しい別の指標（例えばその特許の実施許諾件数，その特許を実施した製品の市場占有割合）を使用することが，独立企業間価格の算定に適切である場合もあると考えます。

解　説

措置法基本通達66の4(5)-4（残余利益分割法）は，次のように規定されています。

> 　残余利益分割法の適用に当たり，基本的利益とは，66の4(3)-1の(5)に掲げる取引に基づき算定される独自の機能を果たさない非関連者間取引において得られる所得をいうのであるから，分割対象利益等と法人及び国外関連者に係る基本的利益の合計額との差額である残余利益等は，原則として，国外関連取引に係る棚卸資産の販売等において，当該法人及び国外関連者が独自の機能を果たすことによりこれらの者に生じた所得となることに留意する。
>
> 　また，残余利益等を法人及び国外関連者で配分するに当たっては，その配分に用いる要因として，例えば，法人及び国外関連者が無形資産を用いることにより独自の機能を果たしている場合には，当該無形資産による寄与の程度を推測するに足りるものとして，これらの者が有する無形資産の価額，当該無形資産の開発のために支出した費用の額等を用いることができることに留意する。

後段に,「当該無形資産による寄与の程度を推測するに足りるものとして,これらの者が有する無形資産の価額,当該無形資産の開発のために支出した費用の額等を用いることができることに留意する。」と記述されています。つまり,研究開発費の額を分割ファクターに用いることができるといっており,独立企業間で研究開発費と無形資産の関係がどう評価されているかはともかく,開発費用を残余利益分割ファクターにしていれば,課税当局はそのことに関して文句はいわない,という解釈ができます。

　もっとも,同通達66の4(5)-2（分割要因）では「利益分割法の適用に当たり,分割対象利益等又は措置法令第39条の12第8項第1号ハ(2)に規定する残余利益等の配分に用いる要因が複数ある場合には,それぞれの要因が分割対象利益等又は残余利益等の発生に寄与した程度に応じて,合理的に計算するものとする。」と規定されていることから,独立企業原則に従っていることを条件として費用をファクターとして認めるといっているようにも解釈できます。

　しかし,移転価格調査や事前確認審査において,残余利益分割ファクターとして研究開発費等の費用の額を用いることは,常識的な期間内で調査や審査を終了するなどの理由のため,やむを得ないともいえますが,費用を分割ファクターとした結果,その業界での価格設定の常識とはかけ離れた独立企業間価格が算定されるようであれば,そのような取引には,費用を分割ファクターとする残余利益分割法による移転価格課税や事前確認はできないという結論とすることもまた,やむを得ないのではないかと思われます。

今後の課題

　本件の問題は,調査において,独立企業間取引における価格設定に対する十分な情報収集が行われないことも一因と思われます。

　研究開発の世界では,金さえかければ良い発明ができるというのは,ある意味非常識であるといわれています。例外として,大手企業が年間数百,数千億円規模で研究開発費を投入しているのであれば,その企業というくくりでは,

大数の法則が効いて，研究開発費の支出額と，超過収益を生む無形資産の形成に相関がある可能性はありますが，移転価格税制では取引単位で独立企業間価格を算定することから考えれば，企業全体レベルの研究開発で，費用と無形資産の形成に相関があるといった議論をしても意味がなく，年間数億円や数十億円規模の研究開発費では，相関が確認できないというのが現実であると思われます。

したがって，まずは利益分割ファクターとして，相応しいものは何かについて検討し，その結果適当なファクターが見つからないという場合に限って試験研究開発費の支出額をファクターとするという姿勢が必要であると思われます。

グレーゾーンの背景と留意点

超過収益を生む独自の機能を無形資産の開発に要した費用で評価するというのは，独立企業原則に合致していない典型例であると思われますが，現在の移転価格の世界では，その合致していないという事実に蓋をして，費用で独立企業間価格を算定しているということもいえます。しかしながら，このような蓋をしなければ移転価格税制の執行が止まってしまいかねないという状況にあるなかで，当分の間このようなやり方に変化はないという認識に立って，移転価格調査や事前確認に対応しなければならないと思います。

Ⅳ 残余利益分割法

6 販管費率が非常に低いため超過的収益が生じているときの残余利益分割ファクター

Question 当社の英国に所在する国外関連者は,当社が開発した製品A(独自の機能を有し,付加価値が高い)を当社から仕入れ,英国の顧客に販売しています。この国外関連者は非常に効率的な営業方法を編み出し,同業他社に比べて半分の人数の営業マンで他社並みの売上を上げ,これに加え,極めて少ない広告宣伝費と十数年に及ぶ一般事務の効率化に取り組んだ結果,同業他社の売上高営業費率が15%にあるのに対し英国の国外関連者は5%で業務を行うことが可能となっています。

この結果,製品Aの付加価値とも相まって,英国の国外関連者の売上高営業利益率は英国に所在する同業他社の平均値である10%に対して25%と,極めて高い収益力を誇っています。

以上のことから,当社及び国外関連者双方に独自の機能があることが明らかであるため,独立企業間価格を残余利益分割法により算定することとしました。

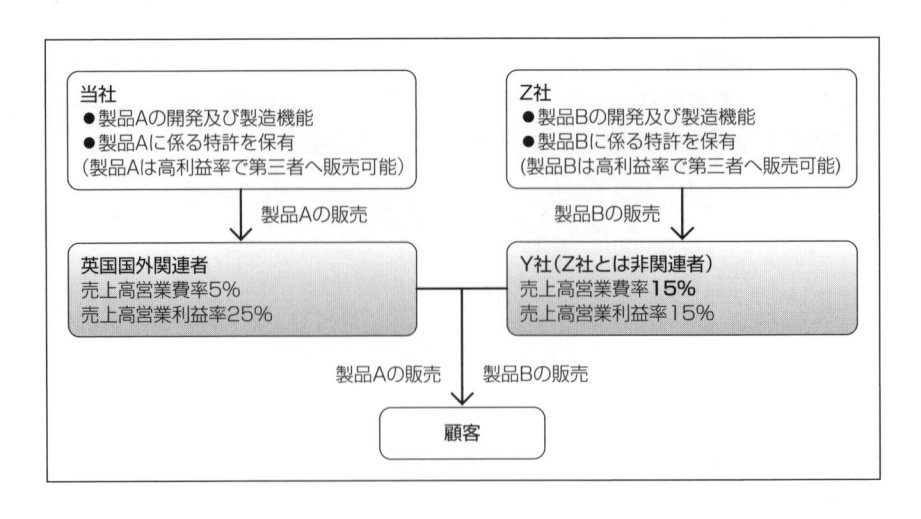

```
┌─────────────────────────┐   ┌─────────────────────────┐
│ 当社                      │   │ Z社                       │
│ ●製品Aの開発及び製造機能     │   │ ●製品Bの開発及び製造機能     │
│ ●製品Aに係る特許を保有        │   │ ●製品Bに係る特許を保有        │
│ (製品Aは高利益率で第三者へ販売可能)│   │ (製品Bは高利益率で第三者へ販売可能)│
└───────────┬─────────────┘   └───────────┬─────────────┘
            │ 製品Aの販売                       │ 製品Bの販売
            ▼                                  ▼
┌─────────────────────────┐   ┌─────────────────────────┐
│ 英国国外関連者              │   │ Y社(Z社とは非関連者)       │
│ 売上高営業費率5%            │   │ 売上高営業費率15%           │
│ 売上高営業利益率25%          │   │ 売上高営業利益率15%          │
└───────────┬─────────────┘   └───────────┬─────────────┘
            │ 製品Aの販売         製品Bの販売     │
            └──────────────┐   ┌──────────────┘
                           ▼   ▼
                       ┌─────────┐
                       │  顧客    │
                       └─────────┘
```

Ⅳ 残余利益分割法

 ところで，残余利益分割法における残余利益分割ファクターは，通常国外関連取引の当事者それぞれが支出した費用とすることが多いようですが，本件における英国の国外関連者のように，効率経営による経費削減が行われ，費用の支出と収益が逆相関にある場合，どのように独立企業間価格を算定したらよいでしょうか。

Answer 残余利益分割法における分割ファクターについて措置法基本通達66の4(5)-4（残余利益分割法）では，「残余利益等を法人及び国外関連者で配分するに当たっては，その配分に用いる要因として，例えば，法人及び国外関連者が無形資産を用いることにより独自の機能を果たしている場合には，当該無形資産による寄与の程度を推測するに足りるものとして，これらの者が有する無形資産の価額，当該無形資産の開発のために支出した費用の額等を用いることができることに留意する。」と記載されています。これは，営業費用をかければかけるほどその会社の営業利益は向上するはずだという前提に立っているものですから，本件取引における英国の国外関連者のような，効率経営を行った結果収益を上げているというケースには当てはまらない考え方といえます。

 したがって，残余利益分割法の適用はあきらめて，他の独立企業間価格の算定方法を採用するか，残余利益分割法を適用するとした場合には，比較対象企業の売上高営業費率に英国の国外関連者の売上高を乗じて，独立企業間営業費の額を求め，次にそれに基づいて英国の国外関連者の営業利益を求め，それを英国の国外関連者の基本的利益の額とします。なお，英国の国外関連者における費用の節減が専ら英国の国外関連者の貢献によるものである場合には，その費用の節減額の全額が英国の国外関連者に帰属する残余利益であると考えます。

解 説

 企業収益を向上させる原因を大きく二つに分ければ，収入の増加と支出の減少ということになりますが，措置法基本通達における残余利益分割ファクターの考え方は，収入の増加にフォーカスが当てられており，「収入を増加させて収益も増加させるためには，超過収益を生む独自の機能が必要だが，独自の機能の価値評価は難しいので，その評価に代えて，その形成の維持発展に要した

費用に基づいてその価値を推測する，すなわち，独自の機能の形成・維持・発展のために支出した費用の額を残余利益分割ファクターに使用し，配分所得を算定するのが相応しい」，という論法です。

しかし，もう一方の支出の減少にフォーカスを当てれば，「支出を減少させて収益を確保するためには営業効果を維持しながら営業費用を減少させる，そのためには無駄な支出の削減，効率的な時間の使い方による人件費の削減等を行う，したがって支出の削減額そのものをそれに貢献した者に配分する」ということになるものと思われます。

つまり，効率的な営業や事務を行うことにより超過収益をもたらす場合は，その削減額そのものを削減者の上げた超過収益とみなして，残余利益分割法を適用することが，妥当であると思われます。

今後の課題

企業が国外関連取引において超過収益を上げている場合，そこに何らかの独自の機能が寄与しているということは合理的に推測されることであり現実に独立企業間でのそのような取引実例はいくらでも存在します。それ故に，独自の機能に着目した，残余利益分割法が独立企業間価格の算定方法として有効である場合があるといえます。

しかし，一方で支出を削減して超過収益を上げるというのも珍しいことではないのにもかかわらず，この点について，独立企業間価格の算定上，どのように評価をするかは，現在の日本の移転価格税制関連規定では残念ながら明確にされていないと思われます。この点については，規定の早急な整備が望まれます。

グレーゾーンの背景と留意点

支出の削減が超過収益に寄与するとしても，その金額は自ずと限界がある一

Ⅳ　残余利益分割法

方で，収入の増加による超過収益への寄与は，限界はあるとしても支出削減額に比べて伸びしろは大きいといえます。

　もっとも，支出の削減による超過収益の額は，実際の削減額を計算すれば良いだけであり，算定方法に議論の余地がほとんどないと考えられる一方で，収入の増加に伴う超過収益への寄与は，数値化が難しいといえます。特に将来年度の収益を予測して独立企業間価格の算定を行うことになる事前確認においては，議論の生じる原因となることが多いといえます。

　そういう意味で，支出の削減がもたらす超過収益の評価は，「その削減額を先取りする」こととし，残余利益分割法における残余利益分割ファクターを何にするかという議論とは一緒にしないという方法も考えられます。

Ⅳ 残余利益分割法

7 分割対象利益がマイナスの場合の利益分割法の適用は可能か

Question 当社は製品Aに係る研究開発を行い，米国に所在する国外関連者Xは，その研究開発の成果を使用して米国で製品Aを製造し販売していますが，この国外関連取引に係る独立企業間価格を，利益分割法によって算定しようと考えています。

しかし，製品Aはこのところ市場のトレンドから外れてしまい，販売価格の低下を招いたことから，この国外関連取引に係る当社の営業利益はわずかながらプラスですが，Xは大幅な営業損失を計上してしまい，当社とXの営業損益の合計額はマイナスとなっています。

このような状況で，本件国外関連取引の独立企業間価格の算定方法として，利益分割法を適用することは妥当でしょうか。本件国外関連取引では，合算損益がマイナスとなることから「損失分割」となってしまい，利益分割法が適用できないのではないかと心配です。

なお，本件国外関連取引と比較可能な独立企業間取引はありません。

【取引図】

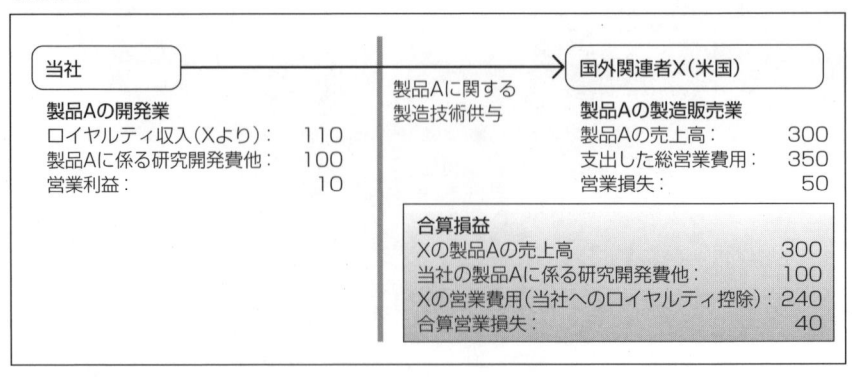

```
┌──────────┐   製品Aに関する   ┌──────────────┐
│  当社     │ ──────────→ │ 国外関連者X（米国）│
└──────────┘   製造技術供与    └──────────────┘

製品Aの開発業                    製品Aの製造販売業
ロイヤルティ収入(Xより)： 110    製品Aの売上高：      300
製品Aに係る研究開発費他： 100    支出した総営業費用： 350
営業利益：                10    営業損失：            50

                 合算損益
                 Xの製品Aの売上高                      300
                 当社の製品Aに係る研究開発費他         100
                 Xの営業費用（当社へのロイヤルティ控除）：240
                 合算営業損失：                         40
```

Answer 措置法基本通達66の4(5)-1（利益分割法の意義）に次のような規

Ⅳ　残余利益分割法

定があります。

> 措置法令第39条の12第8項第1号に掲げる方法（以下「利益分割法」という。）は，同号イからハまでに掲げるいずれかの方法によって，国外関連取引に係る棚卸資産の販売等により法人及び国外関連者に生じた所得（以下「分割対象利益等」といい，原則として，当該法人に係る営業利益又は営業損失に当該国外関連者に係る営業利益又は営業損失を加算した金額を用いるものとする。）を当該法人及び国外関連者に配分することにより独立企業間価格を算定する方法をいうことに留意する。

　この規定では，利益分割法の分割対象となるのは国外関連取引により生じた「所得」であり，その所得とは「原則として，当該法人に係る営業利益又は営業損失に当該国外関連者に係る営業利益又は営業損失を加算した金額」であるとしています。また，上記通達の根拠となる，措置法施行令39条の12第8項1号（利益分割法の規定）では，「国外関連取引に係る棚卸資産の法第66条の4第1項の法人及び当該法人に係る国外関連者による購入，製造その他の行為による取得及び販売（以下この号において「販売等」という。）に係る所得が，次に掲げる方法によりこれらの者に帰属するものとして計算した金額をもつて当該国外関連取引の対価の額とする方法」と書かれています。
　以上の規定のとおり，分割対象利益がマイナスであっても，利益分割法は適用できます。

解　説

　合算営業損失を計上する国外関連取引に利益分割法を適用するのが必ずしも妥当ではないという理由の一つに，分割ファクターの選定の問題があります。
　つまり，合算営業利益を計上する国外関連取引であれば，その分割ファクターは利益に貢献するもの，例えば研究開発費，広告宣伝費，交際費，販売促進費などが想定されますが，逆に，合算営業損失を計上する国外関連取引であれば，それは損失に貢献するもの，たとえば損害賠償費用，クレーム対策費，不必要な備品の購入費などが想定されます。ただ，損害賠償費用などは異常な

支出ですから，分割ファクターに含める必要がないともいえます。

　このような理由から，合算損失を計上する取引に利益分割法は馴染まないのではないかという疑問は，ある意味当然であるといえます。

　しかし，ある特定の事業年度に合算損失を計上したとしても，前後数年の合計損益を見れば利益が計上されるのが継続企業の取引として通常であり，その数年の期間を視野に入れたファクターの選定をすることで，この疑問は解決できるものと思われます。また，損失を継続的に計上する取引は，その事業継続性が疑われ，早晩消滅すると予想されることから，独立企業間価格の算定を必要としない，そもそも移転価格の検討に値しない取引と考えるのが妥当です。

今後の課題

　前後の年度を含めた数年単位では合算営業利益を計上しているが，ある年度では合算営業損失を計上するような国外関連取引については，その合算営業損失を計上した年度の独立企業間価格をどのような方法で算定すべきかについては，今後更なる議論が必要であると思われます。

グレーゾーンの背景と留意点

　今までの日本の移転価格課税は，国外関連者の利益は勿論のこと，法人の利益を含めたところで，大きな利益が生じている取引を中心に調査対象としてきたことから，取引規模が大きい国外関連取引であっても，合算損失を計上している取引は課税の現場で問題となるようなことは少なかったものと思われます。

　しかし，厳しい企業収益環境が続くなか，これからは，合算利益が計上されている国外関連取引だけではなく，合算損失を計上する国外関連取引もターゲットとして移転価格調査が行われる可能性は捨てきれないことから，損失分割について議論を進める必要があると思われます。

Ⅳ 残余利益分割法

8 研究開発費など，主に将来の利益に関連する費用を残余利益分割ファクターとするのは妥当か

Question 当社は，化学製品の開発製造を行っています。当社の扱う製品は，四半期ごとに新製品が発売されたりするコンピュータやその周辺機器などとは異なり，その寿命は平均して5年程度あります。また，製品の開発に要する年数は平均して10年程度です。

今回，当社が開発した製品Aを当社が製造して，米国の国外関連者X（販売業）へ販売する取引について，移転価格の文書化を行っています。

当社には独自の機能と認められる研究開発の結果形成された，製品製造に係る超過収益を生む無形資産があり，Xはユニークな販売方法ときめ細かなアフターサービスにより，製品Aの他社の追従を許さない品質性能の良さもあいまって，米国市場で90％のシェアを獲得するなど，販売とサービスに係る独自の機能を果たしており，国外関連取引当事者双方に独自の機能があることから，残余利益分割法により独立企業間価格を算定しようと考えています。その際の残余利益分割ファクターは，当社が製品Aに係る各事業年度の研究開発費，Xが各事業年度の広告宣伝費とシニアエンジニアの人件費です。

製品Aの開発期間は約7年で，前期末に上市しました。製品Aの売上は非常に好調で，当社グループに高収益をもたらしています。上述のとおり，この高収益をもたらした要因の一つは，製品Aの品質性能の良さであり，過去7年間にわたる製品開発の賜物と考えられます。

今期も製品Aの次の世代を担う製品を開発中で，その製品の発売は5年以上先になる予定ですが，製品Aに関する研究開発はもう行っていません。

このような状況で，残余利益分割法を採用して独立企業間価格を算定するとき，製品Aの製造販売に係る残余利益の発生時期と，研究開発費の支出時期が異なり，結果として，製品Aの次世代の製品の研究開発費（残余利益分割ファクター）で，製品Aの国外関連取引に係る残余利益を分割してしまうことになりますが，それでもかまわないのでしょうか。

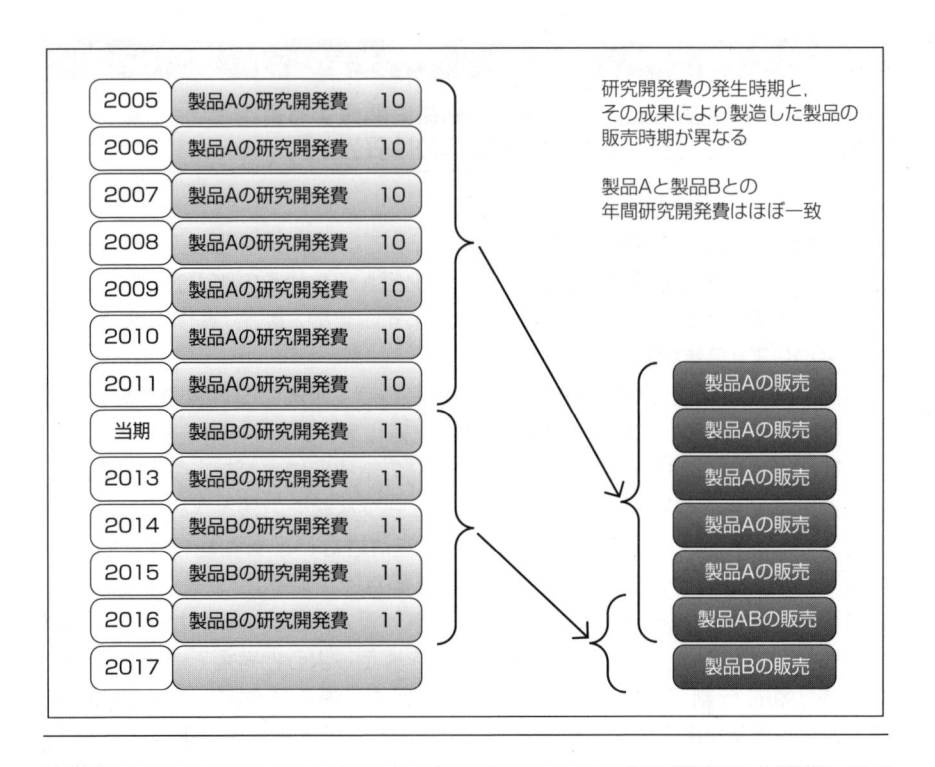

年	研究開発費	額
2005	製品Aの研究開発費	10
2006	製品Aの研究開発費	10
2007	製品Aの研究開発費	10
2008	製品Aの研究開発費	10
2009	製品Aの研究開発費	10
2010	製品Aの研究開発費	10
2011	製品Aの研究開発費	10
当期	製品Bの研究開発費	11
2013	製品Bの研究開発費	11
2014	製品Bの研究開発費	11
2015	製品Bの研究開発費	11
2016	製品Bの研究開発費	11
2017		

研究開発費の発生時期と、その成果により製造した製品の販売時期が異なる

製品Aと製品Bとの年間研究開発費はほぼ一致

- 製品Aの販売
- 製品Aの販売
- 製品Aの販売
- 製品Aの販売
- 製品Aの販売
- 製品ABの販売
- 製品Bの販売

Answer 製品Aの製造販売による超過収益は、製品Aの開発を目的とした研究開発費の額をファクターにして、残余利益を分割するべきであり、製品Aの次世代製品の研究開発費をファクターとして分割しても、その結果導き出された価格は独立企業間価格とはいえず、この期間のずれを修正したうえで、残余利益分割計算を行うべきであると思われます。

しかしながら、現実の移転価格調査や事前確認の実務では、ある事業年度の超過収益は、その事業年度に発生した費用を分割ファクターとして計算しているケースが多数を占めていると推測されます。その理由としては、例えば、次のようなものが考えられます。

- 研究開発の対象は異なるが、研究開発費の支出はおおむね一定で、個々の研究開発費の支出とその成果の回収時期がずれていても、長い目で見ると、全体としては費用と成果に一定の相関が見られるため、独立企業間価格の算定に大きな弊害がない。

- 過年度の研究開発費をその成果の回収時期に割り振る計算が煩雑であり，割り振る場合の計算基準も明確ではなく，割り振った結果，研究開発費の支出とその成果の回収時期が一致するとも限らない。

これらのことから，製品Aの研究開発費の支出時期と超過収益の回収時期がずれた状態で残余利益分割法を適用することは，その結果独立企業間価格の計算に大きなゆがみが生じることがない限り，是認されるものと思われます。

解 説

半導体製造会社のように，四半期ごとに新製品がリリースされ，その製品のライフサイクルが短く，研究開発が継続的に行われているような企業を除き，残余利益分割法の適用を考える企業にとっては，研究開発費とその成果が期間対応していないことをどのように考えたらよいか迷うところです。

企業会計の世界でも，研究開発費用の計上時期（原則として支出時，「研究開発費及びソフトウェアの会計処理に関する実務指針（平成11年3月31日）3」）と収益（過年度の研究開発に基づいて製造した製品の販売による超過収益やロイヤルティ収入など）の計上時期が一致しないという点で同じ問題が生じているものと思われます。

移転価格の世界では，特に残余利益分割法における残余利益分割ファクターの算定の際にこの問題が発生しますが，過去の事業年度で発生した研究開発費を，その研究開発費の回収時期の事業年度に割り振るということは国外関連取引に係る営業利益算定にその年度の営業費用が使用されることに鑑み，国外関連取引に係る営業利益の計算に関係しない（過年分の）費用をファクターとすることになるので，合理性を欠くという見方もできるのではないかと思われます。

グレーゾーンの背景と留意点

研究開発費を支出した時期と，その支出の効果（超過収益）の発生時期が異

なるという点は，移転価格調査や事前確認審査の場面では何度も繰り返し問題視されている事項であり，理論的には，支出の時期と回収の時期を一致させて初めて合理的な独立企業間価格の算定といえるものであろうと思います。一方，課税上の大きな弊害がないと認められるのであれば，独立企業間価格算定の簡素化や，恣意性の排除というメリットもあることから，支出の時期と回収の時期が一致しなくてもやむを得ないものと割り切ることも必要ではないかと思いれます。

V 取引単位営業利益法

Ⅴ 取引単位営業利益法

1 取引単位営業利益法でベンチマークを行う場合，比較対象企業の業種と検証対象法人の業種は常に同じでなければならないのか

Question 取引単位営業利益法（TNMM）で独立企業間価格を算定する際，公開財務データベースを使用して，たとえば次のような基準で比較対象企業を選定するとします。

　　業種
　　地域
　　独立性（資本関係）
　　企業規模

　上記のうち「業種」は比較対象企業の選定において最もポピュラーな基準ですが，この基準について，国税局のある移転価格担当調査官は，比較対象企業と検証対象法人において果たす機能や負担するリスクが同じであれば，必ずしも業種は一緒ではなくても構わないといい，他の調査官は業種は比較対象性を担保するためには，いかなる状況であっても業種は一緒である必要がある，といっていますが，どう考えたらよいのでしょうか。

Answer 業種が類似していることは絶対条件ではなく，比較対象企業及び検証対象法人が果たす機能や負担するリスクの分析の結果，業種が異なっていても別の要因が類似している故に，営業利益率も類似するということが確認できれば，比較可能性を担保するために必要な要件に業種を含めなくてもよいものと思われます。

解　説

　本件も，残余利益分割法の章の「研究開発機能だけが独自の機能か」の項目で述べた点と類似した問題点があります。
　比較対象取引であるためには業種が同じか類似していなければならないという考え方は間違いではないけれども，すべてのケースに当てはまるものではあ

V 取引単位営業利益法

りません。

その例として次のようなものがあります。

業種に関する問題とは若干異なりますが，ある企業Dが海外の非関連者Cから，写真加工を行うソフトウェアのマスターディスクを入手し，ライセンス契約に基づき，そのソフトウェアを日本語に修正した上で，DVDに複製し，パッケージにおさめてパソコン販売店の店頭に並べた場合を考えてみましょう。このソフトウェアは海外では数百万本売れているメガヒット商品で，日本でも百万本以上販売し，その売上高は200億円に達しており，損益は表1の取引Ⅰのとおりであったとします。

表1　取引Ⅰ（写真加工ソフト）

売上高	200億円
翻訳料	2,000万円
パッケージ製造費用	10億円
広告宣伝その他の費用	8,000万円
ロイヤルティ	160億円　（ロイヤルティ料率80％）

また，DはCからワードプロセッサソフトウェアのマスターディスクを導入したが，これはあまり売れず，その取引内容は表2の取引Ⅱのとおりであったとします。

表2　取引Ⅱ（ワープロソフト）

売上高	5億円
翻訳料	2,000万円
パッケージ製造費用	1,000万円
広告宣伝その他の費用	7,000万円
ロイヤルティ	1億円　（ロイヤルティ料率20％）

表3　国外関連取引（ワープロソフト）

売上高	200億円
翻訳料	2,000万円
パッケージ製造費用	1,000万円
広告宣伝その他の費用	7,000万円
ロイヤルティ	140億円　（ロイヤルティ料率70％）

　取引Ⅰ及び取引Ⅱのとおり，独立企業間ではパッケージ製造費用が極めて低いため，1タイトルあたりの販売本数が増えるほど販売者の利益率は上昇することから，販売本数がロイヤルティ料率に決定的な影響力（販売本数が増えるほどロイヤルティ料率も上昇する）を持っていることが判明しました。

　ところで，ここで例示する国外関連取引では，法人が海外の親会社からワードプロセッサソフトのマスターディスクの提供を受け，上記と同様の作業を日本で行っており，その取引内容が表3のとおりであるとします。そして，それに対して課税当局が，国外関連取引のソフトウェアはワードプロセッサであり，比較対象取引は同じワードプロセッサソフトを対象としている取引Ⅱであるから，独立企業間のロイヤルティ料率は20％となり，国外関連取引の独立企業間価格は，200億円×20％＝40億円と算出されるので，100億円（140億円－40億円）の国外所得移転があると指摘したとします。

　この場合の課税当局の指摘は果たして正しいのでしょうか。

　「ワードプロセッサ」という意味ではソフトウエアとして類似していますが，独立企業間取引である取引Ⅰと取引Ⅱの例で明らかなように，ロイヤルティ料率は，そのソフトウェアの種類ではなく売上高で決まることから，本件国外関連取引の比較対象取引は国外関連取引と同規模の売上規模である取引Ⅰとするのが正しく，そうすると独立企業間価格は，200億円×80％＝160億円となり，国外関連取引価格は140億円と，独立企業間価格を下回っていることから，国外移転所得はゼロということになります。

　本来であれば，課税当局の指摘は，非関連者間取引においてロイヤルティ料

率が何によって決定されたのかを十分な事実確認と業界情報の分析を通じて突き止めたうえで行われるべきであったといえます。

グレーゾーンの背景と留意点

　移転価格調査，事前確認審査の場面では，業界情報の収集分析等，課税当局の様々な情報を的確に評価したうえでの慎重な事実認定が望まれるところです。

Ⅴ 取引単位営業利益法

2 受託製造会社の負担すべきリスクの範囲

　今般の震災による被害を起因として日本の親会社からの部品供給が滞ったために，受託製造会社である現地子会社において生産停止や稼働率の大幅な低下をきたし，ひいては現地子会社の経営に重大な影響を及ぼす事態に陥った事例を基に，国外関連取引に係るリスク負担のあり方について考えてみます。

Question　弊社は，精密機械の主要部品を製造してこれを中国子会社に有償で供給し，完成品の製造を委託しています。弊社は中国子会社から完成品の全量を買い取って世界各地のユーザーに販売しています。中国子会社は製造技術に関して特別にノウハウを有していないため，完成品の製造に係るノウハウは弊社から提供しています。また，弊社は完成品の製造を外部の業者には委託せず，専ら中国子会社に委託しています。

　ところで，この度の東日本大震災により弊社の工場が被災したため，同部品の生産を半年以上停止せざるを得ませんでした。その結果，中国子会社に本来供給すべき部品の数量を確保することができず，そのため中国子会社の工場の生産量は極端に落ち込み，稼働率が低迷して固定費を上回る収益を上げることができない状況に陥りました。中国子会社の今年の決算では最終的には多額の赤字が生じる見込みです。

　ちなみに，弊社を供給者とする非関連者との契約においては，震災等の不可抗力に起因する弊社の供給義務の不履行に伴い発生する損害については弊社に対して免責条項が適用されることになっており，中国子会社との契約においてもそれは同じです。

　しかしながら，親会社としては中国子会社の赤字転落を放っておくわけにもいかないので，契約はともかくとして損害を賠償しようと考えていますが，これは移転価格上何か問題があるでしょうか。

Answer　原則としては，ある取引と同様の状況下において行われた独立企業間棚卸資産取引においても製造委託者に免責条項が適用されているということであれば，法人税法の適用に当たっては製造委託者が損害を賠償することは問

題があるとみなされ，製造受託者が赤字となったとしてもやむを得ないということになります。このため，製造委託者が損害を賠償するということになれば，国外関連者に対する寄附金の支出があったものとみてその全額につき製造委託者の所得金額の計算上損金不算入とされるリスクがあります。

逆に，同様の独立企業間取引において受託製造者に免責条項が適用されているという事実が把握されれば，製造委託者による損害賠償は法人税法上問題ないものとして取り扱われることになるものと思われます。

なお，ご質問にあるような震災により子会社に生じた損害は非経常的損失であり，これを貴社と子会社とが行う部品取引の価格設定に影響させることに合理性はありません。よって，同部品取引に係る独立企業間価格の算定に当たっては同損害は考慮しないことが相当であると考えます。

解説

I 損害賠償の取扱い

親会社である製造委託会社が，何らかの原因で自らの部品供給を停滞させ，そのために受託製造者である子会社に損害が生じた場合，その親会社が常にその損害を賠償しなければならないのでしょうか。この問題の解決には，独立企業間であればどのようにするかということが参考となります。

具体的には，国外関連取引と同様の状況下において行われた独立企業間取引においても，質問の場合と同様に製造委託者に免責条項が適用されている場合には，製造委託者による損害賠償は，同族会社の行為計算否認規定に基づいて子会社に対する寄附金に認定される可能性があり，同様の独立企業間取引において受託製造者に免責条項が適用されているという事実が把握されれば，親会社による損害賠償は税務上も適正なものとして取り扱われることになるものと思われます。

II OECD移転価格ガイドライン

この点に関して，OECD移転価格ガイドライン9.35では，関連者間取引にお

ける契約上のリスク配分が独立企業間のものであるか否かを判断する際，税務当局は，製造会社の関連者間取引におけるリスク配分が独立企業原則に適合するものであることを裏付ける比較可能な独立企業間からの証拠が存在するかどうかを検討するだろうとし，そのような証拠が存在すれば，納税者の関連者間取引におけるリスク配分に異議を唱えることはないだろうとしています。

しかし，いかにして質問の取引と同様の状況下において行われた独立企業間取引に関する上記のような情報を入手するかということが実務上の問題として残ります。この点は企業のみならず課税当局においても困難な課題であると考えられます。

再びOECD移転価格ガイドラインを引用すると，9.36では，関連者間取引における契約上のリスク配分が独立企業間原則に適合するものであることを裏付ける比較可能な独立企業間からの証拠が存在しない場合には，関連者間取引における契約上のリスク配分が独立企業であれば合意されたと考えられるものか否かを決定する際に役立つ要素として次の二つを挙げています。

① どちらがリスクをよりコントロールしているか
② リスクの配分を受けている者のリスク配分時点における財務能力は十分か

そして9.38では，関連者間取引における契約上のリスク配分が独立企業間原則に適合するものであることを裏付ける比較可能な独立企業間からの証拠が存在せず，独立企業間取引においては関連者間取引に行われているようなリスク配分はなされないと認められる場合には，税務当局は価格調整によって合理的な解決に到達するよう努めるだろうとしています。また，価格調整が解決の有効な手段となり得ず，かつ，関連者間取引におけるリスク配分がその取引の価格に影響を与える比較可能性要素の一つである場合には，リスクの再配分を行ってその結果を割り当てることもあり得るとしています。

Ⅲ　リスクの再配分

震災により子会社に生じた損害は非経常的損失であり，これを貴社と子会社

とが行う部品取引の価格設定に影響させることに合理性はないと考えられるので、同部品取引に係る独立企業間価格の算定に当たっては同損害は考慮しないことが相当と思われます。

このため、損害賠償金の支払に問題があるとしても、それを部品取引の価格調整で解決することはせず、別途損害のリスクを親会社、子会社のいずれが負担するのが独立企業原則に適っているのかについて推測しなければならないものと思われます。

委託者の求めに応じて設備投資を行う受託製造会社の場合、その投資コストを受託製造の対価を通じて回収しようとします。具体的には製造に必要なそれらの設備の減価償却費、取得に伴う借入れに係る利息額、租税公課及び修繕費等の経費を作業人件費に加えて対価の額として委託者に対価請求するのが通例といえます。これに対して、委託者の負担において設備投資を行い、受託者はその設備を用いて製造を行うというような場合には、対価の中心は人件費となり設備投資のコストが対価に含まれないのが普通といえるでしょう。

また、受託製造会社に複数購入や現地部品調達など、上記のようなリスクをコントロールする権限が委託者から与えられ、かつ、自らにそのコントロール能力（実務能力及び財務能力）が備わっていなければ、独立企業間で受託製造会社が部品供給の不首尾に起因して生じるリスクを負うことは考えにくいことです。それは、通常の経済人が選択すると思われる合理的な行動ではないからです。したがって、そのような状況下で受託製造会社がリスクを負担している場合には、国外関連取引においてはそのリスクを負担していないものとして独立企業間価格を算定することになるものと思われます。

Ⅳ　リスクの再配分の法的根拠

わが国の移転価格税制は、国外関連取引の価格の調整に関する規定であり、リスクの再配分、すなわち行為計算の否認について規定しているものではありません。このため、わが国の場合、リスクの再配分の法的根拠は法人税法132条の同族会社の行為計算否認規定によるべきものと考えられます。

Ⅴ 質問の部品取引について

　質問の部品取引の場合，受託製造子会社には自己の形成した無形資産がなく，製造に係る無形資産を製造委託者である親会社から供与されていること及びほかに比較可能な独立企業間取引が見当たらないことを勘案すれば，取引単位営業利益法を適用して独立企業間価格を算定することが適当であると思われます。

　この場合，震災により子会社に生じた損害は非経常的損失であり，これを貴社と子会社とが行う部品取引の価格設定に影響させることに合理性はないと考えられますので，震災による部品の供給不足及びそれに起因する受注の減少がなかったとした場合に得られる子会社の営業利益を求め，それをベースとして子会社の営業利益指標を算定した結果が比較対象取引に係る営業利益指標の一定幅の上限値以下であると認められる場合には，部品取引は独立企業間価格で行われたものと考えることになるでしょう。

　なお，このような考え方は，OECD移転価格ガイドラインパラグラフ2.80において明らかにされています。すなわち，同パラグラフでは，利子収入・費用や所得税のような営業外項目や，反復的性格を有しない例外項目あるいは異常項目は，営業利益指標の決定においては除外されるべきであるとされています。

今後の課題

　いかなる場合にどのような規定を根拠として関連者間の契約上のリスク配分を調整すべきかということについては，今後の実務事例の集積と多様な議論の展開を待たなければなりませんが，当面は移転価格税制価格調整という機能を超えた安易な調整が行われないよう十分留意する必要があるものと思われます。

グレーゾーンの背景と留意点

　震災等により子会社に生じた非経常的損害については，これを独立企業間価格の算定に反映させるべきでないことはこれまで述べてきたとおりです。関連

V 取引単位営業利益法

者間の契約に基づくリスク配分は，契約が有効に成立しているからという理由だけで税務上絶対的に尊重されることはありません。それが独立企業間取引においては通常合意されることのない経済的に不合理な結果をもたらすリスク配分であれば，同族会社の行為計算の否認規定によりそのリスク配分が見直され，その見直された結果に基づいて所得金額の修正がなされるべきであるというのが筆者の意見です。あるいは，同族会社の行為計算規定を持ち出すまでもなく，移転価格税制により調整することができるのかもしれませんが，それは今後の議論を待って考えたいと思います。

Ⅴ 取引単位営業利益法

3 取引単位営業利益法で，超過収益力を比較対象企業の選定基準に含めることは妥当か

Question 取引単位営業利益法（TNMM）は，措置法施行令39条の12第8項2号及び3号で次のように規定されています（一部略）。

> 二 国外関連取引に係る棚卸資産の買手が非関連者に対して当該棚卸資産を販売した対価の額（以下この号において「再販売価格」という。）から，当該再販売価格にイに掲げる金額のロに掲げる金額に対する割合（再販売者が当該棚卸資産と同種又は類似の棚卸資産を非関連者に対して販売した取引（以下この号において「比較対象取引」という。）と当該国外関連取引に係る棚卸資産の買手が当該棚卸資産を非関連者に対して販売した取引とが売手の果たす機能その他において差異がある場合には，その差異により生ずる割合の差につき必要な調整を加えた後の割合）を乗じて計算した金額に当該国外関連取引に係る棚卸資産の販売のために要した販売費及び一般管理費の額を加算した金額を控除した金額をもつて当該国外関連取引の対価の額とする方法
> 　　イ　当該比較対象取引に係る棚卸資産の販売による営業利益の額の合計額
> 　　ロ　当該比較対象取引に係る棚卸資産の販売による収入金額の合計額
> 三 国外関連取引に係る棚卸資産の売手の購入，製造その他の行為による取得の原価の額（以下この号において「取得原価の額」という。）に，イに掲げる金額にロに掲げる金額のハに掲げる金額に対する割合（販売者が当該棚卸資産と同種又は類似の棚卸資産を非関連者に対して販売した取引（以下この号において「比較対象取引」という。）と当該国外関連取引とが売手の果たす機能その他において差異がある場合には，その差異により生ずる割合の差につき必要な調整を加えた後の割合）を乗じて計算した金額及びイ(2)に掲げる金額の合計額を加算した金額をもつて当該国外関連取引の対価の額とする方法

110

> イ 次に掲げる金額の合計額
>   (1) 当該取得原価の額
>   (2) 当該国外関連取引に係る棚卸資産の販売のために要した販売費及び一般管理費の額
> ロ 当該比較対象取引に係る棚卸資産の販売による営業利益の額の合計額
> ハ 当該比較対象取引に係る棚卸資産の販売による収入金額の合計額からロに掲げる金額を控除した金額

　これによれば，取引単位営業利益法は，売手又は買手の果たす機能その他において，比較対象取引（企業）が国外関連取引と類似していれば，適用することができる手法であると考えられます。

　しかし，実務上，取引単位営業利益法は，検証対象者が基本的機能を果たす場合にのみ適用できる手法であるということを聞いたことがありますが，なぜでしょうか。

Answer　ご指摘のとおり，取引単位営業利益法は，国外関連取引における売手又は買手の果たす機能その他が，比較対象取引における売手又は買手の果たす機能その他と類似している場合（差異があってもその調整が可能な場合を含む）のであれば，適用できると規定されています。

　しかしながら，国外関連取引における売手又は買手の果たす機能が独自の機能である場合，情報が限られている財務データベースから，それと類似する独自の機能を売手又は買手が果たす取引の情報を抽出することは至難の業といわざるを得ません。

　したがって，取引単位営業利益法は，検証対象法人が基本的機能を果たす場合にのみ限定して適用すべきこととなっているわけではないのですが，実務上の問題から，その適用に当たってはほとんどの場合基本的機能を果たす者のみを検証対象とせざるを得ないというのが実情なのです。

解説

　国税庁が平成23年11月に発表した，「相互協議の状況」によれば，平成22事務年度（平成22年7月～平成23年6月）における，移転価格に関する相互協議で合意した独立企業間価格の算定方法のうち，約57パーセントが取引単位営業利益法であり，現在最も多く使用されている独立企業間価格の算定方法ですが，基本三法が適用できない状況において，国外関連取引当事者双方が，超過収益を生むような独自の機能を果たしている場合には，残余利益分割法を使用して独立企業間価格を算定するべきであって，取引単位営業利益法は使用できないのが原則です。

　もっとも，取引単位営業利益法には日本の税務当局と外国の税務当局で相互協議を行ううえで，共通の財務データベースを基にすれば協議が比較的スムースに進行するというメリットや，比較対象取引の選定基準さえ決定すれば，将来年度にわたって独立企業間価格を安定的に算出することができるというメリットがあり，逆に，残余利益分割法は，残余利益分割ファクターの選定において，独立企業原則を適用することが難しく，税務当局や納税者の恣意性が入ることを排除できないというデメリットがあるという事情があることから，検証対象法人に独自の機能がある場合でも，残余利益分割法による算定が困難である等の場合には何らかの工夫を行って公開財務データベースから独自の機能を有すると思われる類似企業情報を抽出して，取引単位営業利益法により独立企業間価格を算定する場合もあるようです。

今後の課題

　取引単位営業利益法には上記のようなメリットがあるため，国外関連者に多少なりとも独自の機能があると思われる場合であっても，場合によっては，課税当局が独立企業間価格の算定方法として，取引単位営業利益法の適用を検討することも想定されます。そのような場合には，独自の機能を有する企業の情

報がうまく得られないと，独立企業間価格によって得られると考えられる国外関連者の所得水準は結果として独自の機能を有さないレベルまで低く抑えられることになり，国外関連者への所得移転額が過大に算定されるという事態が生じることもあると思われます。

グレーゾーンの背景と留意点

取引単位営業利益法は，公開財務データベースに基づき独立企業間価格の算定が行えるというメリットがあることから，移転価格調査や事前確認において，その適用割合は高くなっていますが，日本企業の海外子会社は，海外に進出後，数十年経過しているものも多く，基本的機能のみを果たしている国外関連者ばかりではないことから，取引単位営業利益法の適用に当たっては検証対象法人の果たす機能及び負うリスクについて十分検討することが必要です。

Ⅴ 取引単位営業利益法

4 合算利益がマイナスの場合の取引単位営業利益法の適用は独立企業原則に則っているのか

Question 当社は，当社製品Aの製造技術を開発し，その技術を米国の子会社Xへ供与し，Xはその製造技術を使用して製品Aを製造し，米国内の顧客に販売しています。

当社はXから，製品Aの製造技術の供与の対価として，毎年一定のロイヤルティ（ここでは仮に100とします。）を受け取っています。

ここ数年，米国における製品Aの販売が伸び悩み，Xは製品Aの販売利益（粗利）だけでは，製造設備の減価償却費などの固定費や，当社への支払ロイヤルティを賄いきれず，Xは営業赤字に陥っています。

当社の営業利益もXからのロイヤルティ収入では開発部隊の人件費等を賄えず，若干のマイナスになっています。

前述のとおり，Xは当社が開発した製造技術を使用して製品Aを製造し，それを米国の顧客に販売していますが，その一連の活動において超過収益を生むような独自の機能を果たしてはいません。そこで，当社とXとの国外関連取引に係る独立企業間価格の算定方法は，Xを検証対象法人とする，取引単位営業利益法とすることとし，財務データベースを使用して，比較対象取引の売上高営業利益率を導き出したところ5％前後となりました。

【取引図】

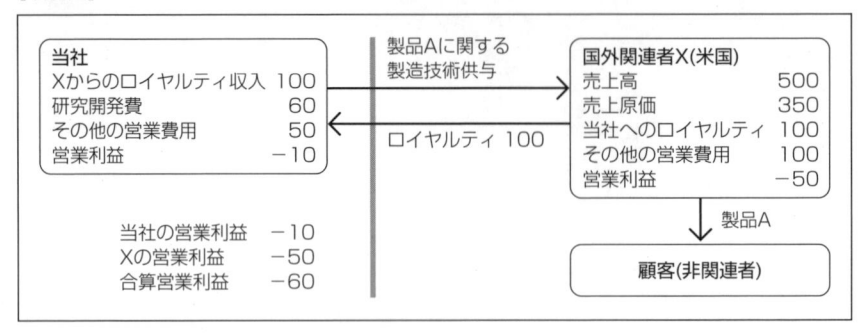

当社		製品Aに関する製造技術供与	国外関連者X(米国)	
Xからのロイヤルティ収入	100	→	売上高	500
研究開発費	60		売上原価	350
その他の営業費用	50	← ロイヤルティ 100	当社へのロイヤルティ	100
営業利益	−10		その他の営業費用	100
			営業利益	−50

当社の営業利益	−10
Xの営業利益	−50
合算営業利益	−60

↓ 製品A

顧客(非関連者)

Ⅴ 取引単位営業利益法

　このまま取引単位営業利益法を適用すると，現在50の赤字であるXの営業損益は，25の黒字（売上高500×5％）となり，その分当社の営業赤字は，10から85に拡大することとなってしまいます。
　当社とXの合算営業損益が赤字であるという状況の中，Xのみ営業黒字を計上した場合，日本の課税当局から移転価格上の問題を指摘されることはないでしょうか。

Answer　Xの果たす機能及び負担するリスクの評価が正しく，Xは超過収益を生む独自の機能を果たしていないため，通常の製造販売会社であるという評価と，財務データベースによるXを検証対象とした比較対象取引のベンチマークが妥当なものであれば，Xが営業黒字を計上し，貴社が営業赤字を計上したとしても，それは独立企業原則に則っていることになりますので，当局から所得が国外に移転しているというような疑いをかけられたとしても，的確な説明を行うことにより理解が得られるものと考えます。

【概念図】

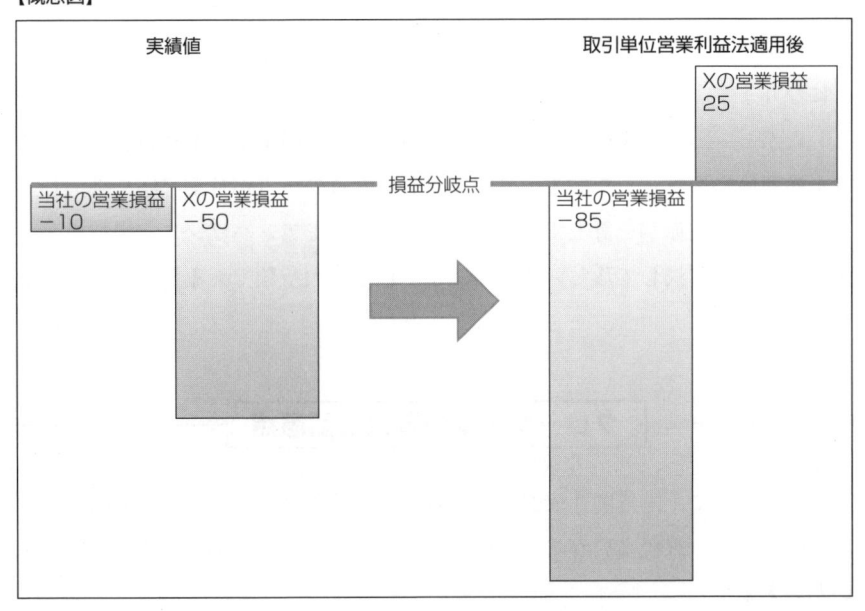

実績値	取引単位営業利益法適用後
当社の営業損益 −10 ／ Xの営業損益 −50	当社の営業損益 −85 ／ Xの営業損益 25

損益分岐点

解 説

　取引単位営業利益法を適用することができるのは，通常，国外関連取引当事者の一方が，販売，製造，サービスの提供などの基本的活動のみを行っている場合であり，その一方の当事者を検証対象法人として比較対象取引の営業利益率もとに独立企業間価格を算定します。

　一般的に，この場合の比較対象取引の営業利益率は，その比較対象取引におけるその企業の活動が独自のものではなく，基本的なものにとどまるため，極めて高い営業利益率を計上する企業の財務情報がデータベースから抽出されることは稀であり，また一方で，その企業は大きなリスクを負担しているということもないことから，大きな営業損失率を計上する取引が抽出される可能性も低く，結果としてプラス数パーセントの営業利益率の比較対象取引が抽出されることが多いでしょう。

　つまり，取引単位営業利益法を適用した場合，国外関連取引当事者の一方である検証対象法人の営業損益はプラスという結果になるのがほとんどということになります。

　したがって，合算営業利益がマイナスの場合，取引単位営業利益法により独立企業間価格を算定した結果国外関連取引当事者の一方が営業黒字を計上し，もう一方が営業赤字を計上するという，一見極めてアンバランスな損益状況が生じることは，決して珍しいことではなくむしろ大多数であるということができます。

グレーゾーンの背景と留意点

　上記のように，国外関連取引当事者の一方が営業黒字，一方が営業赤字というケースでは，課税当局が所得移転があるのではないかと想定する可能性は高いといえます。

　しかし，本件のような事例の場合，収益性のない製品Aの製造技術に対して，

独立企業間では考えられないような高額のロイヤルティをXが貴社に支払っていたから，国外関連取引当事者双方が赤字でバランスしていたのであって，独立企業間では，このような貴社が所有する製造技術に対して対価など支払わないであろうと考えて良いのではないかと思われます。合算営業利益が赤字だからといって，取引単位営業利益法の適用が常に相応しくないというわけではなく，要するに，独立企業原則に則った独立企業間価格の算定方法を適用することが肝要であるということができます。

V 取引単位営業利益法

5 独立企業間取引における取引価格がコストプラスで決まるとは認められない業界に属していても、売上先が国外関連者という理由で総費用営業利益率を用いた取引単位営業利益法を使用して独立企業間価格を算定することは妥当か

Question　当社は、非関連者Yに自社で開発した製品Bの製造を委託し、引き取った製品Bを、日本国内の顧客に販売しています。製品Bの部品となる部品Aは、国外関連者Xが非関連者Wから仕入れ、これを当社に販売し、当社がこれをYに無償支給しています。Xは部品Aの仕入販売に関しては自らの資金とリスクで、米国内で仕入先の選定、仕入時期、仕入数量等を決定しており、当社がXに指示して購買させているわけではありません。したがって、Xは部品Aの仕入販売に関しては通常の商社としての機能を果たしています。

　部品Aは需給関係や投機の影響で価格変動が激しい市況商品です。今回、本件国外関連取引の文書化を行うに当たり、通常の販売会社（商社）であるXを検証対象法人とする取引単位営業利益法で独立企業間価格を算定しようと考えていますが、その際、売上高営業利益率を指標とするのか、総費用営業利益率を指標とするべきなのかで迷っています。

　というのも、部品Aは市況商品であるため、原価に一定の利益を加算（コストプラス）して顧客への販売価格を決められるようなものではないことから、

【取引図】

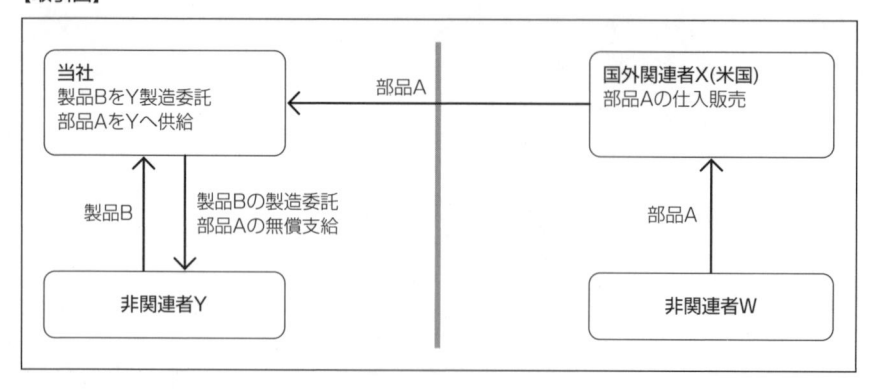

V 取引単位営業利益法

この意味で総費用営業利益率を指標とした取引単位営業利益法は，独立企業原則に則っていないと考えられる一方で，Xは当社に部品Aを販売しているわけですから，売上のすべては国外関連取引価格で占められているわけで，この売上高を算定の基礎としてXの営業利益を計算しても，その結果算出された価格は独立企業間価格とはいえないのではないか，という疑問が残ります。

以上の場合，売上高営業利益率，総費用営業利益率いずれの利益指標を使用すべきでしょうか。

Answer 比較対象取引の売上高営業利益率に調整を加えて比較対象取引の総費用営業利益率を求め，同利益率に基づいて，独立企業間価格を算定するのが，妥当であると思われます。

つまり，取引単位営業利益法の比較対象企業には，市場において部品Aと同様の価格変動にさらされている部品（製品）を扱う企業（取引）を選定し，それらの財務データを基にベンチマークテストを行い，その結果得られた売上高営業利益率に調整を加えて，総費用営業利益率を算定して（或いは，当該ベンチマークテストで抽出された企業の総費用営業利益率を算定して），Xの総費用の額に乗じることにより，独立企業間価格を算定することとなります。

解説

取引単位営業利益法を適用する場合，指標として売上高営業利益率を用いるべきか，総費用営業利益率を用いるべきかについては，迷うことが多いものと思われます。

それを判断する材料の一つは，検証対象法人である国外関連者が国外関連取引において売手なのか買手なのかということです。売手の場合，売上高を基準とする取引単位営業利益法は，その売上高が関連者に対する販売価格の合計であるが故に適用することができません。

その逆に検証対象法人である国外関連者が国外関連取引における買手である場合，総費用を基準とする取引単位営業利益法は，その総費用の額の全部又は一部が関連者間取引価格に該当するものであるが故に適用することはできません。

もう一つの判断材料は，国外関連取引の対象物が，市場価格を基準に決まるものなのか，原価を基準に決まるものなのかということです。市場価格を基準に決まるものとしては，例えば半導体メモリーとか，生鮮食品，石油製品などが該当します。これら商品は需給関係によって価格が決定されるものでありその際に製造コストや販売コストは考慮されないと思われます。一方，原価を基準に決まる傾向が強いものとしては，人的役務の対価や受注に基づき製造販売する商品の価格などが該当するものと思われます。

　この二つの判断材料を基に，棚卸資産やサービスの類似性等を考慮に入れてベンチマークを行うのですが，最初の判断材料（国外関連取引の当事者の一方が売手か買手か）という点に着目するあまり，二つ目の判断材料がおろそかになるケースがしばしば見受けらます。例えば，国外関連取引における買手が国外関連者であることから，類似はしているが価格が安定し，コストに着目した価格設定が行われている商品を扱う取引を比較対象取引としてスクリーニングしたが，実は国外関連取引で扱う商品の価格は市場において決定されるという事実があったというケース等がそれに当たります。

　二つ目の判断材料は，独立企業間価格を算定する際，比較可能性の検討に当たり無視できない要素であり，一つ目の判断材料に着目するあまり，二つ目の判断材料を考慮しないで比較対象取引を選定してしまうことは，独立企業原則に反するものといわざるを得ません。

今後の課題

　独立企業間価格は，机上の想定で算定できるものではなく，独立企業原則，つまり独立企業間でどのように取引価格が決まるかということを様々な情報の収集・解析と事実の確認によって解明してはじめて算定することができるものです。一方で，独立企業間価格は，法律で定められ，伝統的取引基準法（いわゆる基本三法）や利益分割法，取引単位営業利益法に則って算定しなければならないこととなっています。

この算定方法を先に決定し，国外関連取引の実態を無視してその算定方法を適用しようとすれば，独立企業原則に反する価格算定法であるとのそしりは免れません。したがって，まずは独立企業間でどのように取引価格が決まっているかということを十分に解明したうえで独立企業間価格の算定方法を決定することが大事であると思われます。

グレーゾーンの背景と留意点

経済取引は非常に多岐にわたり，その内容及び取引条件は千差万別ですので，法律で定められた移転価格算定方法には馴染まないと考えられる取引があるのはある意味では当然であるといえます。そのような多種多様な取引については，綿密に業界情報の収集・解析と事実の確認を行うことによって初めてそれぞれに相応しい独立企業間価格の算定方法を見出すことができるものと思われます。

Ⅴ 取引単位営業利益法

7 外国課税当局が，自国の財務データベースの使用しか認めない場合のベンチマーク方法

Question 当社はタイに当社の委託に基づき製造を行う子会社があり，今回，この取引についてバイラテラルの事前確認申出を行おうと考えています。

　タイの課税当局に相談したところ，法人所得税の申告書等のデータを基に，タイの当局が作成した財務データベースを使用して，タイの製造子会社をベンチマーク（移転価格算定方法は取引単位営業利益法）を行うなら，交渉を行ってもいいといわれました。

　しかし，このようなデータベースにどのようにアクセスすればよいのかわかりません。また，仮に，このデータベースに日本の課税当局がアクセスできないとすると，バイラテラルの事前確認はできないということになるのでしょうか。

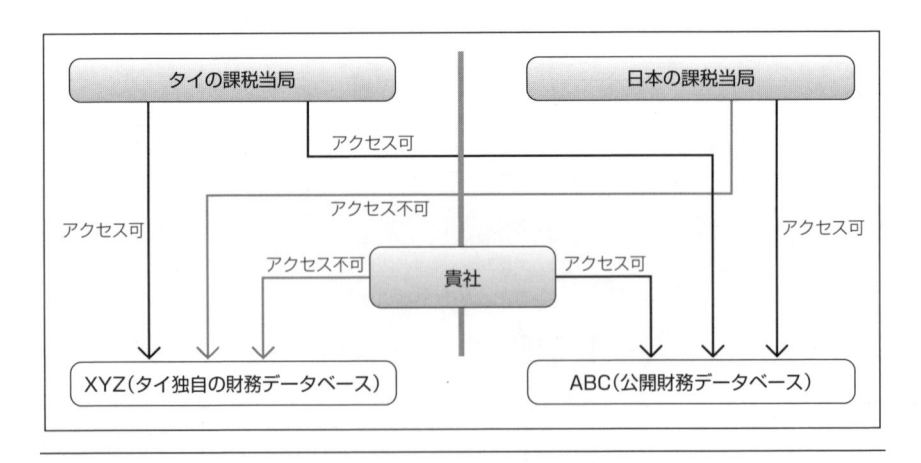

```
     タイの課税当局                     日本の課税当局
         │                                  │
         │           アクセス可              │
         │──────────────────────┐          │
         │                       │          │
         │        アクセス不可    │          │
         │          ┌────────────┼──────────┤
         │          │            │          │
         │   アクセス不可  ┌──貴社──┐ アクセス可  │
         │          │    │        │         │
         ▼          ▼    ▼        ▼         ▼
  XYZ（タイ独自の財務データベース）    ABC（公開財務データベース）
```

Answer タイの課税当局が作成した財務データベースをそのまま使用して，日本の課税当局に事前確認申出をしても，日本の課税当局としては，その財務データベースを確認する手立てがないことから，バイラテラルでの事前確認が行われない可能性があります。

　貴社としては，日本の課税当局に対してタイの課税当局の作成したデータ

ベースが正しいことを何らかの形で証明するか，タイの課税当局と交渉して，公開財務データベースでのベンチマークを認めてもらうことが必要と思われます。

解　説

　アジアの課税当局の中には，自国の企業をベンチマークする際には，自国の財務データベースを使用しなければならないというようなポリシーを持っているものがあります。

　それら当局とのユニラテラルの事前確認であれば，事実上，それら当局の主張に従わざるを得ないとも考えられますが，バイラテラルの事前確認の場合，相手国の課税当局が，そういった主張をすんなり受け入れるとは限らないので，財務データベースについては，両当局が話し合ってともに検証可能なものを使用することとする場合も多いものと思われます。

　本件のような場合，タイの課税当局が，タイのデータベースを使用しなければバイラテラルであっても事前確認はできないと主張し，それが原因で相互協議が成立しないということになれば，相手国の課税当局から非難の声があがることもあり得ます。

　したがって，本件のようなケースでは，タイの課税当局の主張だけを聞き入れて，即事前確認をあきらめるということではなく，日本の相互協議担当部局に相談して，当局間で問題解決を図ってもらうよう働きかけることが必要と考えられます。

グレーゾーンの背景と留意点

　移転価格課税等によって国際的二重課税が生じたり，バイラテラルの事前確認申出が納税者から提出された場合，2国間（あるいは3国間以上）の課税当局間で協議が行われ，国際的二重課税を排除するための交渉が行われます。こ

れが相互協議です。

　国家同士の話し合いが行われるわけですから，企業としては，一方の国の課税当局の主張に直ちに従う必要はありません。事実分析に基づいた独立企業間価格の算定を行い，両当局にその算定方法が正しいことを説明することが重要です。

V 取引単位営業利益法

8　国外関連者が製造業の場合に、国外関連者を検証対象とする取引単位営業利益法で独立企業間価格を算定するとき、総費用に有償支給された原材料費を含むのか

Question　当社は製品Aの製造に係る研究開発と製造販売を行っていますが、今回、当社が国外関連者Xに製品Aの製造を委託することとなり、その際、製品製造に必要な原材料は、当社の強い調達力を活かして第三者から仕入れ、Xに販売することとしています。

　今後XはX受託製造者として機能を果たしリスクを負うことになるため、Xを検証対象法人とする総費用営業利益率を利益指標とした、取引単位営業利益法を独立企業間価格の算定方法とする文書化を実施しようと考えています。

　ところで、上記のとおり、当社はXに原材料を当社が第三者から購入した価格で有償支給しています。この場合、Xの総費用の額にこの有償支給の原材料の価格を含むこととして取引単位営業利益法を適用することとなるのでしょうか。

　参考までに、当社とXとは別の国外関連者Yとも本件取引と類似した製品製造委受託取引を行っていますが、Yに対しては、原材料を無償支給しています。また、Xが本件国外関連取引で使用する有償支給原材料の価格のXの総原価の額に占める割合は約3分の1とかなり高く、この有償支給の原材料価格をXの総費用に含めるか否かで、Xの取引単位営業利益法による営業利益の算定額に大きな影響を与えることとなります。

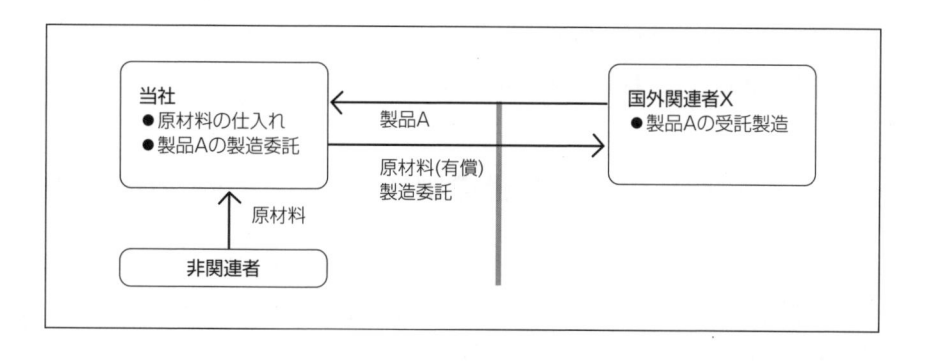

```
┌─────────────────────────────────────────────────┐
│  ┌──────────────┐                  ┌──────────────┐  │
│  │ 当社          │ ← 製品A ──       │ 国外関連者X   │  │
│  │ ●原材料の仕入れ│                  │ ●製品Aの受託製造│  │
│  │ ●製品Aの製造委託│ ──────────→    │              │  │
│  └──────────────┘   原材料(有償)    └──────────────┘  │
│         ↑           製造委託                        │
│       原材料                                         │
│  ┌──────────────┐                                  │
│  │ 非関連者      │                                  │
│  └──────────────┘                                  │
└─────────────────────────────────────────────────┘
```

125

Answer 有償支給原材料の価格をXの総費用の額に含めるか否かは，財務データベースで抽出された比較対象取引（企業）の財務データの中身によります。つまり，その財務データにおいて主要原材料の価格が原価に計上されているのであれば含め，そうでなければ含めないこととなります。

比較対象取引（企業）の財務データの中に，原価に原材料価格が含まれているものと含まれていないものとが混在する場合には，当該財務データをいずれかに統一するようにデータを調整したうえで，独立企業間価格を算定することとなります。

解 説

製造委受託の関係にある親子会社間で，支給原材料を有償とするか無償とするかは，各企業の自由ですが，製造委受託関係にあるのであれば，支給した原材料は結局親会社に製品の一部として戻ってくるのであり，有償で支給するか無償とするかによって大きな違いが生じるとは思われません。

もっとも，途上国に受託製造者が所在する場合，主に関税がネックになり，無償支給ができないことから有償支給することもあります。

いずれにしても，財務データベースから抽出した比較対象取引（企業）が採用している計算方法に合わせることで，国外関連取引との比較可能性を担保することになりますが，財務データベースから比較対象取引（企業）の有償支給材の有無を見分けることは困難を伴います。この場合，財務データベースにおける比較対象企業の貸借対照表に売上原価項目の計上があるかないかが有償支給を推定させる一つの材料となるかもしれません。

今後の課題

財務データベースから抽出された，比較対象企業の総費用に，支給材料の価格が含まれているかいないかをどのように客観的に判断するか，あるいは合理的に推定するかについて，検討が必要と思われます。

グレーゾーンの背景と留意点

　取引単位営業利益法が，事前確認での独立企業間価格の算定方法の57％を占めており，結果として財務データベースの内容が，独立企業間価格の算定に大きな影響を与えているということができます。

　このような状況で，比較対象取引の財務データを見ただけでは，材料の有償支給が行われているかどうかを確認することはできないことから，課税当局と企業との間で論争が生じやすい部分であり，今後財務データベースの内容のさらなる精緻化が期待されます。

V 取引単位営業利益法

9 検証対象法人が独自の機能を持つとき，原価基準法は適用できないのか

Question 当社は当社開発品である製品A（製法特許を当社が保有）を欧州を含む世界各国の第三者（卸売業を営む代理店）に販売していますが，その売上原価売上総利益率は150％と非常に高収益を誇っています。また，製品Aは性能や使い勝手が優れているという点で競合他社製品と一線を画し，その販売価格はマーケット価格の影響をほとんど受けていません。

さて，当社は，欧州に所在する販売子会社（卸売業）に対しても製品Aを販売しています。この取引について原価基準法を独立企業間価格の算定方法とした事前確認の申出を行おうと考え課税当局に相談したところ，担当者から，製造無形資産（製造に関する独自の機能）を持っている当社が検証対象法人となって，国外関連取引と比較対象取引の売上原価売上総利益率を比較するのはおかしいのではないか，との指摘を受けました。

このような場合，移転価格算定方法として何を選択したらいいのでしょうか。

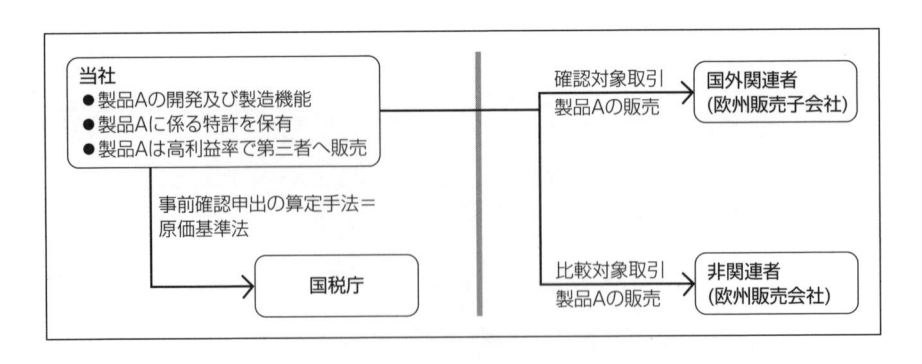

```
当社                                確認対象取引      国外関連者
● 製品Aの開発及び製造機能           製品Aの販売      （欧州販売子会社）
● 製品Aに係る特許を保有
● 製品Aは高利益率で第三者へ販売
    │
    │ 事前確認申出の算定手法＝
    │ 原価基準法
    ↓                              比較対象取引      非関連者
  国税庁                            製品Aの販売      （欧州販売会社）
```

Answer 原価基準法とは，法人が国外関連取引と類似する棚卸資産を製造し又は非関連者から購入してこれを別の非関連者に販売した場合における売上原価売上総利益率に1を加えた値を，国外関連取引における売手の原価の額に乗じて独立企業間価格を算定する方法です。

V　取引単位営業利益法

　この際，比較対象取引と国外関連取引における売手の果たす機能その他において差異がある場合には，必要な調整を加えた後の売上原価売上総利益率を用いることとされており，具体的には，
- 売手の機能（購入販売か，製造販売か，加工・組立販売かなど）
- ブランド・販売方法等に係る無形資産の有無
- 市場の類似性等について差異がある場合に，それらが売上原価売上総利益率に及ぼす影響

を考慮したうえで，適正な売上原価売上総利益率を算定することになります。
　本件の場合，貴社は製品Aを第三者の欧州の卸代理店に販売すると同時に，同じ製品を卸売業を営む国外関連者にも販売していることから，両取引の間に貴社の売上原価売上総利益率に影響を及ぼすような差異は存在しないと考えられることから，原価基準法の適用は妥当と思われます。

解　説

　国税庁が毎年発表するAPAリポートの平成22年度版によれば，バイラテラルAPA（相互協議を伴う事前確認）における独立企業間価格の算定方法の約57％を取引単位営業利益法が占めています。この取引単位営業利益法は，原則として国外関連取引の当事者のいずれか一方が基本的活動のみを行っている場合に適用可能な手法であり，双方が独自の機能を持ち，超過収益を上げている場合には適用できません。
　その主な理由は，取引単位営業利益法での営業利益率の算定に当たって，比較対象取引は，公開されている財務データベースを用いて選定しますが，この財務データベースから，製造無形資産や販売無形資産の内容やその超過収益力などの情報を得ることは極めて困難であることから，国外関連取引の当事者のうち，独自の機能を果たしていない基本的機能のみを果たしている者を検証対象としてそれと比較可能な企業を選定することになるためです。
　一方，原価基準法は，現実に行われた比較対象取引がある場合において，その比較対象取引の売上原価売上総利益率を，国外関連取引に適用して，独立企業間価格を算定するという手法です。

本件の場合，貴社は製品Aに係る製法特許を保有し，かつ製品Aは性能や使い勝手の面で優れているため，競合他社製品と一線を画し，売上原価売上総利益率は150％と非常に高率で第三者である顧客に販売できていることから考えると，貴社は「独自の機能を果たしていない法人」ではないのは明らかですから，課税当局は貴社が独自の機能を果たしている法人であり，「検証対象法人」にはなり得ない，したがって，国外関連者の利益率ではなく，貴社の利益率を比較する原価基準法は適用できないという結論を導き出したものと思われます。

　しかし，貴社は実際に製品Aを第三者である顧客に販売し，その取引（比較対象取引）における売上原価売上総利益率と国外関連取引における同率を比較しているのであって，売手の果たす機能及び負担するリスクの類似性が担保されているわけですから，検証対象法人の選定に当たって，比較対象取引を公開財務データベースから抽出するが故に，独自の機能を果たしていない法人を検証対象とする取引単位営業利益法と同じ検証対象法人の選定基準を用いる必要はないのです。

　以上のことから，「超過収益を生む無形資産を有している日本の親会社が検証対象法人になるのはおかしい」という課税当局の指摘は誤っているといわざるを得ません。

グレーゾーンの背景と留意点

　2000年代前半は，日本の課税当局による移転価格課税が非常にアグレッシブに行われた時期であり，所得金額で数百億円あるいは1千億円を超えるといった課税の報道が新聞紙上を賑わしました。

　このような多額の課税が行われた背景には，国税庁が日本企業の製造拠点の海外移転に伴う製造利益の海外流出に注目して，重点的に移転価格調査を行ったことが挙げられます。その際，いわゆるシークレットコンパラ（調査官が調査法人の同業他社等に質問検査権を行使した結果把握された，調査法人が知り

得ない比較対象取引）における価格情報に基づき課税が行われ，何が比較対象取引であるか（取引当事者や取引対象物の具体的内容）という点が納税者へ明確にされないままで課税処分がなされたことから，企業は予測可能性がないまま多額の課税をされるのではないかという不安定な状態に置かれていました。この状況について，経済産業省や経済団体連合会（経団連）が国税庁に対して改善を申し入れ，これを受けて，国税庁は，移転価格課税の透明性を担保するため，できる限り公開情報等を基に，独立企業間価格を算定する取引単位営業利益法をより一層重視するという方向に舵を切った結果，公開情報を基に算定が可能な取引単位営業利益法が独立企業間価格の算定方法の大きな部分を占めるようになったものと考えられます。

　ところで，このように今や独立企業間価格の算定方法の主流となった取引単位営業利益法は，前述のとおり，国外関連取引の当事者のうち基本的機能のみを果たす者を検証対象法人とする移転価格算定方法であることから，取引単位営業利益法以外の独立企業間価格の算定方法（たとえば再販売価格基準法や原価基準法）であっても，検証対象法人は基本的機能のみを果たす者しか検証対象法人とはなり得ない，という誤った認識を持つことのないように留意することが必要です。

VI その他

Ⅵ その他

1 外国子会社に対する寄附金が認定される場合（移転価格課税との線引き）

Question 弊社にはX国に製造子会社があり，弊社はそこに原材料を供給しています。最近，競合他社との競争が激しくなり，このままでは外国の製造子会社が赤字に転落する見込みであることから，子会社に供給している原材料の販売価格を1単位当たり1,000円から500円に下げることにしました。

この場合，1単位当たりの値下額500円について外国製造子会社に対する寄附金と認定される恐れはないでしょうか。

Answer 原則としては，寄附金と認定されることはありません。むしろ移転価格上の問題があるかもしれません。

── 解 説 ──

法人と国外関連者の行う取引は，「国外関連取引」であり，移転価格課税の対象となります（措置法66の4①参照）。一方，同じ措置法66条の4により，国外関連者に対する寄附金は全額損金不算入とされています（同③）。実は，このことが寄附金課税と移転価格課税の実務上の線引きをあいまいにしていると考えられます。以下では，順を追ってこのあいまいさの原因がどこにあるのか分析します。

Ⅰ 法人税法37条8項でいう低廉譲渡については，寄附金規定と移転価格税制が重複適用されるか

同項は，内国法人が資産の譲渡又は経済的な利益の供与をした場合において，その譲渡又は供与の対価の額が当該資産のその譲渡のときにおける価額又は当該経済的な利益のその供与のときにおける価額に比して低いときは，当該対価の額と当該価額との差額のうち実質的に贈与又は無償の供与をしたと認められ

る金額は前項の寄附金の額に含まれるものとするとして、低廉譲渡により寄附金が生じるとしています。したがって、内国法人が低廉な価格によって国外関連者に資産の譲渡又は経済的な利益の供与をした場合には、寄附金課税の対象となるものと思われます。この意味で、低廉譲渡については、寄附金規定と移転価格税制が重複適用される可能性があるといってよいでしょう。

II 措置法66条の4第3項でいう寄附金は、法人税法の規定する寄附金と同じか

同項は、法人が各事業年度において支出した法人税法37条7項に規定する寄附金の額は、当該法人の各事業年度の所得の金額の計算上、損金の額に算入しないと規定しています。つまり、同項でいう寄附金は、法人税法の規定する寄附金そのものを指しています。

III 措置法66条の4第3項の「みなし条項」は何を意味するか

措置法66条の4第1項では、法人が国外関連者から支払を受ける対価の額が独立企業間価格に満たないとき、又は法人が国外関連者に支払う対価の額が独立企業間価格を超えるときは、法人の当該事業年度の所得に係る同法（筆者注：法人税法を指す）その他法人税に関する法令の規定の適用については、国外関連取引は、独立企業間価格で行われたものとみなすとされています。

このことから、国外関連取引が独立企業間価格で行われたものとした上で、寄附金課税が必要であるかどうかを検討することになります。上記 II では、法人税法37条8項でいう低廉譲渡については、寄附金規定と移転価格税制が重複適用される可能性があるといいましたが、正確には2段階となっており、まず移転価格税制が適用され、次いで寄附金規定が適用されるということになります。

IV 独立企業間価格と時価は同じか

法人税法37条8項でいう低廉譲渡については、まず移転価格税制が適用され、

次いで寄附金規定が適用されるわけですが、低廉譲渡の認定の基礎となる時価が独立企業間価格と同じものであれば、移転価格税制が適用され、国外関連取引価格＝独立企業間価格＝時価となり、寄附金規定は適用されません。問題なのは、時価が独立企業間価格と異なる場合です。

ところで、独立企業間価格の算定方法は措置法66条の4第2項及び措置法施行令39条の12第8項に定められていますが、時価について法人税法は何ら規定していません。ですから独立企業間価格＝時価であるかどうかは、率直にいってわかりませんが、理屈の整理上、仮に、独立企業間価格と時価が異なっていると仮定して、どのような場合に寄附金規定が適用されるかを考えてみましょう。

国外関連者に対して販売する原材料の価格(a)が独立企業間価格(b)となってはいるものの、時価(c)が独立企業間価格よりも高い場合には、移転価格税制は適用されませんが、時価が独立企業間価格よりも高い部分が寄附金と認定されます（図1）。

また、国外関連者に対して販売する原材料の価格(a)が独立企業間価格(b)よりも低く、時価(c)が独立企業間価格よりも高いとした場合には、移転価格税制が適用されるとともに、時価が独立企業間価格よりも高い部分が寄附金と認定されます（図2）。

他方、国外関連者に対して販売する原材料の価格(a)が独立企業間価格(b)よりも低く、時価(c)が原材料価格(a)よりは高いが独立企業間価格(b)より低い場合には、移転価格税制が適用されますが、寄附金規定は適用されません（図3）。

Ⅴ 本件Qについて

親会社の原材料の供給価格の値下げが、子会社の赤字回避を目的としてなされたものであったとしても、直ちに寄附金と認定されることはありません。ただし、その値下金額によっては寄附金と認定される可能性がないわけではありません。移転価格税制によりその原材料取引は独立企業間価格で行われたものとみなされますので、その独立企業間価格が時価を下回る場合には低廉譲渡部

Ⅵ その他

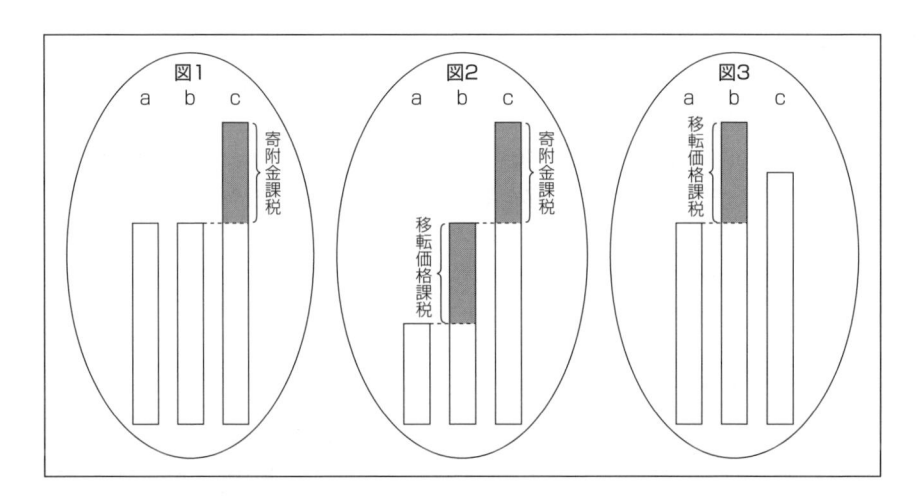

図1　　　　　図2　　　　　図3
a b c　　　　a b c　　　　a b c
（図1：cが寄附金課税）
（図2：bが移転価格課税、cが寄附金課税）
（図3：bが移転価格課税）

分について寄附金と認定されることがあり得るのです。もっとも，独立企業間価格と時価が相違するようなケースはなかなか思いつきませんので，むしろ，原材料取引価格が独立企業間価格よりも低い場合の移転価格課税のリスクの方が心配です。この場合も，値下げの理由の如何は問いません。要するに独立企業間価格を下回っていれば課税される可能性が高いということです。

Ⅵ 事務運営要領

平成20年10月22日付で移転価格事務運営要領の一部が改正され，新たに国外関連者に対する寄附金に関する取扱いが2-19に規定されました。

> **（国外関連者に対する寄附金）**
> 2-19　調査において，次に掲げるような事実が認められた場合には，措置法第66条の4第3項の規定の適用があることに留意する。
> イ　法人が国外関連者に対して資産の販売，金銭の貸付け，役務の提供その他の取引（以下「資産の販売等」という。）を行い，かつ，当該資産の販売等に係る収益の計上を行っていない場合において，当該資産の販売等が金銭その他の資産又は経済的な利益の贈与又は無償の供与に該当するとき

> ロ　法人が国外関連者から資産の販売等に係る対価の支払を受ける場合において，当該法人が当該国外関連者から支払を受けるべき金額のうち当該国外関連者に実質的に資産の贈与又は経済的な利益の無償の供与をしたと認められる金額があるとき
> ハ　法人が国外関連者に資産の販売等に係る対価の支払を行う場合において，当該法人が当該国外関連者に支払う金額のうち当該国外関連者に金銭その他の資産又は経済的な利益の贈与又は無償の供与をしたと認められる金額があるとき
> （注）　法人が国外関連者に対して財政上の支援等を行う目的で国外関連取引に係る取引価格の設定，変更等を行っている場合において，当該支援等に基本通達9-4-2（（子会社等を再建する場合の無利息貸付け等））の相当な理由があるときには，措置法第66条の4第3項の規定の適用がないことに留意する。

　この新事務運営要領2-19では，法人が国外関連者に対して行う資産の販売，金銭の貸付け，役務の提供その他の取引を「資産の販売等」とし，そのうちイ～ハの事実関係が認められるものについては国外関連者に対する寄附金の支出とみて，法人に対し寄附金課税を行うよう留意すべきであるとしています。

　換言すれば，「資産の販売等」のうちイ～ハの事実関係が認められるものを無償取引とみて，これに対して寄附金課税を行うこととし，他方，一定の事実関係にない「資産の販売等」は，これを有償取引（＝国外関連取引）とみて移転価格税制の対象とするということであると思います。

1　イについて

　法人が「資産の販売等」を行い，かつ，それに係る収益を計上していない場合で，その収益の不計上の理由が，「資産の販売等」が①金銭その他の資産の贈与又は②経済的な利益の無償の供与に該当するためであるときには，「資産の販売等」を国外関連者に対する寄附金の支出とみるという考え方が示されています。具体的には，ただという条件で資産の販売を行った場合には資産の贈与ということになりますし，無利息の条件で金銭を貸し付けた場合には，利息（時価）に相当する金銭の贈与ということになるものと考えられます。また，

ただという約束で機械を修理したような場合には，経済的な利益の無償の供与に該当することになるものと思われます。

他方，法人が「資産の販売等」に係る収益を計上していないことが単なる経理処理の誤りによるものである場合には，国外関連者に対する寄附金とはされず収益の計上もれということになるものと思われます。

2　ロについて

法人が国外関連者から「資産の販売等」に係る対価として支払を受けるべき金額（時価）のうち，国外関連者に実質的に資産の贈与又は経済的な利益の無償の供与をしたと認められる金額があるために，時価よりも低額の対価を収受していると考えられる場合には，その実質的に資産の贈与又は経済的な利益の無償の供与をしたと認められる金額を法人税法37条 8 項の寄附金とみるという考え方を示しています。これは上記Ⅲに照らすと，国外関連取引を独立企業間価格で行われたとみなした場合でもなお国外関連者に実質的に資産の贈与又は経済的な利益の無償の供与をしたと認められる低廉譲渡があるものと認定されるときに寄附金課税が行われるということを指すものと思われます。移転価格課税と寄附金課税の線引きのための理屈の整理としては一つの考え方ですが，現実問題としてどのようなケースがこのような場合に該当するか想像しにくいところです。これは下記 3 でも同様のことがいえます。

3　ハについて

法人が国外関連者に「資産の販売等」に係る対価の支払を行う場合で，その支払う金額のうち適正な対価の額（時価）を超える部分の金額があり，その超える部分の金額を法人が国外関連者に贈与したと認められるときには，それを法人税法37条 8 項の寄附金とみるという考え方を示しています。これも上記Ⅲに照らせば，国外関連取引を独立企業間価格で行われたとみなした場合でもなお，支払うべき対価のうちに国外関連者に資産の贈与又は経済的な利益の無償の供与をしたと認められる超過支払があるものと認定されるときに寄附金

課税が行われるということを指すものと思われます。

今後の課題

　上記で説明したように，事務運営要領2-19のロは，法人が国外関連者に対して資産の低廉販売等を行った場合で，その低廉販売部分を国外関連者に実質的に贈与又は無償供与したと認められる場合には寄附金規定が適用されるというように読めます。この場合の「実質的に」という表現ですが，取引当事者双方に贈与又は無償供与の意思があることを確認することまではできないものの，かといって低廉販売等を行うことについて経済合理性があるとも認められないことを指しているものと思われます。

　他方，移転価格税制においては，法人が資産の低廉販売部分を国外関連者に実質的に贈与又は無償供与したと認められるか否かにかかわらず，資産の販売等は独立企業間価格で行われたものとみなされます（措置法66の4①）。したがって，上記Ⅲで述べたように，資産の販売に係る独立企業間価格が国外関連取引の実際価格よりは高いが時価よりは低いといった状況にでもない限り，実際問題として寄附金規定が適用される余地はありません。独立企業間価格と時価がかい離する状況というのはなかなか考えにくいところですので，結果として，その低廉販売部分を国外関連者に実質的に贈与又は無償供与したと認められるかどうかについて調査官はほとんどの場合検討する必要はないのではないかと思われます。同様のことは事務運営要領2-19のハで取り上げる超過支払の場合にもいえます。

　このように，事務運営要領2-19のロ及びハは，実際には想定しにくい事象についてコメントしているに過ぎないものですが，納税者にとっては，移転価格税制を適用するか寄附金規定を適用するかについて課税当局が裁量で自由に決められるかのような記述に思えてしまう書き振りとなっていることが問題ではないかと思います。

　ちなみに，移転価格税制と寄附金規定の関係については，事務運営要領2-19

のほか，2-9及び2-20においても言及されている箇所があります。

このうち，2-9では，法人が国外関連者に対し支払うべき役務の提供に係る対価の額の適否の検討のために，課税当局が法人に対し，国外関連者から受けた役務の内容等が記載された書類等の提示又は提出を求めた場合において，その役務の提供に係る実態等が確認できないときには，措置法66条の4第3項等の規定の適用について検討することとされています。この規定は，書類等が的確に提出されない場合には寄附金課税を行ってもよいととられかねない書振りとなっていますが，寄附金規定を適用するためには，贈与の意思の認定又は低廉譲渡若しくは超過支払の存在が不可欠であり，書類等の不提出という事実のみでは要件を満たすことにはならないと思います。

また，2-20では，価格調整金の名目で行われている金銭の支払又は費用等の計上が合理的な理由に基づくものと認められない場合には，寄附金規定の適用があるとされています。このような支払等は，一般的には国外関連者に対する寄附金（無償取引）に該当することが多いものと判断されますので，特に違和感はありません。

グレーゾーンの背景と留意点

時価の概念があいまいであり，その結果時価と独立企業間価格の関係もまたあいまいとなっていることが，このグレーゾーンの背景にあります。さらにご紹介した移転価格事務運営要領2-19が，独立企業間価格と時価が異なる場合としてどのような事実を想定しているのかもいまひとつ不明であり，こういったことが同2-19の解釈を難しくしています。

そしてそのことが，執行現場において同じような内容の国外関連取引に対して，あるときは移転価格課税を行い，また，あるときは寄附金課税を行うといった混乱をもたらしているといえるでしょう。

納税者として留意すべきことは，国外関連取引は有償を約して行う取引であり，それに対して寄附金規定が適用される余地はほとんどないと認識しておく

ことです。
　また，課税当局に望みたいのは，国外関連者に対する寄附金の認定に際しては，原則として贈与の意思の認定をきちっと行うことです。また，低廉譲渡に対して寄附金の認定を行うのであれば，独立企業間価格を算定し，それと時価がかい離していることを立証する必要があるということを頭に入れて執行することです。

Ⅵ　その他

2　赤字操業となるＡ国子会社に対するロイヤルティの支払免除

Question　Ａ国にある弊社の製造子会社は，Ａ国国内で原料を調達して製品を製造し，これをＡ国や東南アジアで販売しています。弊社は，このＡ国子会社に対し同製品の製造に必要な技術を提供しており，その対価として，Ａ国子会社から製品売上高の3％相当のロイヤルティを収受しています。Ａ国子会社は専らこの技術に依存して製造を行っており，Ａ国子会社自らが開発した技術やノウハウはありません。

　ところで，今般の東日本大震災の影響で納品先からの注文が激減したことにより，Ａ国子会社の売上が減少し，弊社に今後ともロイヤルティを支払い続けると，これまでは好業績を上げていた同子会社が赤字操業に陥ることが見込まれる事態となりました。

　このため，弊社としては，景気が回復するまではＡ国子会社のロイヤルティの支払を免除したいのですが，これは税務上問題となるでしょうか。また，問題となる場合，それを避けるにはどのようにすればよいでしょうか。

　なお，弊社は非関連者に同様の技術供与を行っておらず，また，他社の同様の取引の情報を入手することはできません。

Answer　東日本大震災の影響で納品先からの注文が激減したからといって，子会社に供与した技術の価値に変わりはないため，その対価であるロイヤルティの額を変更する必要はないのではないかとも考えられます。

　しかし，実際問題として，独立企業間ロイヤルティの額を直接算定する方法は現在のところ法律に規定されていないため，運用上は，公開情報から子会社が行う製造販売取引と比較可能な取引の営業利益率を求め，それを基に子会社の機能に見合う通常の利益を計算し，これを超える子会社の残余の利益を独立企業間ロイヤルティの額とする方法が適用される場合が多いものと思われます。

　質問の場合，比較可能な取引が見当たらず，また，Ａ国子会社の製造が専ら貴社の技術に依存しているということなので，取引単位営業利益法に基づき，ロイヤルティを免除したものとし，かつ，震災による売上減少がなかったとした場合に得られるであろうＡ国子会社の営業利益をベースとして利益指標を求

め，それが比較対象取引群の利益指標の一定幅内に収まる等の場合には，ロイヤルティを免除しても移転価格上問題はないものと考えられます。

解説

I 営業外項目や反復的性格を有しない例外項目，あるいは，異常項目についての考え方

　取引単位営業利益法を用いて設例の取引に係る独立企業間ロイヤルティを求めるときには，震災による子会社の売上減少額を合理的に見積もり，その売上減少がなかったものとした場合に得られたであろう子会社の営業利益をベースに営業利益指標を求め，それが比較対象企業の営業利益指標の分布幅に収まるようにロイヤルティの額を決定するとすると，そのロイヤルティは独立企業間対価と考えられます。このような考え方は，OECD移転価格ガイドラインパラグラフ2.80において明らかにされています。同パラグラフでは，利子収入・費用や所得税のような営業外項目や，反復的性格を有しない例外項目あるいは異常項目は，営業利益指標の決定においては除外されるべきであるとされています。

II 貴社がロイヤルティを収受しない場合であっても，国外関連取引が独立企業間価格で行われたものと認められるケース（ケース1）

　取引単位営業利益法に基づき，貴社がロイヤルティを収受しないこととし，かつ，震災による売上減少がなかったとした場合に得られるであろうA国子会社の営業利益を求め，それをベースとして同子会社の営業利益指標を算定した結果，それが比較対象取引に係る営業利益指標の一定幅の上限値以下であると認められる場合には，わが国の移転価格税制上同子会社に貴社との国外関連取引を独立企業間価格で行った場合に得られるであろう利益の額が適正に計上されているものと考えられます。

　したがって，その場合には，貴社がロイヤルティを収受しなくとも結果とし

て移転価格上問題はないということになります。

Ⅲ 貴社がロイヤルティを収受しない場合、国外関連取引が独立企業間価格で行われなかったものと認められるケース（ケース２）

　取引単位営業利益法に基づき、貴社がＡ国子会社からロイヤルティを収受しないこととし、かつ、震災による売上減少がなかったとした場合に得られるであろうＡ国子会社の営業利益をベースとして同子会社の営業利益指標を求め、それが比較対象取引に係る利益指標の一定幅の上限値を超える場合には、同子会社において貴社との国外関連取引を独立企業間価格で取引した場合に得られるであろう利益を超える利益が計上されているものと考えられます。

　したがって、その場合には、移転価格税制に基づき、その超える部分の利益の額に相当する金額を貴社の所得金額に加算しなければならないことになります。

（参考図）

【ロイヤルティの授受をやめ、かつ、異常損失がなかったとした場合のＡ国子会社の営業利益指標の検討】

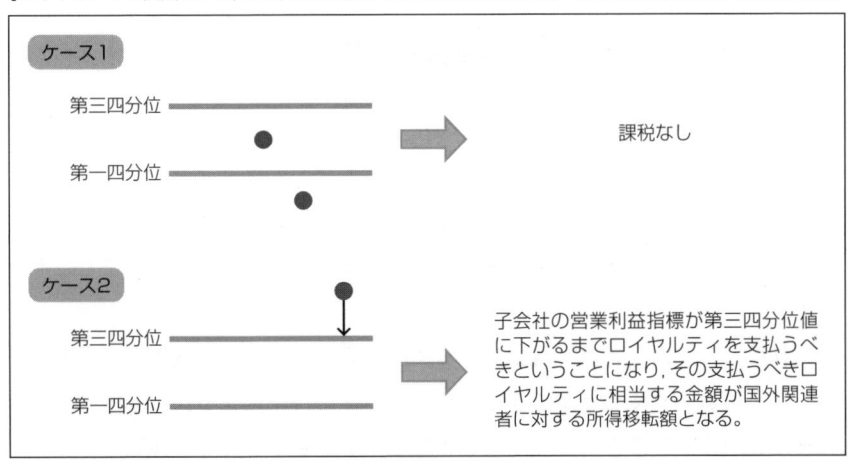

ケース１
第三四分位
第一四分位
→ 課税なし

ケース２
第三四分位
第一四分位
→ 子会社の営業利益指標が第三四分位値に下がるまでロイヤルティを支払うべきということになり、その支払うべきロイヤルティに相当する金額が国外関連者に対する所得移転額となる。

Ⅳ 独立企業間ロイヤルティの算定方法

　日本の移転価格税制では、米国税制（ex.§1.482-1, §1.482-4〜6）のように

無形資産の使用の対価（＝ロイヤルティの額）を算定するための具体的な方法は法律で規定されてはいません。

わが国の場合には，措置法施行令39条の12第8項一号ハにおいて，法人及び国外関連者による購入，製造その他の行為による取得及び販売に係る所得の額を，法人及び国外関連者に帰属する基本的利益の額並びにそれらの者に帰属する残余利益等の額に分割する方法として，残余利益分割法が規定されています。

また，このほかに，移転価格事務運営要領別冊事例集の事例6においては，親会社から子会社に特許権及び製造ノウハウの使用を許諾する取引に係る対価を直接算定する方法に代え，公開情報から子会社が行う製造販売取引と比較可能な取引の営業利益率を求め，それを基に子会社の機能に見合う通常の利益を計算し，これを超える子会社の残余の利益を特許権及び製造ノウハウの使用許諾に係る対価の額として，間接的に独立企業間価格を算定する事例が示されています。

今後の課題

親会社から使用許諾を受けた技術の良し悪しによってではなく，震災という自然現象による不可抗力によってA国子会社の売上が激減したのですから，たとえ，ロイヤルティ支払後に赤字操業となる場合であっても，ケース2のような場合には，ロイヤルティを授受しないと移転価格課税が行われることになります。

これに対し，たとえば，親会社から使用許諾を受けている技術が競合他社の技術水準に追いつくことができなくなっているために販売不振で赤字になってしまうということであれば（そのように原因を特定すること自体難しいでしょうが），そもそもロイヤルティを授受する必要があるのかどうか，ということが問われるべきものと考えます。

いずれにせよ，ロイヤルティの額が適正かどうかを判断するために，その支

払の根拠となる無形資産が生む経済的価値の評価方法等について早急に法律で手当てすべきであると思います。具体的な規定がない限り，質問のようなケースに対して明確に回答することはできません。どうしても税務としてそのような評価方法を規定することが難しいということであれば，次善の策として，国外関連取引を通じて無形資産がもたらした実際の収益を後日検証して必要な所得調整を行うという米国の「所得相応性基準」（注参照）の考えを導入し，取引結果に基づいて所得の補正措置を行う制度を作ることも視野に入れるべきではないかと考えます。

(注) 所得相応性基準は，1986年の内国歳入法（以下「IRC」という）改正時に初めて導入された概念であり，無形資産の移転後において，移転された無形資産から発生する実際の所得により無形資産を評価する方法である（浅川和仁，税大論叢49号「米国租税法上の無形資産の評価の実情と日本に対する示唆－所得相応性基準の分析を中心として－」341頁）。

グレーゾーンの背景と留意点

　国際競争の激化に伴う企業活動のグローバル化は，親会社からグループ子会社に対する無形資産の移転（使用許諾を含む）を促進しています。この無形資産の移転への的確な対応こそが，移転価格問題の中心的，かつ，喫緊の課題となっています。この課題をクリアするには法制度の整備が欠かせないことは「今後の課題」で述べましたが，現状を踏まえ，企業の移転価格担当者には，①使用許諾の対象となっている無形資産（技術等）についての正確な知識を持つ②その無形資産が国外関連取引においてどのような形で使用されているかを現場の視点で把握する③競合他社の無形資産との比較において何が優れ何が劣っているかを理解する④その無形資産が国外関連取引を通じて利益に貢献していると認められる客観的事実があるかどうかについて的確に検証する，ということが求められているものと考えられます。

Ⅵ　その他

3　ロケーション・セービングは誰が享受すべきか

Question　弊社の中国子会社は設立10年を経過し，事業は順調に推移しています。それというのも，中国子会社独自の技術改良や経営上の創意工夫が製造原価及び販管費の低減に大きく寄与しているからです。ところが，この度の移転価格調査で，調査官から中国子会社が好調なのは人件費が安いからで，ロケーション・セービングを享受しているからだとの指摘を受けました。そして，中国進出を決めたのは弊社であるから，本来ならば弊社がそのロケーション・セービングを享受すべきであるといわれました。
　そもそもロケーション・セービングとはどのようなことを指し，誰がそれを享受すべきものなのかについて教えてください。

Answer　ロケーション・セービングは外生的なものであり，「誰が享受すべきものなのか」という切り口だけでは正しく理解することはできません。
　ロケーション・セービングは，地理的条件や業態面で類似する条件下にある企業との比較検討を通じて，国外関連取引において貴社及び中国子会社の果たす機能や負担するリスクに応じ，それぞれに分け与えられるものであると思われます。

解　説

　わが国企業の多くが，主として市場のグローバル化に伴う厳しい国際競争と，急速な円高という要因によって，海外進出を加速させています。典型的な例としては，従来日本に置いていた工場などの生産拠点を閉鎖する一方，安い人件費や生産インフラを求めて中国やベトナムに子会社を設立して工場を建設するというような動きです。
　このような工場移転によって，日本で生産していたときよりもより低いコストによって生産ができるようになれば，多国籍企業グループの全体としての収

Ⅵ　その他

益性は向上し，国際競争力が強まることになるこの例のように，生産拠点の移転に伴って生産コストの低下のメリットが生じるようなことを，一般にロケーション・セービングといっています。

ロケーション・セービングについては，わが国の移転価格税制には特に規定は設けられていませんが，国税庁移転価格事務運営要領の事例集の事例19においてロケーション・セービングに関連する事例が紹介され解説が加えられています。これは，残余利益分割法の適用に当たっての留意事項に関する事例ですが，はじめにこれについて簡単に紹介し，次いでOECD移転価格ガイドラインの関連パラグラフを取り上げて，ロケーション・セービングについてどのように考えるべきか探りたいと思います。

１　移転価格事務運営要領事例集事例19

事例19には，「人件費較差による利益の取扱い」という見出しが付いており，生産拠点を人件費等の低い外国に移管することにより，国内での製造に比較して製造原価が減少した状況において，残余利益分割法を適用する場合の留意点が述べられています。

なお，前提条件等は以下のとおりです。

1　前提条件

イ　日本法人P社は，製品Aの製造販売会社であり，10年前に製品Aの販売子会社であるX国法人S社を設立し，国内で製造した製品AをS社経由でX国の第三者に販売していた。

ロ　X国の低い人件費等を理由に，5年前にX国での現地生産に切り替えることを決定し，国内で行っていた製造業務をS社に移管した。

ハ　製品Aは，P社の研究開発活動の成果である独自技術が用いられて製造された製品である。

2 法人及び国外関連者の機能・活動等
　イ　P社の研究開発活動の成果である製品Aは，その独自の技術性能が売上の拡大をもたらし，X国において一定のマーケットシェアを確保するとともに，おおむね安定した価格で販売されている。
　ロ　S社には研究開発部門はなく，S社が行う製品Aの製造は，P社から供与されたP社の独自技術に基づいて行われている。一方，S社は，従来から販売会社として大規模な広告宣伝・販売促進活動を行ってきた結果，高い製品認知度や大規模な販売網などによる販売競争上の優位性を有している。
　ハ　製造業務移管前のP社の製造原価は80だったが，製造業務移管後のS社の製造原価は45に減少し，P社及びS社の合算利益は，移管前の20から55へと増加している。
　ニ　製造業務移管前後で，X国における製品Aの販売価格は変わっておらず，それ以外の変化もない。

3 解説
　イ　人件費水準等の低い国外関連者の所在国に製造拠点を移管した場合に，国内で製造する場合と比較して製造原価が低くなることがありますが，これは，P社の事業判断の結果としてP社グループにもたらされた外生的なものです。
　ロ　製造業務移管前と同程度の価格で同じ品質・ブランドの製品が同程度の数量で販売可能となっていれば，製造原価が低くなった分，製造業務移管後の利益は増加することになりますが，こうした製造業務の移管に伴う利益については，品質，ブランド，販売価格及び数量の維持並びに生産効率向上のための活動やノウハウの使用が行われていることが通例であり，こうした企業内部の要因と人件費較差等の外生的要因が複合的に絡み合って生じるものであることから，利益分割法の適用に当たって，ロケーション・セービングを分割対象利益等から区分することは困難です。

ハ　非関連者間取引においては、人件費水準が相対的に低い国で基本的な製造活動を行うだけであれば、その機能に見合った利益を確保できる程度の取引価格を付されることが通常であり、低い人件費水準等は、市場、事業内容等が類似する法人であれば同様に享受するものです。

ニ　製造業務の移管により低い人件費の恩恵を受けるとしても、基本的な製造活動に見合う利益は同様の製造機能を同様の経済状況下で果たす非関連者と同水準となることから、残余利益分割法の適用において、製造業務移管前と移管後の人件費較差は、基本的利益の計算過程において適切な法人の財務情報等に基づき、基本的取引を選定することにより考慮されることとなります。

ホ　分割対象利益等と基本的利益の合計額との差額である残余利益等については、その獲得に対する独自の価値のある寄与の程度（無形資産による寄与の程度）に応じて法人及び国外関連者にそれぞれ配分されることになります。

4　まとめ

　人件費較差等がもたらす製造原価の低減といったロケーション・セービングは、国外関連取引において取引当事者が果たす機能や負担するリスクから生じるものではなく、親会社の事業判断の結果として親会社グループにもたらされた外生的なものであるとの見方が示されています。したがって、子会社が人件費水準の相対的に低い国で基本的な製造活動のみを行うということであれば、その機能に見合った利益を確保できる程度の取引価格が付されることが通常であるとしています。つまり、その場合には結果としてロケーション・セービングは親会社が享受することになるものと思われます。

　これらのことからすれば、ロケーション・セービングを「親会社と子会社のいずれが享受すべきか」というような切り口で考えることは適切ではなく、国外関連取引において取引当事者が果たす機能や負担するリスクから生じるものではないものの、結果としてそれらに応じて配分されるものであると考えるの

が相応しいものと思われます。

II OECD移転価格ガイドライン

1 パラグラフ9.148

　同ガイドラインのパラグラフ9.148ではロケーション・セービングについて，多国籍企業グループがその活動の一部を，既存の活動拠点から，より人件費，不動産コスト等の低い別の場所に再配置する場合に得ることができるものであるとしています。

　そして，同9.149で，事業再編後に大きなロケーション・セービングが得られる場合，それを当事者間で共有すべきか，共有するとした場合どのような形で共有すべきか，という点についての答えは，同様な状況において独立企業であればどのような合意を行ったかによるとしています。

　さらに，独立企業間で合意されたと思われる条件は，通常，当事者の機能，資産及びリスク並びにそれぞれの交渉力によって決まるとしています。

　また，このロケーション・セービングの共有のあり方については，同9.150～9.151と9.152～9.153に事例を通じて説明がなされていますので，以下，これらのパラグラフについて概要をご紹介します。

2 パラグラフ9.150～9.151

　同ガイドラインのパラグラフ9.150～9.151では，ロケーション・セービングの一例として，A国において知名度の高いブランド名のある衣料のデザイン，製造及び販売を行っている企業が，関連会社との契約製造の取極めを通じてB国で製造を行うことする事例が挙げられています。そして，B国には，その関連会社の製造活動と同等の活動を行うことのできる第三者たる製造企業が多数存在しているために，A国の企業としてはB国の関連会社又は第三者たる製造企業のいずれと取引するかということについて選択肢があることが想定されるとしています。その結果，独立企業間であれば第三者がA国の企業のために進んで衣料を製造したと思われる条件を決定するための比較対象のデータを見

つけることができるだろうとしています。そして，本事例のような状況においては，一般的には，独立企業である契約製造業者にはロケーション・セービングは帰属しないと結論付けています。

3　パラグラフ9.152～9.153

　同ガイドラインのパラグラフ9.152～9.153では，ロケーション・セービングのもう一つの例として，極めて専門的で質の高いエンジニアリングサービスを顧客に提供しているX国の企業が，Y国に子会社を設立して，今後は自己の顧客に対するエンジニアリングサービスをその子会社に下請させるケースが挙げられています。その子会社のエンジニアは，X国の企業のエンジニアと同等の極めて専門的で質の高いエンジニアリングサービスを提供する能力を有していますが，それらに対する賃金はX国の企業のエンジニアに比較して大幅に低いとの前提条件が置かれています。さらに，その子会社は，必要な品質基準を満たすサービスを満たす唯一の会社であるとの前提が置かれ，したがって，X国の企業には，その子会社のエンジニアサービスを利用する以外の選択肢はあまり多くはないとされています。そして仮にその子会社がその技術的ノウハウに応じた価値ある無形資産を開発しているような場合，そのような無形資産は下請契約の対価に係る独立企業間価格を算定する際に考慮されるべきであるとしています。

4　まとめ

　上記2で示されている事例は，上記Ⅰの移転価格事務運営要領参考事例集事例19において示されている考え方と基本的には同じで，要するに現地で基本的活動のみを行う子会社はロケーション・セービングを享受することはないというものです。

　また，上記3で示されている事例では，人件費較差のある現地で基本的活動を超えて，いわばオンリーワン的な独自の付加価値の高い活動を行っている子会社の場合は，親会社に対して現地の人件費水準を超える人件費を請求するこ

とができるため，結果としてロケーション・セービングを享受することになると示唆しているものと思われます。

今後の課題

ロケーション・セービングを国外関連取引における取引条件のファクターの一つと考え，それが外生的なものであることと重ね合わせると，進出先及び業態において類似性の高い比較対象企業との比較検討を行うことによって，ロケーション・セービングに特化した議論をする意義はほとんどなくなるのではないかと思われます。移転価格調査においては，この点を認識したうえで納税者と調査官の間で議論が交わされることを期待します。

グレーゾーンの背景と留意点

従来の議論では，ロケーション・セービングを外生的なものとする考え方は一般的ではなく，親会社による子会社の現地進出計画の策定，実施についての意思決定がロケーション・セービングをもたらしたのであるから，それは専ら親会社が享受すべきであるという考え方が主流であったものと思われます。しかし，親会社の事業判断が企業グループ事業の成功のための重要な要素であることには違いないとしても，その後の経済環境，競合他社の動向，新技術開発の成否，事業運営，販売活動又は資金手当の巧拙等もまたその成功のための重要な要素であることに違いないことから，こういった考えには批判もあったところです。そもそも子会社の海外進出は親会社が企画し意思決定するのが通常であり，その結果成功してロケーション・セービングを享受することができる場合もあれば，それを享受することができずに赤字を抱えたり撤退することもあることに鑑み，当然の批判といえるでしょう。

これに対して，国税庁移転価格事務運営要領事例集やOECD移転価格ガイドラインでは，前述したように，人件費較差等がもたらす製造原価の低減と

いったロケーション・セービングは，外生的なものであるということで一致しているように思われます。結局親会社や子会社の果たす機能や負担するリスクの如何に応じて，それぞれに分け与えられるものであるということでないかと考えます。

VI　その他

4　国外関連者が他の国外関連者と取引している場合の移転価格の問題

Question 当社にはＡ国に100％出資の製造子会社と販売子会社があります。当社は製造子会社に製造技術を供与し，それまで日本国内で作っていた製品を製造子会社に製造させています。製造子会社は，独自に非関連者から原材料を調達して当社の技術を用いて製造を行い，製造した製品の全量を販売子会社に販売していますが，技術開発や試験研究を行う機能は持っていません。販売子会社は，製造子会社の製品の全量を自己の開拓した販売経路を通じてＡ国内外の非関連ユーザーに販売しています。

現在当社は，製造子会社から，製造子会社の売上高の5％の技術供与対価（ロイヤルティ）を収受していますが，このロイヤルティの額は移転価格税制上問題となる可能性はないでしょうか。

ちなみに，このロイヤルティ料率5％の根拠は，10年ほど前に当社が非関連者から類似した技術を導入し，それに対して支払ったロイヤルティの料率が5％であったことです。現在は，その技術も陳腐化したことから契約を終了しロイヤルティは支払っていません。また，当社は製造子会社以外には同様の技術供与は行っていません。

Answer 製造子会社を検証対象とする取引単位営業利益法を適用して，取引価格の適否を検証する必要があります。

―― 解　説 ――

質問の場合，親会社は非関連者に対して子会社に供与している技術と同様の技術を供与しておらず，かつ，非関連者から導入した技術が現在陳腐化しているということですので，親会社が製造子会社と行っている取引と比較可能な非関連者間取引を見いだすことはできないものと思われます。

そのため，基本三法（独立価格比準法，再販売価格基準法及び原価基準法）

Ⅵ　その他

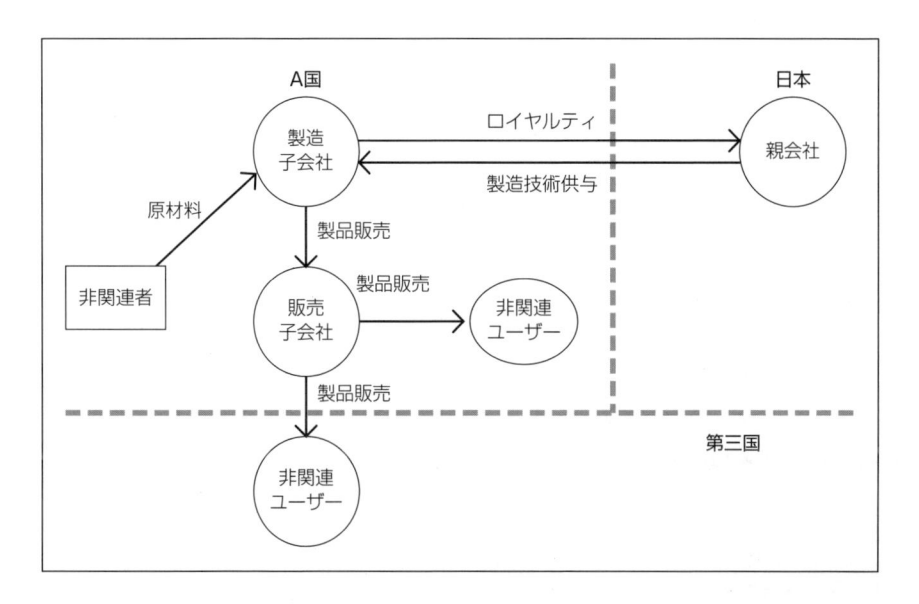

を用いて独立企業間ロイヤルティ料率を求めることはできません。また，製造子会社は親会社から技術供与を受けて製造を行っていますが，技術開発や試験研究を行う機能がないことから，残余利益分割法を適用することも相応しくありません。これらのことから，製造子会社を検証対象とする取引単位営業利益法の適用について検討する必要があります。

具体的には，次のような手順による検討が考えられます。
① 　販売子会社の利益水準を，財務データベースに基づくベンチマークテストによって確定し，それにより製造子会社の販社子会社に対する製品の独立企業間価格を求める。
② 　上記①で求めた販売価格に基づいて製造子会社の営業利益の額を求め，これをベースに製造子会社の総費用営業利益率を算定し，それが財務データベースに基づくベンチマークテストによって得られる比較対象企業の総費用営業利益率値の最大値以下となっているかどうかを調べる。そうなっている場合には，親会社が製造子会社から収受しているロイヤルティの額はわが国の移転価格税制上適正な額ということになる。

> ☆a（販売子会社の営業利益）
>   ＝b（販売子会社の売上高）×比較対象企業の四分位分析における売上高営業利益率の中位値
> ☆c（販売子会社の独立企業間製品仕入価格）
>   ＝b－a－販売子会社の販管費の額

③　②により，cに基づいて製造子会社の営業利益dの額を求め，次いでその総費用営業利益率eを算定する。このようにして求められるdは，販売子会社に対する製品の販売価格が独立企業間価格であるとした場合に得られるであろう営業利益を指す。

> ☆d（営業利益の額）＝c－総費用の額
> ☆e（総費用営業利益率）＝d÷総費用の額

④　①～③の検討を経て，eが，上記と同様の要領で行ったベンチマークテストによって求められる比較対象企業の総費用営業利益率の最大値を超える場合には，その最大値を超える部分に対応する営業利益の額を貴社に対する追加ロイヤルティの額とする。つまり当初製造子会社が親会社に支払うロイヤルティの額が，非関連者間取引によって授受されるであろうロイヤルティより少なかったために，その分だけ製造子会社の営業利益の額が多くなり，その結果総費用営業利益率が高くなっていたと考える。

　　一方，製造子会社の総費用営業利益率が比較対象企業の売上高営業利益率の幅の最高値以下であれば，つまり当初製造子会社が親会社に支払うロイヤルティの額が，非関連者間取引によって授受されるであろうロイヤルティと同等かそれより多かったと考えられることから，移転価格税制上問題はないということになる。

今後の課題

　わが国の移転価格税制は，法人（内国法人のみならず外国法人を含む）とその国外関連者とが行う取引（国外関連取引）に対して適用されます。国外関連者と他の国外関連者とが行う取引は国外関連取引に該当しないので，それに対して直接わが国の移転価格税制が適用されることはありません。

　このため，質問のように国外関連取引の当事者である国外関連者が，次の取引段階で他の国外関連者のみと取引を行っており，かつ，その取引が独立企業原則に則って行われていない場合には，その国外関連者の損益をそのまま使用して取引単位営業利益法を適用しても独立企業間価格を求めることはできません。

　下記の措置法66条の4の第5項では，法人が国外関連者との取引に非関連者を介在させ，本来国外関連取引であるものを非関連取引に見せかけようとすることを防いでいますが，質問のような，国外関連者と他の国外関連者との間の取引に対応する規定ではありません。

　「法人が当該法人に係る国外関連者との取引を他の者（当該法人に係るほかの国外関連者及び当該国外関連者と特殊の関係のある内国法人を除く。以下この項において「非関連者」という。）を通じて行う場合として政令で定める場合における当該法人と当該非関連者との取引は，当該法人の国外関連取引とみなして，第一項の規定を適用する。」

次に同条1項を見てみましょう。

　「法人が，昭和61年4月1日以後に開始する各事業年度において，当該法人に係る国外関連者（外国法人で，当該法人との間にいずれか一方の法人が他方の法人の発行済株式又は出資（当該他方の法人が有する自己の株式又は出資を除く。）の総数又は総額の100の50以上の数又は金額の株式又は出資を直接又は間接に保有する関係その他の政令で定める特殊の関係（次項及び第五項において「特殊の関係」という。）のあるものをいう。以下この条に

おいて同じ。）との間で資産の販売，資産の購入，役務の提供その他の取引を行った場合に，当該取引（当該国外関連者が法人税法第141条第1号から第3号までに掲げる外国法人のいずれに該当するかに応じ，当該国外関連者のこれらの号に掲げる国内源泉所得に係る取引のうち政令で定めるものを除く。以下この条において「国外関連取引」という。）につき，当該法人が当該国外関連者から支払を受ける対価の額が独立企業間価格に満たないとき，又は当該法人が当該国外関連者に支払う対価の額が独立企業間価格を超えるときは，<u>当該法人の当該事業年度の所得に係る同法その他法人税に関する法令の規定の適用については，当該国外関連取引は，独立企業間価格で行われたものとみなす。</u>」

アンダーライン部分は，独立企業間価格を外れる国外関連取引は独立企業間取引で行われたものとみなすという，法人及びその国外関連者の間の「国外関連取引」についてのみなし規定であり，国外関連者と他の国外関連者についての規定ではありません。したがって，他の国外関連者を使えば，移転価格操作によって法人から国外関連者に移転した所得をさらにその他の国外関連者に移転することもできます。この点は，現行移転価格税制や現場の執行指針に早急に盛り込まれなければならないのではないかと考えます。

　いずれにせよ，取引単位営業利益法を適用して独立企業間価格を求める場合，法律の内容がはっきりしていないから何をしてもいいというわけではありませんので，納税者としては，課税当局から資料不足及び検討不足であるとの理由で推定課税を受けることのないよう，国外関連者の利益指標が独立企業原則を満たす取引価格に基づいて得られるものであることを客観的な検討結果に基づいて説明する必要があります。このような立場に立って，上記解説においては四つに分けた手順にしたがって検討することを示しています。

グレーゾーンの背景と留意点

　検証対象の国外関連者がグループ企業と取引している場合には，法律上は明確ではありませんが，その取引がわが国の移転価格税制からみて独立企業間価格と認められる価格で行われたとした場合に導き出される国外関連者の利益指標に基づいて取引単位営業利益法を適用しなければならない，ということに留意する必要があります。そういったことを省略して，いきなり国外関連者の実際の利益指標を基にベンチマークテストを行っても正しい結果は出ません。また，このような作業を積極的に行っておかないと，移転価格調査の際に推定課税を受ける恐れがありますので注意しなければなりません。

Ⅵ　その他

5　ユーロ建て金銭消費貸借取引で，金利情報を得られなかった場合の独立企業間利率

Question　当社はドイツにある子会社に，10万ユーロを期間10年で貸し付ける予定ですが，この場合の独立企業間利率はどのように算定すればいいでしょうか。

　なお，当社はドイツ子会社以外には金銭の貸付けは行っていません。また，ドイツ子会社は取引銀行と預金取引しかなく，取引開始以来借入実績もないことから，スプレッド借りの場合のスプレッドの情報は得ることができず，さらに当社も銀行借入を行っていないため，取引銀行からスプレッド借りの場合のスプレッドの情報を得ることができない状況にあります。

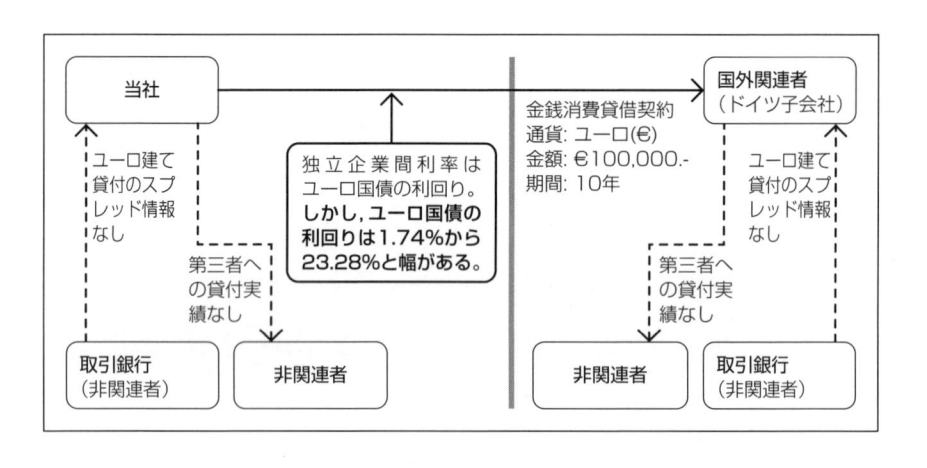

```
┌─────────────────────────────────────────────────────────────┐
│  当社 ──────────────────────→ 国外関連者                     │
│                                 （ドイツ子会社）              │
│  ユーロ建て    独立企業間利率は    金銭消費貸借契約            │
│  貸付のスプ    ユーロ国債の利回り。 通貨：ユーロ(€)            │
│  レッド情報    しかし，ユーロ国債の 金額：€100,000.-           │
│  なし         利回りは1.74%から    期間：10年                 │
│               23.28%と幅がある。                              │
│                                                               │
│               第三者へ                         第三者へ        │
│               の貸付実                         の貸付実        │
│               績なし                           績なし          │
│                                                               │
│  取引銀行     非関連者              非関連者    取引銀行        │
│  （非関連者）                                  （非関連者）    │
└─────────────────────────────────────────────────────────────┘
```

Answer　独立企業間利率は，残存期間10年のユーロ国債の最終利回りとなります。

解 説

　金銭消費貸借取引は国外関連者との間で広く一般的に行われていることから，国税庁は措置法通達及び移転価格事務運営要領で，独立企業間価格の算定方法について，次の①から④のとおり詳しく規定しています。

　なお，国外関連取引の当事者のどちらか一方又は双方が金銭の貸付等を業としている（金融機関等である）場合，②，③及び④の方法では算定できません（移転価格事務運営要領2-7）。また，①②③④の順に独立企業間価格が算定できるかどうか検討することとされています（措置法関係通達66の4(7)-4(注)及び移転価格事務運営要領2-7(注)1）。

① 独立価格比準法と同等の方法又は原価基準法と同等の方法により，借手のデフォルトリスク，市場の金利水準，通貨の種類，期間，金利の種類（固定，変動等），担保や保証の有無などの取引条件が同様な比較対象取引の利率（措置法通達66の4(7)-4）

② 借手が「非関連者である銀行等から当該国外関連取引と通貨，貸借時期，貸借期間等が同様の状況の下で借り入れたとした場合に付されるであろう利率」（移転価格事務運営要領2-7(1)）

③ 貸手が「非関連者である銀行等から当該国外関連取引と通貨，貸借時期，貸借期間等が同様の状況の下で借り入れたとした場合に付されるであろう利率」（移転価格事務運営要領2-7(2)）

④ 「国外関連取引に係る資金を，当該国外関連取引と通貨，取引時期，期間等が同様の状況の下で国債等により運用するとした場合に得られるであろう利率」（移転価格事務運営要領2-7(3)）

　本事例の場合，①，②及び③のいずれの情報も得られることができないので，④を適用することとなります。

(参考)

租税特別措置法基本通達
66の4(7)-4（金銭の貸付け又は借入れの取扱い）

　金銭の貸借取引について独立価格比準法と同等の方法又は原価基準法と同等の方法を適用する場合には，比較対象取引に係る通貨が国外関連取引に係る通貨と同一であり，かつ，比較対象取引における貸借時期，貸借期間，金利の設定方式（固定又は変動，単利又は複利等の金利の設定方式をいう。），利払方法（前払い，後払い等の利払方法をいう。），借手の信用力，担保及び保証の有無その他の利率に影響を与える諸要因が国外関連取引と同様であることを要することに留意する。

(注)　国外関連取引の借手が銀行等から当該国外関連取引と同様の条件の下で借り入れたとした場合に付されるであろう利率を比較対象取引における利率として独立企業間価格を算定する方法は，独立価格比準法に準ずる方法と同等の方法となることに留意する。

移転価格事務運営要領
2-7（独立価格比準法に準ずる方法と同等の方法による金銭の貸借取引の検討）

　法人及び国外関連者がともに業として金銭の貸付け又は出資を行っていない場合において，当該法人が当該国外関連者との間で行う金銭の貸付け又は借入れについて調査を行うときには，必要に応じ，次に掲げる利率を独立企業間の利率として用いる独立価格比準法に準ずる方法と同等の方法の適用について検討する。

(1)　国外関連取引の借手が，非関連者である銀行等から当該国外関連取引と通貨，貸借時期，貸借期間等が同様の状況の下で借り入れたとした場合に付されるであろう利率

(2)　国外関連取引の貸手が，非関連者である銀行等から当該国外関連取引と通貨，貸借時期，貸借期間等が同様の状況の下で借り入れたとした場合に付されるであろう利率

(3)　国外関連取引に係る資金を，当該国外関連取引と通貨，取引時期，期間等が同様の状況の下で国債等により運用するとした場合に得られるであろう利率

(注)1　(1)，(2)及び(3)に掲げる利率を用いる方法の順に，独立企業原則に即した結果が得られることに留意する。
(注)2　((2))に掲げる利率を用いる場合においては，国外関連取引の貸手における銀行

等からの実際の借入れが，(2)の同様の状況の下での借入れに該当するときには，当該国外関連取引とひも付き関係にあるかどうかを問わないことに留意する。

今後の課題

　ユーロの公式使用国は2011年9月現在で17か国です。その国名とそれぞれの国が発行する残存期間10年の国債の最終利回りは次の表のとおりです。（単位％，年率換算，2011年9月現在，空欄は不明）

オーストリア	2.62	フィンランド	2.23	マルタ	
ベルギー	3.80	フランス	2.57	オランダ	2.20
キプロス		ギリシャ	23.28	ポルトガル	11.96
ドイツ	1.74	イタリア	5.62	スロバキア	
スペイン	5.22	アイルランド	8.79	スロベニア	
エストニア		ルクセンブルク			

　この表によれば，残存期間が同じユーロ建国債（10年）でも，その利回りはドイツの1.74％からギリシャの23.28％まで，20％以上もの開きがあり，単に「国債の利回り」といっても，表のとおりいくつもの利回りが存在します。

　2011年11月現在，ユーロ共同債（ユーロ公式使用国が同一条件で発行する国債）の発行が検討されていますが，デフォルトが起こった場合の財政負担等の懸念で，信用力の高いドイツなどが，共同債の発行に難色を示しているように，通貨が同一でも，発行する国が異なれば，国債の利回りが異なるのは経済原則に則っているといえます。

　移転価格事務運営要領2-7(3)には，「国外関連取引に係る資金を，当該国外関連取引と通貨，取引時期，期間等が同様の状況の下で国債等により運用するとした場合に得られたであろう利率」としか規定されていませんが，経済原則に照らしてみれば，規定として不十分であり，ユーロのように国の信用力（ソ

ブリン格付け）が異なる複数の国に採用されている通貨建ての金銭消費貸借取引における独立企業間利率で，比較対象取引等の情報がない場合，どうやって独立企業間利率を算定するのかを判断することができません。

たとえば次に掲げる利回りのいずれかを採用することが考えられますが，いずれの利回りを選択するかについて合理的理由が見当たりません。
- 国外関連者の所在国の国債の利回り
- ユーロ公式使用国で最も低い国債の利回り
- ユーロ公式使用国で最も高い国債の利回り
- ユーロ公式使用国の国債の利回りの平均値

グレーゾーンの背景と留意点

ユーロは2002年1月1日に誕生し，移転価格事務運営要領は2001年6月1日に施行されました。

したがって，移転価格事務運営要領2-7は，ユーロのような複数の国家で採用される通貨の存在を予定していなかったものと思われます。しかしながら，ユーロが世界の主要通貨となって，10年が過ぎた現在でも，このような規定が存知されたままとなっているのは好ましいことではありません。

米国では，AFR（Applicable Federal Rate）というセーフハーバールール（国外関連者との金銭消費貸借取引に係る金利については，IRS（米国内国歳入庁）が提供するAFRの範囲内であれば独立企業間利率であるとみなす制度）がありますが，日本でも同様なルールの導入が望まれます。

私見ですが，ラストリゾートの独立企業間利率を，国債の運用利回りではなく次の算式のとおりとすれば，複数国で使用される通貨についての問題が解決され，また，日本円など単一の国家で使用される通貨にも適用可能であり，より独立企業間価格に近い利率が導き出されるものと思われます。

Ⅵ その他

```
┌─────────────────────────────────────────────────────────────┐
│  ┌──────────────────────────┐     ┌──────────────────────────┐  │
│  │ ユーロのインターバンクレート │  +  │ 格付BBB (Baa)の債券のデフォルト率 │  │
│  │ （事実上のリスクフリーレート）│     │                          │  │
│  └──────────────────────────┘     └──────────────────────────┘  │
└─────────────────────────────────────────────────────────────┘
```

その理由は次のとおりです。

- BBB (Baa) は投資適格（インベストメントグレード）の最低位格付けで，デフォルトリスクとしては，「標準的水準」とされること
- 借手のデフォルトリスクが投資不適格（スペキュレイティブグレード，BBやBa以下のグレード）であるとき，金銭消費貸借取引は，保証や担保差し入れなどの信用補完がなければ，独立企業間では通常成立しないこと
- 一方，借り手のデフォルトリスクがAの格付け相当より低い（格付けは高い）ことが明白であれば，信用補完がなくとも独自に銀行等から借り入れ

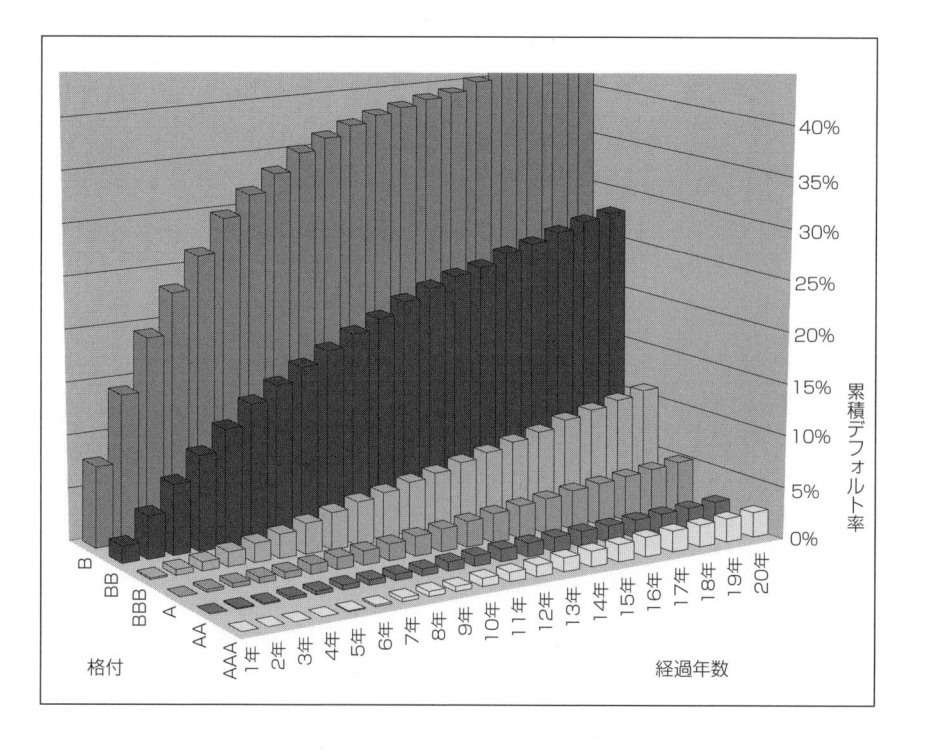

を行うことができ，上記②の情報を入手できる可能性が極めて高いこと
- デフォルトリスクの情報は，国債利回りと同じく公開情報から入手可能であること

また，格付BBB (Baa) の債券のデフォルト率は，格付会社（スタンダードアンドプアーズ，ムーディーズインベスターズサービス等）から入手可能です。

参考までに，格付けとデフォルト率の関係をグラフに示せばグラフのとおりであり，発行時AAAの格付けの債券の場合，その発行後20年間の累積デフォルト率は3%程度となります。また，投資適格の最低ランクであるBBBの格付けの債券の場合同率10%程度である一方，投資不適格とされる債券の場合では，投資不適格の中では最高ランクであるBBの格付けの債券であっても，同率は28%程度と急激に上昇していることから見ても，BBBの債券のデフォルト率を採用することが妥当と思われます。

VI その他

6 外国税額控除と移転価格課税の関係

Question 1 弊社は，国外関連者に該当する子会社から無形資産の使用の対価（ロイヤルティ）を収受していますが，この度，同対価の額が独立企業間価格に比べて過小であると認定され，わが国の課税当局から移転価格課税を受けました。この場合，弊社が当初申告していた外国税額の計算をやり直すことになるのでしょうか。

また，この移転価格課税の後に，国外関連者を管轄するＡ国の課税当局との間で相互協議が行われ，独立企業間ロイヤルティの額について最終的に両国で合意が図られ，それに基づいて国外関連者が弊社にロイヤルティの追加払いを行ってきた場合，どのようなことになるのでしょうか。

Question 2 弊社はＢ国に支店があります。Ｂ国の税務当局がＢ国支店に対する税務調査を実施し，Ｂ国支店が行った弊社との行為計算について独立企業原則を適用した結果，本来Ｂ国支店に帰属すべき所得が弊社に移転していると認定し，Ｂ国支店の申告所得につき更正処分をしてきました。弊社としてはこれを受け入れ，Ｂ国支店を通じ追徴税額を納付しました。この追加納付外国法人税は，弊社において外国税額控除の対象となるのでしょうか。

Answer 1 この度の移転価格課税により，過小と認定された国外関連者からのロイヤルティ額の分だけ，貴社の国外源泉所得金額（同時に全世界所得金額でもある）が増加することになるので，貴社の外国税額の控除限度額が増加する可能性があります。

また，貴社は当初申告していた外国税額の計算をやり直すことになります。

Answer 2 Ｂ国税務当局の課税によって新たにＢ国支店に帰属するものと認定された所得（収益）の額を貴社の国外源泉所得（同時に全世界所得となる）と認識しない一方，Ｂ国支店がＢ国税務当局から新たに課された法人税を控除対象外国法人税額とみて外国税額控除の計算をやり直します。その結果，今回のＢ国税務当局による課税によって，貴社の外国税額の控除限度額は結果的には変動しません。

解　説

Ⅰ　Question 1 について

1　移転価格税制

　措置法66条の4では，法人がその国外関連者との間で資産の販売，資産の購入，役務の提供その他の取引を行った場合に，それらの取引（国外関連取引）につき，法人が国外関連者から支払を受ける対価の額が独立企業間価格に満たないとき，又は法人が当該国外関連者に支払う対価の額が独立企業間価格を超えるときは，法人の当該事業年度の所得に係る同法その他法人税に関する法令の規定の適用については，当該国外関連取引は，独立企業間価格で行われたものとみなすこととされています。

　質問を考える場合，ここで注目すべき点は，アンダーラインの部分です。つまり，国外関連者に対する低廉譲渡や国外関連者からの高価買入等の場合には，国外関連取引が独立企業間価格で行われたものとみなしたうえで法人の所得を計算することになっているのです。なお，次の措置法通達で，この点に関して具体的な取扱いが示されています。

66の4(8)-1　措置法第66条の4第1項に規定する「当該国外関連取引は，独立企業間価格で行われたものとみなす」とは，法人が国外関連者から支払を受ける対価の額が独立企業間価格に満たない場合又は法人が国外関連者に支払う対価の額が独立企業間価格を超える場合は，その差額を益金の額に算入し，又は損金の額に算入しないことをいうのであるから留意する。
（注）　この差額の調整が，寄附金の損金算入限度額，外国税額の控除限度額等に影響を及ぼす場合には，それらについても再計算することに留意する。

　移転価格税制では，法人が国外関連者から支払を受ける対価の額が独立企業間価格に満たない場合（低廉譲渡など）や法人が国外関連者に支払う対価の額が独立企業間価格を超える場合（高価買入など）に調整が行われるので，通常

の場合，この調整によって法人の所得金額が増加することになります。この増加する所得金額が国外所得に該当するものである場合には，通常であれば，外国税額の控除限度額が増加することになります。

2 国外所得金額

外国税額の控除限度額は次の算式により求めることとされています（法令142①）。

当期の所得に対するわが国の法人税額×
　　　　　　当期の国外所得金額／当期の全世界所得金額

なお，上記の式でいう国外所得金額とは，その事業年度において生じた法人税法138条（国内源泉所得）に規定する国内源泉所得以外の所得に係る所得のみについて各事業年度の所得に対する法人税を課するものとした場合に課税標準となるべき当該事業年度の所得の金額に相当する金額をいうものとされています（法令142③）。

法人税法138条7号によれば，国内において業務を行う者から受ける工業所有権やノウハウ等の使用料又は対価で当該業務に係るものは，国内源泉所得とされています。

(参考)

(国内源泉所得)
138条
七　国内において業務を行う者から受ける次に掲げる使用料又は対価で当該業務に係るもの
　　イ　工業所有権その他の技術に関する権利，特別の技術による生産方式若しくはこれらに準ずるものの使用料又はその譲渡による対価
　　ロ　著作権（出版権及び著作隣接権その他これに準ずるものを含む。）の使用料又はその譲渡による対価

> ハ　機械，装置その他政令で定める用具の使用料

　Question 1 において貴社が収受しているロイヤルティは，国外において業務を行う者から受ける使用料ですので，国内源泉所得に該当せず，国外所得金額ということになります。

3　質問前半の結論

　上記1及び2から，わが国の課税当局が，貴社の受取ロイヤルティの額が独立企業間ロイヤルティに比して過小であると認定して移転価格課税を行った場合には，その移転価格課税により，貴社の国外源泉所得が増加することになりますので，原則として外国税額控除の限度額は増加するものと考えられます。

4　質問後半の結論（国外関連者からロイヤルティの追加払いがあった場合）

　相互協議の合意に基づき，国外関連者から貴社にロイヤルティの追加払いがあった際に，A国課税当局が新たにその追加払金額の10％に相当する額について源泉徴収を行ったとします。この場合，法人がこの源泉徴収所得税を控除対象外国税額とみて外国税額控除の計算を行うことが認められるかどうかが問題となります。

　外国税額控除の対象となる外国法人税は，法人税法69条において外国の法令により課される法人税に相当する税で政令（法令141）で定めるものとされています。

(参考)

> **(外国法人税の範囲)**
> **141条1項**
> 　法第69条第1項（外国税額の控除）に規定する外国の法令により課される法人税に相当する税で政令で定めるものは，外国の法令に基づき外国又はその地方公共団体により法人の所得を課税標準として課される税（以下この款において「外国法人税」という。）とする。

この点からすれば，外国の税務当局がロイヤルティの追加払いとして貴社に課税した源泉税は，法人の所得を課税標準として課される税であることは間違いないので，外国税額控除の対象となる外国法人税に該当するものと思われますので，外国税額控除について再計算が必要となります。

　ところで，わが国の移転価格税制は，独立企業間価格との調整額を法人の各事業年度の所得の金額の計算上，損金の額に算入しないこととしています（措法66の4④）。これは，調整額につき実際に取引価格を修正してもしなくても変わりがありません。Question 1 でいえば，貴社が過小ロイヤルティの額について国外関連者から追加払いを受けるとしても，過小ロイヤルティ相当額は損金不算入のままということです。また，仮に，貴社が国外関連者からロイヤルティの追加払いを受ける際に，事前に国税局に対して国外移転所得金額の返還を受ける旨の届出書を提出しておけば，その返還額について国税当局は益金不算入を認めることとしています（措置法通達66の4(8)-2）。

　これらのことを総合すれば，わが国の法令は，移転価格課税後の調整に対して新たなアクションを起こさず，移転価格の調整に対する損金不算入という処理だけで完結させようとしているものと判断されます。ですから，たとえば，Question 1 とは逆に，法人が国外関連者に対してロイヤルティを支払っている場合に，外国の税務当局が国外関連者に対し，法人からの受取ロイヤルティが過小であるとして移転価格課税を行ったとした場合，法人がその過小分を国外関連者に支払う際にわが国の課税当局は源泉徴収を行うことはありません。つまり，わが国の法令では，その支払をロイヤルティの追加払いとはみないということです。

II Question 2 について
2　相互協議

　Question 2 は，B国の税務当局が，貴社とそのB国支店とが行う行為計算に独立企業間原則を適用した結果，B国支店に帰属することになる所得を再計算し，増加した所得金額について更正処分を行った場合，その更正処分によって

増加した所得にB国が追加課税した法人税の額を，貴社において外国税額控除の対象とすることが認められるかどうかという点についての問いかけです。

　本支店間の行為計算に対して独立企業原則を適用すべきであるとの考え方は，OECDモデル租税条約7条2項において明らかにされているところであり，わが国が各国と締結している租税条約においても同様の条項が規定されているところです。ある取引や行為計算が独立企業原則にかなっているかということについては，一義的には個々の国の課税当局の判断に委ねられているものと思われますが，その判断に基づいて課税が行われる結果，国際的二重課税の状態が発生するような場合には，本来であれば相互協議を通じて取引当事者を管轄する課税当局同士が協議し，その結果を受けて二重課税の状態を排除することが理想的です。

2　相互協議と外国税額控除の関係

　わが国課税当局の立場からすれば，Question 2のような場合にも，B国の課税が独立企業間原則にかなったものであるかどうかについてB国と協議してその決着を待ってから外国税額控除の再計算をすべきであるということになるでしょう。

　しかし，一方で，現にB国の課税当局から所得を課税標準とする追加課税が行われ，納税が済んでいるにもかかわらず，相互協議の合意が図られるまでは控除対象外国法人税としないということは不合理です。法人税法69条の規定では，相互協議の合意が外国税額控除の適用要件とはされていませんので，B国の課税に伴い貴社が納付した租税を外国法人税の額に含めて控除対象外国法人税の額を計算することが認められるべきものと思われます。もっとも，この場合，貴社の控除対象外国法人税額は増加しますが，B国が新たに支店帰属所得と認定した所得金額が，法人税法施行令141条でいう貴社の国外所得金額に直ちに該当すると考えることはできません。それがわが国の法令上国外所得金額に該当することが判明しない限りは，外国税額控除の計算に当たっては，B国税務当局の課税によって増加したとされた支店所得（収益）の額は国外所得

金額とは扱われませんので，まずは控除対象外国法人税額は増加するものの，国外所得金額及び全世界所得金額は変わらないということになります。その結果，外国税額の控除限度額には変動は生じないということになります。

今後の課題

Question 2 の場合，独立企業原則を適用した結果B国が新たに支店帰属所得と認定した所得金額が，わが国の法令上貴社の国外所得金額に該当することが判明しない限りは法人税法施行令141条でいう国外所得金額に直ちに該当すると考えることはできないといいましたが，それではどうすればわが国の法令上国外所得金額に該当することが判明するのか，ということがはっきりしていません。納税者としてわが国の課税当局に外国の課税当局の認定について検討を求めることはできたとして，それは更正の請求の要件に合致するのかどうかいまひとつ明らかではありません。あるいは，それは結局のところ相互協議を通じてしか判明しないことであるとすれば，相互協議の合意を待たなければ二重課税を排除することはできないということになります。

グレーゾーンの背景と留意点

移転価格課税と外国税額控除制度の関係は以上述べたとおりであり，わが国課税当局による移転価格課税が行われた場合には，国外所得金額に変動が生じることがあり，それは外国税額控除計算に影響を及ぼすことになります。また，法人が外国の税務当局から移転価格課税を受け，外国に追加納付した外国の租税は，わが国の外国税額控除制度における控除対象外国法人税に該当するものの，外国の税務当局による所得移転の認定額が直ちにわが国の法令上も正当な所得移転額となるかどうかは，わが国課税当局の検討か相互協議の合意を待たなければならないということになるものと思われます。

Ⅵ その他

7 相互協議制度とは

Question 移転価格課税に関する記事を見ると，課税された企業の担当者が，「今後は相互協議を通じて経済的二重課税状態の解消を求めていきたい。」というような発言が多いのですが，相互協議とは誰がどのように行うものなのでしょうか。また，我々企業も参加できるのでしょうか。

Answer 移転価格課税に関する相互協議は，移転価格課税によって生じた国際的二重課税を排除するために，租税条約を締結している国同士が行う協議です。

原則として課税された，又は課税されることが見込まれる企業が申し立てることにより開始されるものですが，企業はこれに参加することはできません。ただし，ある意味で間接的に参加しているといえないこともありません。

解 説

本稿では，いまひとつわかりにくい相互協議制度の実態を，国税庁の報道，租税条約の相互協議条項，国内法及び国税庁事務運営指針の説明を通してあぶりだしてみたいと思います。なお，相互協議は必ずしも移転価格課税を起因として実施するものに限りませんが，本稿では移転価格課税を起因として実施されるものに焦点を当てて説明します。

Ⅰ 国税庁による報道

国税庁のホームページ中の報道発表資料（プレスリリース）の中に，平成22年度の「相互協議の状況」（平成23年10月）という項目があります。ここでは，その中から主要な事項をピックアップし，それらのポイントについて解説します。

1 相互協議が行われる場合

相互協議とは，納税者が租税条約の規定に適合しない課税を受け，又は受けると認められる場合において，その条約に適合しない課税を排除するため，条約締結国の税務当局間で解決を図るための協議手続です。わが国が締結している48の租税条約（適用対象国は59か国）（平成23年6月末現在）すべてに，相互協議に関する規定が置かれています。移転価格課税により国際的な二重課税が生じた場合，二国間の事前確認を納税者が求める場合等には，外国税務当局との相互協議を実施して問題の解決を図っています。」（（参考1）用語の解説より）

ポイント　ここでは，相互協議が「納税者が租税条約の規定に適合しない課税を受け，又は受けると認められる場合」に行われることが明らかにされています。

2 相互協議事案の発生件数

「相互協議事案の発生件数は，平成21事務年度より減少しています。発生件数の9割以上を移転価格に関するものが占めています。事前確認に係る事案の全体の発生件数に占める割合が，増加傾向にあります。（平12：64.9% → 平22：86.0%）平成22事務年度は157件の相互協議事案が発生し，うち事前確認に係るものは135件でした。これを10年前の平成12事務年度と比較すると，相互協議件数で約2倍，事前確認に係る相互協議件数で約3倍となっていま

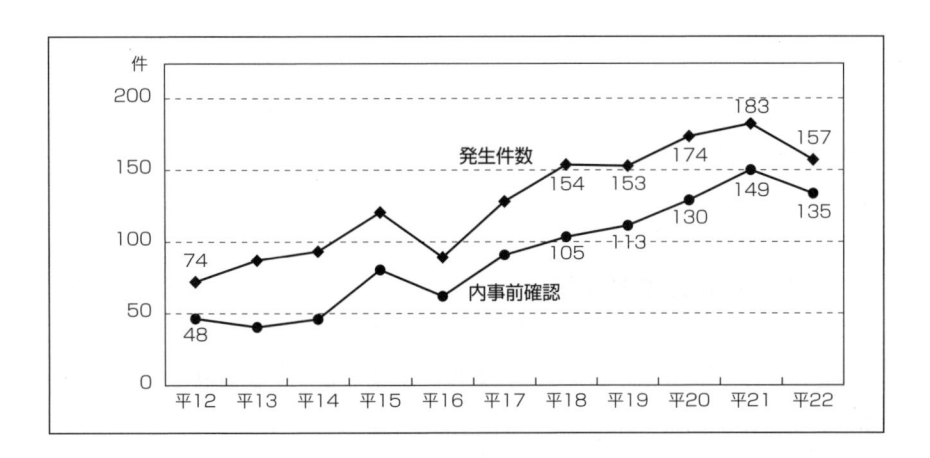

す。」(1.相互協議事案の発生件数より)

ポイント 相互協議事案の発生件数の9割以上を移転価格に関するものが占めているということですが、その多くは事前確認に係るもので、移転価格課税に係るものは30～40件程度で推移しています。

3 処理事案の地域別内訳

相互協議の処理事案の内訳を国別に見ると、米国及び豪州の事案が約半数を占めています。相互協議の相手国の数は、ここ数年は横ばいとなっています。(平17：23か国 → 平22：23か国) (2(2)処理事案の地域別内訳より)

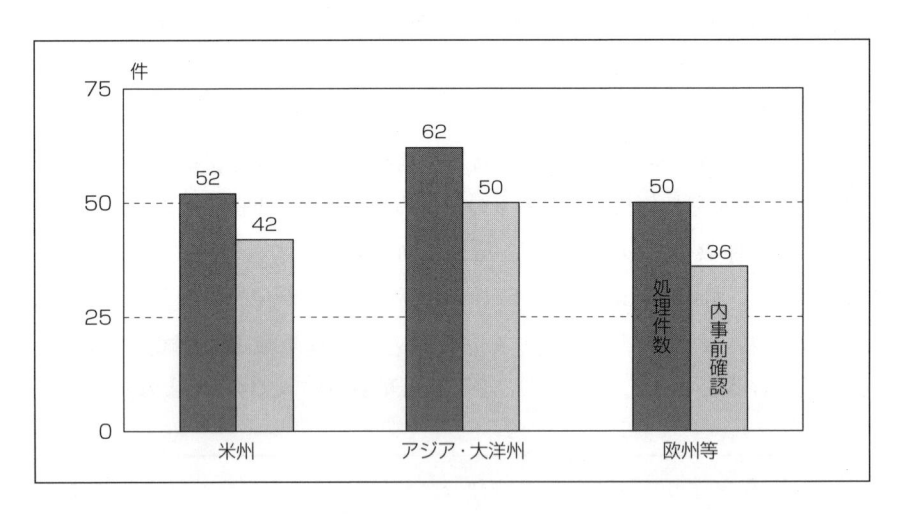

地域	処理件数	内 事前確認
米州	52	42
アジア・大洋州	62	50
欧州等	50	36

ポイント 処理件数全体に占める件数では、米国及び豪州の事案が多い状況が続いています。

Ⅱ 租税条約の相互協議条項

前述のとおり、わが国が各国と締結している租税条約における相互協議条項の規定振りは、基本的にモデル租税条約の25条の相互協議条項と同様であることから、ここでは、モデル租税条約の条項を紹介します。

Ⅵ　その他

> **OECDモデル租税条約25条**
> 1　いずれか一方の又は双方の締約国の措置によりこの条約の規定に適合しない課税を受け又は受けることになると認める者は，当該事案について，当該締約国の法令に定める救済手段とは別に，自己が居住者である締約国の権限のある当局に対して又は当該事案が第24条1の規定の適用に関するものである場合には自己が国民である締約国の権限のある当局に対して，申立てをすることができる。当該申立ては，この条約の規定に適合しない課税に係る当該措置の最初の通知の日から3年以内に，しなければならない。
> 2　権限のある当局は，1の申立てを正当と認めるが，満足すべき解決を与えることができない場合には，この条約の規定に適合しない課税を回避するため，他方の締約国の権限のある当局との合意によって当該事案を解決するよう努める。成立したすべての合意は，両締約国の法令上のいかなる期間制限にもかかわらず，実施されなければならない。
> 3　両締約国の権限のある当局は，この条約の解釈又は適用に関して生ずる困難又は疑義を合意によって解決するよう努める。両締約国の権限のある当局は，また，この条約に定めのない場合における二重課税を除去するため，相互に協議することができる。
> 4　両締約国の権限のある当局は，2及び3の合意に達するため，直接（両締約国の権限のある当局又はその代表者により構成される合同委員会を通じることを含む。）相互に通信することができる。

ポイント

➡(1)　課税を受けた又は受けることになる納税者が，国内法令に定める救済手段（異議申立て又は訴訟）とは別に，自国の権限のある当局に対して相互協議の申立てをすることができるとされています。わが国の場合，権限ある当局とは，財務大臣又は権限を与えられたその代理人とされ，国税庁審議官が該当します。

➡(2)　権限のある当局は，納税者による相互協議の申立てを正当と認めるが，満足すべき解決を与えることができない場合，相互協議により問題の解決に努めるものとされています。具体的には，法人が，その国外関連者に対

する他方の締約国の課税によって経済的二重課税の状態が生じていることを理由として，法人の所得を減算すること（対応的調整）をわが国の課税当局に求めたとします。しかし，わが国の課税当局がその他方の締約国の課税内容の詳細を検討することなく無条件で対応的調整を行うことはありません。したがって，この段階では，法人に対して満足すべき解決は与えられないことになります。このような場合，両締約国の権限ある当局は，法人及びその国外関連者からの申立てによって，相互協議により問題の解決に努めることになっているのです。

なお，相互協議条項は，両締約国に合意することを義務付けるものではなく，合意に努めるという義務を課していることに留意すべきです。両締約国がどうしても譲りあえない場合や，合意案の如何によっては，相互協議の申立者である納税者がそれを受け入れない（したがって，相互協議の申立てを取り下げる）こともあり得ることを考慮し，努力義務に止めているものと思われます。

Ⅲ 租税条約等の実施に伴う所得税法，法人税法及び地方税法の特例等に関する法律

この法律の12条1項では，一部を除き，租税条約等の実施及びこの法律の適用に関し必要な事項は，総務省令，財務省令で定めるとしています。そしてその法律の施行に関する省令12条で，具体的な相互協議の申し立て手続について定めています。

> **12条1項**
> 居住者又は内国法人で，第1条の3第2項第14号に規定する相手国等における居住者でないものは，租税条約のいずれかの締約国又は締約者の租税につき当該租税条約の規定に適合しない課税を受け，又は受けるに至ると認める場合において，その課税を受けたこと又は受けるに至ることを明らかにするため当該租税条約の規定による申立てをしようとするときは，

Ⅵ　その他

次の各号に掲げる事項を記載した申立書を国税庁長官に提出しなければならない。
　一　申立書を提出する者の氏名及び住所若しくは居所又は名称，本店若しくは主たる事務所の所在地及びその事業が管理され，かつ，支配されている場所の所在地
　二　当該租税条約の規定に適合しない課税を受け，又は受けるに至る事実及びその理由
　三　当該租税条約の規定に適合しない課税を受け，又は受けるに至る年，事業年度又は年度
　四　その他参考となるべき事項

ポイント　この省令では，租税条約の規定に適合しない課税を受け，又は受けるに至ると認められる納税者が相互協議の申立てを行うことが確認されています。また，申立ては国税庁長官に対して行うこととされています。

Ⅳ　国税庁事務運営指針「相互協議の手続について」（以下「事務運営指針」といいます）

① 事務運営指針の3においても，相互協議の申立ては，租税条約の規定に基づき，租税条約の規定に適合しない課税を受け，又は受けるに至ると認められる場合に，租税条約等実施特例省令に定める手続によって申立てることができるとされています。そして，相互協議の申立ができる場合として，注書に七つのケースが示されていますが，そのうち移転価格課税に関連するものは次のとおりです。

3　相互協議の申立てができる場合（抜粋）
（注）
　イ　内国法人とその国外関連者との間における取引に関し，我が国又は相手国等において移転価格課税を受け，又は受けるに至ると認められることを理由として，当該内国法人が，我が国の権限ある当局と相手国等の権限ある当局との協議を求める場合

ポイント 国税庁は「移転価格課税を受け，又は受けるに至ると認められる」ことが，相互協議の申立ての要件であるとしています。

　移転価格課税は，法人及びその国外関連者の行う国外関連取引に対する二重課税（経済的二重課税）です。仮に，一方の締約国によって行われた移転価格課税が，独立企業間原則に基づいた「租税条約の規定に適合する課税」であれば，他方の締約国は課税を受けた一方の国の納税者の課税に伴う所得増加分相当額を，課税を受けなかった自国の納税者の所得から減額（対応的調整）して二重課税を排除することになります。

　しかし，現実問題としては，他方の締約国は一方の締約国の課税内容を知る立場にありませんので，一方の締約国による移転価格課税が直ちに独立企業間原則に基づいた「租税条約の規定に適合する課税」であるかどうかについて判断することができません。そこで，他方の締約国は，まずは一方の締約国による移転価格課税が「租税条約の規定に適合しない課税」である可能性があるとみて，自国の納税者からの相互協議の申立てを受理し，一方の国の権限ある当局との間で相互協議のプロセスに入り，一方の国による移転価格課税が「租税条約の規定に適合しない課税」に当たると判断される場合に，それをどの程度是正して経済的二重課税を排除すべきかということについて協議することにしているのではないかと思います。

　これを一方の締約国の側から説明しますと，一方の締約国は，独立企業間原則に基づいた「租税条約の規定に適合する課税」としての移転価格課税を行ったものと確信していますので，課税を受けた納税者から「租税条約の規定に適合する課税」を受けたという理由で相互協議の申立てを受けると，その理由に根拠がないとして申立てを受理しない可能性があります。しかし，上記のように，他方の国から，一方の国による移転価格課税が「租税条約の規定に適合しない課税」である可能性があるとして相互協議の申入れがあった場合，それを受理しないことは相互協議制度の存在意義を否定することにもなりかねないことから，移転価格課税を行った納税者から「租税条約の規定に適合しない課税」が行われたことを理由としてなされる相互協議申立てであってもこれを受

Ⅵ　その他

理することにしているものと推察されます。それが，事務運営指針の上記のような規定に繋がっているものと考えます。

②　事務運営指針の18では，相互協議の合意に先立つ納税者の意向確認について，同31ではどのような場合に相互協議が終了するかということについて規定しています。

18　合意に先立っての申立者の意向の確認
(1)　庁相互協議室は，相手国等の権限ある当局と合意に至ると認められる状況となった場合には，合意に先立ち，合意案の内容を文書で申立者に通知するとともに，申立者が当該合意内容に同意するかどうかを申立者に確認する。
(2)　庁相互協議室は，申立者が当該合意内容に同意することを確認した後に，相手国等の権限ある当局と合意する。

31　相互協議の終了（抜粋）
(1)　庁相互協議室は，次に掲げる場合には，相手国等の権限ある当局に，相互協議の終了を申し入れる。
　イ　相互協議の申入れに係る事項が，租税条約において相互協議の対象とされているものでない場合
　ロ～ヘ　省略
　ト　その他相互協議を継続しても適切な解決に至ることができないと認められる場合

ポイント　わが国が各国と締結した条約の相互協議条項では，両締約国に相互協議の合意義務は課されておらず，合意するよう努めることが確認されているだけであり，それゆえに，納税者が権限ある当局から示された合意案に必ずしも満足しない場合，申立てを取り下げて，国内争訟に進むという途が残されているといいます。この意味では，納税者の意向によって相互協議が最終的に合意しないことがあるといえるため，納税者は相互協議の間接的な参加者であるといってもよいものと考えます。

また，そもそも，相互協議の申入れに係る事項が，租税条約において相互協議の対象とされているものでない場合や，多大な努力を払っても，互いに満足のいく合意を形成することができない場合には，両締約国に合意義務を課すことは無意味であるため，国税庁相互協議室から相手国等の権限ある当局に対して相互協議の終了を申し入れることとしています。

今後の課題

　これまでのご説明でおわかりのように，相互協議については，国税庁の報道，租税条約の相互協議条項，国内法及び国税庁事務運営指針と，多岐にわたる情報に目を通さないと，制度の性格や目的を理解することができません。最近では事前確認の際に相互協議を申し立てるケースが増えている（解説 I 2）ことを考えますと，納税者にとって相互協議がますます身近なものとなっているものと思われますので，より一層わかりやすい説明と案内が望まれるところです。

グレーゾーンの背景と留意点

　相互協議は，租税条約にその根拠を置き，国内法に定める実施要領に基づいて納税者が選択することのできる救済手段の一つです。ただし，納税者は，協議の合意案に同意するか否かを問われるのみで，相互協議に直接参加することはできません。

　また，相互協議を担当する部署である国税庁相互協議室は，相互協議において合意に至った場合には，申立者である納税者に対してその合意の内容を通知することとされています（事務運営指針35(2)）が，相互協議の協議内容は非公開とされ，合意形成に当たってどのような議論が交わされたのかについて納税者は知ることはできません。ただ，合意の結果のみを知らされるだけです。

　現時点で，事務運営要領には，申立者に対する合意結果の説明の方法や説明

Ⅵ その他

すべき事項について定めたものがありませんが，納税者の便宜に資するよう国税庁にはそのような規定の速やかな充実を望みたいと思います。また，併せて，相互協議制度の正しい理解を促進するために，国税庁のホームページにおいて具体的事例を通じた解説を掲載するなどの活動が期待されます。

資 料

移転価格用語集
租税特別措置法（抄）
租税特別措置法施行令（抄）
租税特別措置法施行規則（抄）
租税特別措置法関係通達（法人税編）
　　第66条の4《国外関連者との取引に係る課税の特例》関係（抄）
移転価格事務運営要領

移転価格用語集

アルファベット

ALP
(Arm's length price)
「独立企業間価格」参照

Arm's length principle
「独立企業原則」参照

Cost plus method
(CP法)
「原価基準法」参照

Comparable profit split method
(CPM)
「比較利益分割法」参照

Comparable uncontrolled price method
(CUP法)
「独立価格比準法」参照

Documentation
「文書化」参照

IRS
(Internal Revenue Service)
「米国内国歳入庁」参照

Location saving
「ロケーション・セービング」参照

Mutual agreement procedure
(MAP)
「相互協議手続」参照

OECD移転価格ガイドライン
(Transfer pricing guidelines for multinational enterprises and tax administrations)
OECD(経済協力開発機構)租税委員会が、多国籍企業に関する移転価格及びそれに関連する税務上の問題について、各国の税務当局と多国籍企業双方にとっての解決の方策を示したもの。本ガイドライン自体は法的拘束力を持たないが、OECD加盟国の総意の上で取りまとめられており、国際的規範として機能している。
日本においても、移転価格税制及びその執行において尊重されており、税制の内容は本ガイドラインとほぼ整合している。

Profit split method
(PS法)
「利益分割法」参照

Resale price method
(RP法)
「再販売価格基準法」参照

Residual profit split method
(RPSM)
「残余利益分割法」参照

Routine profit
「基本的利益」参照

Secret comparable
「シークレットコンパラ」参照

Shareholder activity
「株主活動」参照

Tax treaty
「租税条約」参照

Tested party
「検証対象企業」参照

TNMM
(Transactional net margin method)
「取引単位営業利益法」参照

TP

Transfer Pricing（移転価格）の略

Transfer Pricing Taxation

「移転価格税制」参照

Unilateral APA

「ユニラテラルAPA」参照

あ

移転価格事務運営要領

1986年に制定された移転価格税制の適正，円滑な執行を図ることを目的として国税庁が2001年6月1日に，制定・公表した事務運営指針。それまでの，1999年10月25日に制定・公表した「独立企業間価格の算定方法等の確認について（事務運営指針）」（＝事前確認についての事務運営指針）に代わるもので，次のような構成になっている。なお，本著の発行日現在における最新版は，2010年6月22日付改正ヴァージョンである。

第1章 定義及び基本方針

第2章 調査

第3章 独立企業間価格の算定等における留意点

第4章 国外移転所得金額等の取扱い

第5章 事前確認手続

www.nta.go.jp/shiraberu/zeiho-kaishaku/jimu-unei/hojin/010601/00.htm

移転価格税制

（Transfer pricing taxation）

各国における移転価格に関する税制をいう。日本では租税特別措置法66条の4，66条の4の2，68条の88及び68条の88の2に規定され，米国では内国歳入法典第482条に規定されている。

インタークォータイル・レンジ

（Inter-quartile range）

「四分位レンジ」参照

売上原価売上総利益率

原価基準法により独立企業間価格を算定する場合に用いる指標。

売上原価売上総利益率

　　　　　＝売上総利益÷売上原価

→*売上高売上総利益率*

→*原価基準法*

売上高売上総利益率

再販売価格基準法により独立企業間価格を算定する場合に用いる指標。

売上高売上総利益率

　　　　　＝売上総利益÷売上高

→*売上原価売上総利益率*

→*再販売価格基準法*

売上高営業利益率

取引単位営業利益法を用いる場合の指標の一つ。主に関連者から商品，原材料等を購入し，非関連者に販売する者が検証対象企業の場合に用いられる。

売上高営業利益率＝営業利益÷売上高

→*総費用営業利益率*

→*検証対象企業*

→*取引単位営業利益法*

役務提供取引

企業グループで，親会社が国外関連者の人事や経理事務などの役務をまとめて行う場

合は，グループ内役務提供として区別される。

人的役務やその他の役務を提供する，通常の（無形資産の提供を伴わない）役務提供取引で，役務提供を業としていない等，一定の条件にあてはまる場合は，役務提供に係る総原価の額を独立企業間価格とすることができる（移転価格事務運営要領2-10）。

→棚卸資産取引
→無形資産取引
→グループ内役務提供

か

外部比較対象取引
（外部取引）

たとえば，法人が国外関連者に販売する棚卸資産と同種の棚卸資産を，第三者間でも売買している場合，両取引の取引条件等が同じ場合は，その第三者間の売買取引は比較対象取引となるが，この場合の第三者間の売買取引をいう。

通常この外部比較対象取引は，国外関連取引の当事者には把握できない取引であることから，課税当局の質問検査権に基づき把握されることが殆どである。課税当局が把握した外部比較対象取引はシークレットコンパラといわれる。

→内部比較対象取引（内部取引）
→シークレットコンパラ

合算利益
（損失）

利益分割法（PS法）における，国外関連取引に係る棚卸資産の販売等により法人及び国外関連者に生じた営業利益又は営業損失の合計額（措置法通達66の4(5)-1）。分割対象利益等ともいう。

株主活動
（Shareholder activity）

多国籍企業グループのメンバー（通常は，親会社又は地域持分会社の一社）が，他のグループ会社に対して，株式・持分があることに基づき行う活動（OECD移転価格ガイドライン用語集に掲載）。

関連者
（Associated enterprises）

事業を行う二つの企業は，一方の者が他方の企業とOECDモデル条約9条1項a及びbの条件を満たしている場合には，関連者となる。

→国外関連者

関連者間取引
（Controlled transactions）

関連者間で行われる取引。

機能分析
（Functional analysis）

関連者間取引において，関連者が果たした活動（使用した資産及び引き受けたリスクを考慮して）と比較可能非支配取引において独立企業が果たした活動についての分析。

基本三法
（Traditional transaction methods）

伝統的な取引基準法と同じ。独立価格比準法（CUP法），再販売価格基準法（RP法）及び原価基準法（CP法）の総称。

→*伝統的な取引基準法*
→*独立価格比準法*
→*再販売価格基準法*
→*原価基準法*

基本的利益
(Routine profit)
残余利益分割法により独立企業間価格を算定する場合に使用される用語で，独自の機能（重要な無形資産）を使用しない販売活動や製造活動で得られる（営業）利益を指す。
→*超過利益*
→*独自の機能*
→*残余利益分割法*

寄与度利益分割法
(Contribution profit split method)
合算利益を，その利益の獲得に寄与した取引当事者それぞれが持つ要因によって分割することにより，独立企業間価格を算定する方法。
→*合算利益*
→*利益分割法*

グループ内役務提供
(IGS: Intra-group services)
たとえば法人がその海外子会社のために行う経営・財務・業務・事務管理上の役務の提供で，その提供がなければ海外子会社が非関連者から有償で受けるようなサービスをいい，具体的には，OECD移転価格ガイドラインの第7章，また，移転価格事務運営要領の2-9（企業グループ内における役務の提供の取扱い）で規定されている。

原価基準法
(Cost plus method)
関連者間取引において，資産（又は役務）の提供者が負担した費用を基準にした独立企業間価格の算定方法。果たした機能（使用した資産及び負担したリスク）及び市場の状況に照らした適正利益を原価に加算したものは，独立企業間価格とされる。

検証対象企業
(法人，Tested party)
取引単位営業利益法を適用して独立企業間価格を算定する場合に，国外関連取引の当事者のうち，比較対象企業の選定の基となる企業をいう。

公開データ
(Public database)
納税者も課税当局も共に利用が可能な財務情報。
Bureau Van Dijk社が提供するORBIS, Amadeus, Osiris, ORIANAやMergentオンライン，スタンダードアンドプアーズ社が提供するコンピュスタット，帝国データバンクが提供する企業情報，EDINET等で提供される有価証券報告書などがある。
→*財務データベース*

国外関連者
(Foreign associated enterprises)
措置法66条の4第1項及び68条の88第1項に規定する国外関連者をいう（移転価格事務運営要領1-1）。
→*関連者*

国外関連取引
(Controlled transactions)
措置法66条の4第1項及び68条の88第1項に規定する国外関連取引をいう（移転価格事務運営要領1-1）。

国際的二重課税
(International double taxation)
同一の納税者又は同一の所得に対して二つ以上の国で課税がなされている状態をいう。前者を国際的法律的二重課税といい，後者を国際的経済的二重課税という。
日本の法人に対して日本の当局が移転価格課税を行うと，相互協議に基づき対応定期調整が行われるまでは，国外関連者の所在地国と日本とが同一所得に課税していることになり，国際的経済的二重課税の状態が続く。

貢献度利益分割法
「寄与度利益分割法」参照

さ

財務データベース
(Financial database)
独立企業間価格の算定において，比較対象企業の営業利益率等を求める場合に使用するデータベースをいう。
主なものに，Bureau Van Dijk社が提供する，ORBIS, OSIRIS, AMADEUS, ORIANA等，米国スタンダードアンドプアーズ社が提供するCOMPUSTATや，日本の帝国データバンク，東京商工リサーチ，各国の課税当局や民間情報機関のものなどがある。

再販売価格基準法
(Resale price method)
関連者から購入した製品の非関連者に対する再販売価格を基にする独立企業間価格の算定方法。再販売価格から適正粗利益が控除された残額に，関税等当該製品の購入に関連する他の原価を調整した金額が，当該関連者から購入した製品の独立企業間価格とされる。

残余利益分割法
(Residual profit split method = RPSM)
第一段階として，非関連取引において当該取引に関して重要な無形資産を有しない者が通常得ると認められる利益に相当する金額を計算し，合算利益から当該金額を控除して，残余利益を算出する。
次に，残余利益獲得への各取引当事者の貢献度に応じて残余利益を合理的に各取引当事者に配分し，各取引当事者が取引を通じてその利益配分額と同額の利益を得ることができるような取引価格を独立企業間価格とする方法（措置法施行令39条の12第8項1号ハ，措置法通達66の4(5)-4，移転価格事務運営要領3-6「利益分割法における共通費用の取扱い」，3-7「残余利益分割法の取扱い」参照）。
→*基本的利益*

シークレットコンパラ
(Secret comparable)
税務当局が，独立企業間価格の算定のため移転価格調査対象法人の同業他社に対して措置法66条の4第8項に基づく質問検査権

を行使して，第三者間で行われた比較対象取引に係る価格情報を入手する場合のその価格情報をいう。この価格情報は，税務当局に課せられた守秘義務のため，調査対象法人へは開示されない。この意味で，この価格情報をシークレットコンパラブル，略してシークレットコンパラという。
→*外部比較対象取引（外部取引）*

事前確認

税務署長又は国税局長が，法人が採用する最も合理的と認められる独立企業間価格の算定方法及びその具体的内容等（以下「独立企業間価格の算定方法等」という）について確認を行うことをいう（移転価格事務運営要領1-1）。
→*事前確認取極*

事前確認審査

局担当課が行う事前確認の申出に係る審査をいう（移転価格事務運営要領1-1）。

四分位レンジ

（インタークォータイル・レンジ＝Inter-quartile rang）
全体のデータを四つに分け，百分位数の25番目から75番目までのレンジをいう。

スクリーニング

（Screening）
財務データベースを使用して，取引単位営業利益法における比較対象取引（企業）の選定（絞り込み），残余利益分割法での基本的利益の算定における比較対象取引（企業）の選定（絞り込み）をいう。
選定条件の主なものは次のとおり。

- 地域
- 業種
- 業態
- 売上規模
- 研究開発費の有無
- 独立性（一の株主により保有されている株式割合等）
- 財務データの有無
- その他

選定条件とするか否かは，その条件が独立企業間取引において価格に影響するかどうかを判断基準とする必要がある。
→*財務データベース*
→*取引単位営業利益法*
→*残余利益分割法*

相互協議手続

（Mutual agreement procedure）
国際的二重課税が発生した場合に，その二重課税を排除することを目的として，権限ある当局間で行う協議をいう。原則として国際的二重課税が発生した国の納税者の申し立てに基づき行われる（OECD移転価格ガイドライン用語集に掲載）。

総費用営業利益率

取引単位営業利益法を適用する場合に用いる指標の一つ。主に非関連者から商品，原材料等を購入し，関連者に販売する者が検証対象企業の場合に用いられる。
総費用営業利益率＝営業利益÷総費用
（売上原価＋営業費用）
（総費用＝売上高－営業利益）
→*売上高営業利益率*

→*検証対象企業*

総利益
(Gross profits, Gross margin)
棚卸資産又は在庫の増減に対し適切な調整を行い，その他の経費を考慮することなしに，総受取額から配賦可能な購入額又は清算原価の額を控除して算出される取引から生ずる利益。

租税条約
(Tax treaty)
二か国間で締結される租税に関する条約で，わが国が締結している租税条約では，主として二重課税の回避及び脱税の防止が目的とされる。

その他の方法
(Other methods)
基本三法及び基本三法と同等の方法以外の独立企業間価格の算定方法をいう。基本三法及び基本三法に準ずる方法と優劣なく適用される。利益分割法，取引単位営業利益法がその代表例。

た

多国籍企業
(MNE: Multinational enterprise)
多国籍企業グループの一部を構成する企業。

多国籍企業グループ
(MNE group: Multinational enterprise group)
事業上の施設を二以上の国に有する関連者のグループ。

棚卸資産取引
企業会計原則上，棚卸資産は次のように規定される。
- 通常の営業過程において販売する財貨又は用益
- 販売を目的として現に製造中の財貨又は用益
- 販売目的の財貨又は用益を生産するために短期間に消費されるべき財貨
- 販売活動及び一般管理活動において短期間に消費されるべき財貨

具体的には次に掲げるようなものをいう。
- 商品（販売の目的をもって所有する土地，建物その他の不動産を含む）
- 製品，副産物及び作業くず
- 半製品（自製部分品を含む）
- 原料及び材料（購入部分品を含む）
- 仕掛品及び半成工事
- 消耗品，消耗工具，器具及び備品その他の貯蔵品であって，相当な価額以上のもの

移転価格税制上は，措置法66条の4第2項第1号に棚卸資産取引における独立企業間価格の算定方法が規定されている。

→*役務提供取引*
→*無形資産取引*

超過利益
(Excess profit, non-routine profit)
残余利益分割法における分割対象利益をいい，合算利益から取引当事者それぞれの基本的利益を差し引いたものをいう。

→*合算利益*

→*残余利益分割法*

通常の利益率

(Normal profit ratio)

簡単にいえば比較対象取引に係る売上総利益率のことを指す。措置法施行令39条の12第6項及び7項では，「比較対象取引に係る棚卸資産の販売による収入金額の合計額から当該比較対象取引に係る棚卸資産の原価の額の合計額を控除した金額」を売上総利益としており，この売上総利益の売上高に対する割合を通常の利益率という。

伝統的な取引基準法

(Traditional transaction methods)

独立価格比準法，再販売価格基準法及び原価基準法

日本では基本三法とも呼ばれる。

→*基本三法*

同時文書化

(Contemporaneous documentation)

納税申告書の作成提出と同時に文書化で作成した文書を作成（及び提出）することをいう。

→*文書化*

同種又は類似の棚卸資産

(Same or similar inventory assets)

措置法通達66の4(3)-2「同種又は類似の棚卸資産の意義」では，国外関連取引に係る棚卸資産と性状，構造，機能等の面において同種又は類似である棚卸資産をいうと規定している。また，これらの一部について差異があっても，通常の利益率に影響を与えないと認められるときは，同種又は類似の棚卸資産として取り扱うことができるとしている。

同等の方法

(Methods which is equivalent to ... methods)

棚卸資産の売買以外の取引に係る独立企業間価格の算定において，棚卸資産の売買にかかる独立企業間価格算定方法を準用して独立企業間価格を算定する方法。

ドキュメンテーション

(Documentation)

「文書化」参照

独自の機能

残余利益分割法における残余利益等を構成する超過収益の源泉をいう。従来の「重要な無形資産」とほぼ同義であるが，平成22年度の税制改正で，措置法施行令39条の12第8項1号ハ(1)に登場した。

措置法通達66の4(5)-4では，「残余利益分割法の適用に当たり，基本的利益とは，66の4(3)-1の(5)に掲げる取引に基づき算定される独自の機能を果たさない非関連者間取引において得られる所得をいうのであるから，分割対象利益等と法人及び国外関連者に係る基本的利益の合計額との差額である残余利益等は，原則として，国外関連取引に係る棚卸資産の販売等において，当該法人及び国外関連者が独自の機能を果たすことによりこれらの者に生じた所得となることに留意する」としている。

→*重要な無形資産*

→*残余利益分割法*

→*基本的利益*

特殊の関係
（Special relationship）
一方の法人が他方の法人の株式の50％以上を直接又は間接に保有する関係その他政令で定める特殊の関係をいう。（措置法66条の4第1項，措置法令39条の12第1項〜4項）

独立価格比準法
（CUP法＝Comparable uncontrolled price method）
関連者間取引の資産又は役務の移転における価格と，比較可能な状況の下での比較可能な非支配取引における資産又は役務につき請求される価格を比較する移転価格算定方法である。

独立企業
（Independent enterprises）
二つの企業が相互に関連者でない場合には，二つの企業は，相互に独立企業とされる。

独立企業間価格
（Arm's length price）
独立企業間取引で付される価格。
独立企業間取引，独立企業原則の項を参照。

独立企業間価格の算定方法
措置法66条の4第2項に規定する独立企業間価格の算定方法をいう（移転価格事務運営要領1-1）。

独立企業間価格幅
（Arm's length price range）
関連者取引の条件が独立企業間のものかどうかを確認するために受け入れ可能な数値の幅をいい，それらの数値は，複数の比較対象データに同一の移転価格の算定方法を適用して得られるか，又は異なる移転価格の算定方法を適用して得られる。

独立企業間取引
（Uncontrolled transactions）
相互に独立企業である企業間取引。
関連者間取引，関連取引に対応する用語として，非関連者間取引，非関連取引という言い方が「独立企業間取引」の同義として使われることも多い。

独立企業原則
（Arm's length principle）
OECD加盟国が合意した，税務上移転価格を決定するために使用すべき国際的な基準。OECDモデル条約9条には以下のとおり規定されている。「商業上又は資金上の関係において，双方の企業の間に，独立企業の間に設けられる条件と異なる条件が設けられ又は課されているときは，その条件がないとしたならば，一方の企業の利得となったとみられる利得であって，その条件のために当該一方の企業の利得とならなかったものに対しては，これを当該一方の企業の利得に算入して租税を課すことができる。」

取引単位営業利益法
（Transactional net margin method）
適当な基準（たとえば，原価，売上，資産）に関して，関連者間取引から納税者が実現する営業利益率を検証するもの。

な

内部比較対象取引
（内部取引）
たとえば，法人が国外関連者に販売する棚卸資産と同種の棚卸資産を第三者にも販売し，両取引の取引条件等が同じ場合は，その第三者への販売取引は比較対象取引となるが，この場合の第三者への販売取引をいう。

→*外部比較対象取引（外部取引）*

は

バイラテラルAPA
相互協議を伴う事前確認をいう。法人及び国外関連者はそれぞれ自国の課税当局に対して事前確認を申し出るとともに，権限ある当局に対して相互協議を申し立てる。この手続きをとることにより，相互協議の合意に基づき両国から同時に事前確認を受けることが可能となる。

比較対象性・比較可能性
（Comparability）
措置法通達66の4(3)-3で，比較対象取引の選定に当たって検討すべき諸要素として，次の5項目を挙げている。
- 棚卸資産の種類，役務の内容等
- 売手又は買手の果たす機能
- 契約条件
- 市場の状況
- 売手又は買手の事業戦略

比較対象取引
（Comparable transaction）
独立企業間価格の算定の基礎となる比準取引（措置法通達66の4(3)-1）。

比較利益分割法
（Comparable profit split method）
国外関連取引に係る分割対象利益の配分額を，国外関連取引と類似の状況の下で行われた非関連者間取引に係る非関連者間の分割対象利益に相当する利益の配分割合を用いて合理的に算定することにより独立企業間価格を算定する方法（措置法施行令39条の12第8項1号イ）。

非関連者
措置法66条の4第1項に規定する法人と特殊の関係にない者をいう（移転価格事務運営要領1-1）。

文書化
（Documentation）
法人及び国外関連者が，国外関連取引を独立企業間価格で行っていることを示す文書及び資料をいう。

→*同時文書化*

分割対象利益
「合算利益（損失）」参照

分割ファクター
残余利益分割法の適用において，国外関連取引の各当事者に対して残余利益を分割する際に使用する要因をいう。たとえば，医薬品製造販売取引における試験研究費の額，広告宣伝費の額等がこれに該当する。

米国内国歳入庁

(Internal Revenue Service)

米国の連邦政府機関の一つで，連邦税に関する執行，徴収を行う。本部はワシントンD.C.。日本の国税庁に相当する。

www.irs.gov

ベストメソッド方式

(Best method rule)

国外関連取引の内容及び取引当事者が果たす機能その他の事情を勘案して，国外関連取引が独立の事業者の間で通常の取引の条件に従って行われるとした場合に国外関連取引について支払われるべき対価の額（独立企業間価格）を最も適切な方法により算定するやり方。

2010年に改正されたOECD移転価格ガイドラインに盛り込まれ，2010年度税制改正で，日本でも採用された。

ベリー比

(ベリー・レシオ = Berry-ratio)

ベリー比
 ＝売上総利益／販売費及び一般管理費
 ＝1＋営業利益／販売費及び一般管理費

営業費用売上総利益率ともいわれ，所得移転の蓋然性の判断基準の一つとして使われる。

投資を誘発するために必要な収益は，長期的には均衡するという経済理論に立脚しており，販売活動に対する対価の割合を表す指標として使用される。

ま

無形資産

(Intangible assets)

文字どおり，形のない資産。特許権・実用新案権・商標権など法律に定められた権利のほか，ノウハウ・生産方式などを含む。移転価格事務運営要領2-11では，調査において，利益分割法を適用するにあたり検討すべき無形資産の例示として，上記に加えて企業の経営，営業，生産，研究開発，販売促進等の活動によって形成された従業員等の能力，知識等の人的資源並びにプロセス，ネットワーク等の組織に関する無形資産を掲げている。

→*無形資産取引*

無形資産取引

無形資産を対象とする取引。特許やノウハウの供与取引，商権使用取引などがある。

→*無形資産*
→*棚卸資産取引*
→*役務提供取引*

や

ユニラテラルAPA

(Unilateral APA)

相互協議を伴わない事前確認をいう。法人又は国外関連者の一方又は双方が自国の課税当局に対して事前確認を申し出るが，相互協議は申立てない。その結果，自国の課税当局から確認を受けた法人又は国外関連者の行う国外関連取引に対して，相手国の課税当局が移転価格課税を行うリスクは残る。

ら

利益比準法
(CPM, Comparable profit method)
比較可能な状況下であって，類似の事業活動を行う非関連納税者から得られる収益性の客観的測定基準（利益水準指標）を参考にして，資産の関連者間移転に係る適正対価の額を決定するもの。
日本や米国以外の諸外国の移転価格税制では認められていない移転価格算定手法。

利益分割法
(Profit split method)
取引に基づく利益分割法は，関連者間取引から発生する関連者に分割すべき合算利益を識別して，その後に，独立企業間であれば合意において予測又は反映されたであろう利益の分割に近似させる経済的に根拠のある基準に基づき，これらの利益を分割するもの。

レンジ
(幅)(Range)
比較利益対象幅。米国の移転価格税制やOECD移転価格ガイドラインでは独立企業間価格に幅があることについて肯定的に考えている。
従来，日本の移転価格税制には事前確認を除き，幅の概念はなく，いわゆるピンポイント課税が行われていたが，2010年の税制改正でこの概念が導入された。

ロケーション・セービング
(Location saving)
地理的市場に帰せられるコストに係る差異。賃金水準，設備費等を代表とするロケーションの違いに基づく物価水準の差から生ずる利益をいう。

租税特別措置法（抄）

(昭和32年3月31日法律第26号)
(最終改正：平成23年12月2日法律第114号)

第66条の4　法人が、昭和61年4月1日以後に開始する各事業年度において、当該法人に係る国外関連者（外国法人で、当該法人との間にいずれか一方の法人が他方の法人の発行済株式又は出資（当該他方の法人が有する自己の株式又は出資を除く。）の総数又は総額の100分の50以上の数又は金額の株式又は出資を直接又は間接に保有する関係その他の政令で定める特殊の関係（次項及び第5項において「特殊の関係」という。）のあるものをいう。以下この条において同じ。）との間で資産の販売、資産の購入、役務の提供その他の取引を行つた場合に、当該取引（当該国外関連者が法人税法第141条第1号から第3号までに掲げる外国法人のいずれに該当するかに応じ、当該国外関連者のこれらの号に掲げる国内源泉所得に係る取引のうち政令で定めるものを除く。以下この条において「国外関連取引」という。）につき、当該法人が当該国外関連者から支払を受ける対価の額が独立企業間価格に満たないとき、又は当該法人が当該国外関連者に支払う対価の額が独立企業間価格を超えるときは、当該法人の当該事業年度の所得に係る同法その他法人税に関する法令の規定の適用については、当該国外関連取引は、独立企業間価格で行われたものとみなす。

2　前項に規定する独立企業間価格とは、国外関連取引が次の各号に掲げる取引のいずれに該当するかに応じ当該各号に定める方法のうち、当該国外関連取引の内容及び当該国外関連取引の当事者が果たす機能その他の事情を勘案して、当該国外関連取引が独立の事業者の間で通常の取引の条件に従つて行われるとした場合に当該国外関連取引につき支払われるべき対価の額を算定するための最も適切な方法により算定した金額をいう。

　一　棚卸資産の販売又は購入次に掲げる方法
　　イ　独立価格比準法（特殊の関係にない売手と買手が、国外関連取引に係る棚卸資産と同種の棚卸資産を当該国外関連取引と取引段階、取引数量その他が同様の状況の下で売買した取引の対価の額（当該同種の棚卸資産を当該国外関連取引と取引段階、取引数量その他に差異のある状況の下で売買した取引がある場合において、その差異により生じる対価の額の差を調整できるときは、その調整を行つた後の対価の額を含む。）に相当する金額をもつて当該国外関連取引の対価の額とする方法をいう。
　　ロ　再販売価格基準法（国外関連取引に係る棚卸資産の買手が特殊の関係にない者に対して当該棚卸資産を販売した対価の額（以下この項において「再販売価格」という。）から通常の利潤の額（当該再販売価格に政令で定める通常の利益率を乗じて計算した金額をいう。）を控除して計算した金額をもつて当該国外関連取引の対価の額とする方法をいう。）
　　ハ　原価基準法（国外関連取引に係る棚卸資産の売手の購入、製造その他の行為による

資料／租税特別措置法（抄）

取得の原価の額に通常の利潤の額（当該原価の額に政令で定める通常の利益率を乗じて計算した金額をいう。）を加算して計算した金額をもつて当該国外関連取引の対価の額とする方法をいう。）

　　ニ　イからハまでに掲げる方法に準ずる方法その他政令で定める方法

　二　前号に掲げる取引以外の取引同号イからニまでに掲げる方法と同等の方法

3　法人が各事業年度において支出した寄附金の額（法人税法第37条第7項に規定する寄附金の額をいう。以下この項及び次項において同じ。）のうち当該法人に係る国外関連者に対するもの（同法第141条第1号から第3号までに掲げる外国法人に該当する国外関連者に対する寄附金の額で当該国外関連者の各事業年度の所得の金額の計算上益金の額に算入されるものを除く。）は、当該法人の各事業年度の所得の金額の計算上、損金の額に算入しない。この場合において、当該法人に対する同法第37条の規定の適用については、同条第1項中「次項」とあるのは、「次項又は租税特別措置法第66条の4第3項（国外関連者との取引に係る課税の特例）」とする。

4　第1項の規定の適用がある場合における国外関連取引の対価の額と当該国外関連取引に係る同項に規定する独立企業間価格との差額（寄附金の額に該当するものを除く。）は、法人の各事業年度の所得の金額の計算上、損金の額に算入しない。

5　法人が当該法人に係る国外関連者との取引を他の者（当該法人に係る他の国外関連者及び当該国外関連者と特殊の関係のある内国法人を除く。以下この項において「非関連者」という。）を通じて行う場合として政令で定める場合における当該法人と当該非関連者との取引は、当該法人の国外関連取引とみなして、第1項の規定を適用する。

6　国税庁の当該職員又は法人の納税地の所轄税務署若しくは所轄国税局の当該職員が、法人にその各事業年度における国外関連取引に係る第1項に規定する独立企業間価格を算定するために必要と認められる書類として財務省令で定めるもの（その作成又は保存に代えて電磁的記録（電子的方式、磁気的方式その他の人の知覚によつては認識することができない方式で作られる記録であつて、電子計算機による情報処理の用に供されるものをいう。次項において同じ。）の作成又は保存がされている場合における当該電磁的記録を含む。）又はその写しの提示又は提出を求めた場合において、当該法人がこれらを遅滞なく提示し、又は提出しなかつたときは、税務署長は、次の各号に掲げる方法（第2号に掲げる方法は、第1号に掲げる方法を用いることができない場合に限り、用いることができる。）により算定した金額を当該独立企業間価格と推定して、当該法人の当該事業年度の所得の金額又は欠損金額につき法人税法第2条第39号に規定する更正（第15項において「更正」という。）又は同条第40号に規定する決定（第15項において「決定」という。）をすることができる。

　一　当該法人の当該国外関連取引に係る事業と同種の事業を営む法人で事業規模その他の事業の内容が類似するものの当該事業に係る売上総利益率又はこれに準ずる割合として

政令で定める割合を基礎とした第2項第1号ロ若しくはハに掲げる方法又は同項第2号に定める方法（同項第1号ロ又はハに掲げる方法と同等の方法に限る。）

二　第2項第1号ニに規定する政令で定める方法又は同項第2号に定める方法（当該政令で定める方法と同等の方法に限る。）に類するものとして政令で定める方法

7　国税庁の当該職員又は法人の納税地の所轄税務署若しくは所轄国税局の当該職員は、法人と当該法人に係る国外関連者との間の取引に関する調査について必要があるときは、当該法人に対し、当該国外関連者が保存する帳簿書類（その作成又は保存に代えて電磁的記録の作成又は保存がされている場合における当該電磁的記録を含む。以下この項、次項及び第11項第2号において同じ。）又はその写しの提示又は提出を求めることができる。この場合において、当該法人は、当該提示又は提出を求められたときは、当該帳簿書類又はその写しの入手に努めなければならない。

8　国税庁の当該職員又は法人の納税地の所轄税務署若しくは所轄国税局の当該職員は、法人が第6項に規定する財務省令で定めるもの又はその写しを遅滞なく提示し、又は提出しなかつた場合において、当該法人の各事業年度における国外関連取引に係る第1項に規定する独立企業間価格を算定するために必要があるときは、その必要と認められる範囲内において、当該法人の当該国外関連取引に係る事業と同種の事業を営む者に質問し、又は当該事業に関する帳簿書類を検査することができる。

9　前項の規定による質問又は検査の権限は、犯罪捜査のために認められたものと解してはならない。

10　国税庁、国税局又は税務署の当該職員は、第8項の規定による質問又は検査をする場合には、その身分を示す証明書を携帯し、関係人の請求があつたときは、これを提示しなければならない。

11　次の各号のいずれかに該当する者は、30万円以下の罰金に処する。

一　第8項の規定による当該職員の質問に対して答弁せず、若しくは偽りの答弁をし、又は同項の規定による検査を拒み、妨げ、若しくは忌避した者

二　前号の検査に関し偽りの記載又は記録をした帳簿書類を提示した者

12　法人の代表者（人格のない社団等の管理人を含む。）又は法人若しくは人の代理人、使用人その他の従業者が、その法人又は人の業務に関して前項の違反行為をしたときは、その行為者を罰するほか、その法人又は人に対して同項の刑を科する。

13　人格のない社団等について前項の規定の適用がある場合には、その代表者又は管理人がその訴訟行為につきその人格のない社団等を代表するほか、法人を被告人又は被疑者とする場合の刑事訴訟に関する法律の規定を準用する。

14　法人は、各事業年度において当該法人に係る国外関連者との間で取引を行つた場合には、当該国外関連者の名称及び本店又は主たる事務所の所在地その他財務省令で定める事項を記載した書類を当該事業年度の確定申告書（法人税法第2条第31号に規定する確定申告書

資料／租税特別措置法（抄）

をいう。）に添付しなければならない。
15 更正若しくは決定（以下この項において「更正決定」という。）又は国税通則法第32条第5項に規定する賦課決定（以下この項において「賦課決定」という。）で次の各号に掲げるものは、同法第70条第1項から第4項まで（同条第2項第2号及び第3号に掲げる更正（同項に規定する純損失等の金額に係るものに限る。）に係る部分を除く。）の規定にかかわらず、当該各号に定める期限又は日から6年を経過する日まで、することができる。この場合において、同条第5項及び同法第71条第1項の規定の適用については、同法第70条第5項中「前各項」とあるのは「前各項及び租税特別措置法第66条の4第15項（国外関連者との取引に係る課税の特例）」と、同法第71条第1項中「が前条」とあるのは「が前条及び租税特別措置法第66条の4第15項（国外関連者との取引に係る課税の特例）」と、「、前条」とあるのは「、前条及び同項」とする。
一 法人が当該法人に係る国外関連者との取引を第1項に規定する独立企業間価格と異なる対価の額で行つた事実に基づいてする法人税に係る更正決定又は当該更正決定に伴い国税通則法第19条第1項に規定する課税標準等若しくは税額等に異動を生ずべき法人税に係る更正決定これらの更正決定に係る法人税の同法第2条第7号に規定する法定申告期限（同法第61条第1項に規定する還付請求申告書に係る更正については、当該還付請求申告書を提出した日）
二 前号に規定する事実に基づいてする法人税に係る更正決定若しくは国税通則法第2条第6号に規定する納税申告書（同法第17条第2項に規定する期限内申告書を除く。以下この号において「納税申告書」という。）の提出又は当該更正決定若しくは当該納税申告書の提出に伴い前号に規定する異動を生ずべき法人税に係る更正決定若しくは納税申告書の提出に伴いこれらの法人税に係る同法第69条に規定する加算税についてする賦課決定その納税義務の成立の日
16 法人が当該法人に係る国外関連者との取引を第1項に規定する独立企業間価格と異なる対価の額で行つたことに伴い納付すべき税額が過少となり、又は国税通則法第2条第6号に規定する還付金の額が過大となつた法人税に係る同法第72条第1項に規定する国税の徴収権の時効は、同法第73条第3項の規定の適用がある場合を除き、当該法人税の同法第72条第1項に規定する法定納期限から1年間は、進行しない。
17 前項の場合においては、国税通則法第73条第3項ただし書の規定を準用する。この場合において、同項ただし書中「2年」とあるのは、「1年」と読み替えるものとする。
18 第1項の規定の適用がある場合において、法人と当該法人に係る国外関連者（法人税法第139条に規定する条約（以下この項及び次条第1項において「租税条約」という。）の規定により租税条約の我が国以外の締約国又は締約者（以下この項及び次条第1項において「条約相手国等」という。）の居住者又は法人とされるものに限る。）との間の国外関連取引に係る第1項に規定する独立企業間価格につき財務大臣が当該条約相手国等の権限ある

当局との間で当該租税条約に基づく合意をしたことその他の政令で定める要件を満たすときは、国税局長又は税務署長は、政令で定めるところにより、当該法人が同項の規定の適用により納付すべき法人税に係る延滞税のうちその計算の基礎となる期間で財務大臣が当該条約相手国等の権限ある当局との間で合意をした期間に対応する部分に相当する金額を免除することができる。
19　外国法人が国外関連者に該当するかどうかの判定に関する事項その他第1項から第6項までの規定の適用に関し必要な事項は、政令で定める。

第66条の4の2　内国法人が租税条約の規定に基づき国税庁長官に対し当該租税条約に規定する申立てをした場合（外国法人が租税条約の規定に基づき当該外国法人に係る条約相手国等の権限ある当局に対し当該租税条約に規定する申立てをした場合を含む。）には、税務署長等（国税通則法第46条第1項に規定する税務署長等をいう。以下この条において同じ。）は、これらの申立てに係る前条第15項第1号に掲げる更正決定により納付すべき法人税の額（これらの申立てに係る条約相手国等との間の租税条約に規定する協議の対象となるものに限る。）及び当該法人税の額に係る同法第69条に規定する加算税の額として政令で定めるところにより計算した金額を限度として、これらの申立てをした者の申請に基づき、その納期限（同法第37条第1項に規定する納期限をいい、当該申請が当該納期限後であるときは当該申請の日とする。）から当該条約相手国等の権限ある当局との間の合意に基づく同法第26条の規定による更正があつた日（当該合意がない場合その他の政令で定める場合にあつては、政令で定める日）の翌日から1月を経過する日までの期間（第7項において「納税の猶予期間」という。）に限り、その納税を猶予することができる。ただし、当該申請を行う者につき当該申請の時において当該法人税の額以外の国税の滞納がある場合は、この限りでない。
2　税務署長等は、前項の規定による納税の猶予（以下この条において「納税の猶予」という。）をする場合には、その猶予に係る金額に相当する担保を徴さなければならない。ただし、その猶予に係る税額が50万円以下である場合又は担保を徴することができない特別の事情がある場合は、この限りでない。
3　国税通則法第46条第6項の規定は、前項の規定により担保を徴する場合について準用する。
4　国税通則法第47条及び第48条の規定は、納税の猶予をする場合又は納税の猶予を認めない場合について準用する。この場合において、同法第47条第2項中「前条第1項から第3項まで又は第7項」とあるのは、「租税特別措置法第66条の4の二第1項（国外関連者との取引に係る課税の特例に係る納税の猶予）」と読み替えるものとする。
5　納税の猶予を受けた者が次の各号のいずれかに該当する場合には、税務署長等は、その猶予を取り消すことができる。この場合においては、国税通則法第49条第2項及び第3項

資料／租税特別措置法（抄）

の規定を準用する。
一　第1項の申立てを取り下げたとき。
二　第1項の協議に必要な書類の提出につき協力しないとき。
三　国税通則法第38条第1項各号のいずれかに該当する事実がある場合において、その者がその猶予に係る法人税を猶予期間内に完納することができないと認められるとき。
四　その猶予に係る法人税につき提供された担保について税務署長等が国税通則法第51条第1項の規定によつてした命令に応じないとき。
五　前各号に掲げるもののほか、その者の財産の状況その他の事情の変化によりその猶予を継続することが適当でないと認められるとき。

6　納税の猶予を受けた法人税についての国税通則法及び国税徴収法の規定の適用については、国税通則法第2条第8号中「納税の猶予又は」とあるのは「納税の猶予（租税特別措置法第66条の4の二第1項（国外関連者との取引に係る課税の特例に係る納税の猶予）の規定による納税の猶予を含む。）又は」と、同法第52条第1項中「及び納税の猶予」とあるのは「及び納税の猶予（租税特別措置法第66条の4の二第1項（国外関連者との取引に係る課税の特例に係る納税の猶予）の規定による納税の猶予を含む。以下この項において同じ。）」と、同法第55条第1項第1号及び第73条第4項中「納税の猶予」とあるのは「納税の猶予（租税特別措置法第66条の4の二第1項（国外関連者との取引に係る課税の特例に係る納税の猶予）の規定による納税の猶予を含む。）」と、国税徴収法第2条第9号及び第10号中「納税の猶予又は」とあるのは「納税の猶予（租税特別措置法第66条の4の二第1項（国外関連者との取引に係る課税の特例に係る納税の猶予）の規定による納税の猶予を含む。）又は」と、同法第151条第1項中「納税の猶予）」とあるのは「納税の猶予）及び租税特別措置法第66条の4の二第1項（国外関連者との取引に係る課税の特例に係る納税の猶予）」とする。

7　納税の猶予をした場合には、その猶予をした法人税に係る延滞税のうち納税の猶予期間（第1項の申請が同項の納期限以前である場合には、当該申請の日を起算日として当該納期限までの期間を含む。）に対応する部分の金額は、免除する。ただし、第5項の規定による取消しの基因となるべき事実が生じた場合には、その生じた日後の期間に対応する部分の金額については、税務署長等は、その免除をしないことができる。

8　納税の猶予に関する申請の手続に関し必要な事項は、政令で定める。

租税特別措置法施行令（抄）

（昭和32年3月31日政令第43号）
（最終改正：平成24年1月10日政令第1号）

第39条の12　法第66条の4第1項に規定する政令で定める特殊の関係は、次に掲げる関係とする。
　一　二の法人のいずれか一方の法人が他方の法人の発行済株式又は出資（自己が有する自己の株式又は出資を除く。）の総数又は総額（以下第3項までにおいて「発行済株式等」という。）の100分の50以上の数又は金額の株式又は出資を直接又は間接に保有する関係
　二　二の法人が同一の者（当該者が個人である場合には、当該個人及びこれと法人税法第2条第10号に規定する政令で定める特殊の関係のある個人。第5号において同じ。）によつてそれぞれその発行済株式等の100分の50以上の数又は金額の株式又は出資を直接又は間接に保有される場合における当該二の法人の関係（前号に掲げる関係に該当するものを除く。）
　三　次に掲げる事実その他これに類する事実（次号及び第5号において「特定事実」という。）が存在することにより二の法人のいずれか一方の法人が他方の法人の事業の方針の全部又は一部につき実質的に決定できる関係（前2号に掲げる関係に該当するものを除く。）
　　イ　当該他方の法人の役員の2分の1以上又は代表する権限を有する役員が、当該一方の法人の役員若しくは使用人を兼務している者又は当該一方の法人の役員若しくは使用人であつた者であること。
　　ロ　当該他方の法人がその事業活動の相当部分を当該一方の法人との取引に依存して行つていること。
　　ハ　当該他方の法人がその事業活動に必要とされる資金の相当部分を当該一方の法人からの借入れにより、又は当該一方の法人の保証を受けて調達していること。
　四　一の法人と次に掲げるいずれかの法人との関係（前3号に掲げる関係に該当するものを除く。）
　　イ　当該一の法人が、その発行済株式等の100分の50以上の数若しくは金額の株式若しくは出資を直接若しくは間接に保有し、又は特定事実が存在することによりその事業の方針の全部若しくは一部につき実質的に決定できる関係にある法人
　　ロ　イ又はハに掲げる法人が、その発行済株式等の100分の50以上の数若しくは金額の株式若しくは出資を直接若しくは間接に保有し、又は特定事実が存在することによりその事業の方針の全部若しくは一部につき実質的に決定できる関係にある法人
　　ハ　ロに掲げる法人が、その発行済株式等の100分の50以上の数若しくは金額の株式若

資料／租税特別措置法施行令（抄）

しくは出資を直接若しくは間接に保有し、又は特定事実が存在することによりその事業の方針の全部若しくは一部につき実質的に決定できる関係にある法人
　五　二の法人がそれぞれ次に掲げるいずれかの法人に該当する場合における当該二の法人の関係（イに規定する一の者が同一の者である場合に限るものとし、前各号に掲げる関係に該当するものを除く。）
　　イ　一の者が、その発行済株式等の100分の50以上の数若しくは金額の株式若しくは出資を直接若しくは間接に保有し、又は特定事実が存在することによりその事業の方針の全部若しくは一部につき実質的に決定できる関係にある法人
　　ロ　イ又はハに掲げる法人が、その発行済株式等の100分の50以上の数若しくは金額の株式若しくは出資を直接若しくは間接に保有し、又は特定事実が存在することによりその事業の方針の全部若しくは一部につき実質的に決定できる関係にある法人
　　ハ　ロに掲げる法人が、その発行済株式等の100分の50以上の数若しくは金額の株式若しくは出資を直接若しくは間接に保有し、又は特定事実が存在することによりその事業の方針の全部若しくは一部につき実質的に決定できる関係にある法人
2　前項第1号の場合において、一方の法人が他方の法人の発行済株式等の100分の50以上の数又は金額の株式又は出資を直接又は間接に保有するかどうかの判定は、当該一方の法人の当該他方の法人に係る直接保有の株式等の保有割合（当該一方の法人の有する当該他方の法人の株式又は出資の数又は金額が当該他方の法人の発行済株式等のうちに占める割合をいう。）と当該一方の法人の当該他方の法人に係る間接保有の株式等の保有割合とを合計した割合により行うものとする。
3　前項に規定する間接保有の株式等の保有割合とは、次の各号に掲げる場合の区分に応じ当該各号に掲げる割合（当該各号に掲げる場合のいずれにも該当する場合には、当該各号に掲げる割合の合計割合）をいう。
　一　前項の他方の法人の株主等（法人税法第2条第14号に規定する株主等をいう。次号において同じ。）である法人の発行済株式等の100分の50以上の数又は金額の株式又は出資が同項の一方の法人により所有されている場合　当該株主等である法人の有する当該他方の法人の株式又は出資の数又は金額が当該他方の法人の発行済株式等のうちに占める割合（当該株主等である法人が2以上ある場合には、当該2以上の株主等である法人につきそれぞれ計算した割合の合計割合）
　二　前項の他方の法人の株主等である法人（前号に掲げる場合に該当する同号の株主等である法人を除く。）と同項の一方の法人との間にこれらの者と発行済株式等の所有を通じて連鎖関係にある一又は2以上の法人（以下この号において「出資関連法人」という。）が介在している場合（出資関連法人及び当該株主等である法人がそれぞれその発行済株式等の100分の50以上の数又は金額の株式又は出資を当該一方の法人又は出資関連法人（その発行済株式等の100分の50以上の数又は金額の株式又は出資が当該一方の

法人又は他の出資関連法人によつて所有されているものに限る。）によつて所有されている場合に限る。）　当該株主等である法人の有する当該他方の法人の株式又は出資の数又は金額が当該他方の法人の発行済株式等のうちに占める割合（当該株主等である法人が2以上ある場合には、当該2以上の株主等である法人につきそれぞれ計算した割合の合計割合）

4　第2項の規定は、第1項第2号、第4号及び第5号の直接又は間接に保有される関係の判定について準用する。

5　法第66条の4第1項に規定する政令で定める取引は、同項に規定する国外関連者（以下この項、第8項から第10項まで及び第12項において「国外関連者」という。）が法人税法第141条第1号から第3号までに掲げる外国法人のいずれに該当するかに応じ、当該国外関連者のこれらの号に掲げる国内源泉所得（租税条約（同法第139条に規定する条約をいう。以下第39条の14までにおいて同じ。）の規定により法人税が軽減され、又は免除される所得を除く。）に係る取引とする。

6　法第66条の4第2項第1号ロに規定する政令で定める通常の利益率は、同条第1項に規定する国外関連取引（以下この条において「国外関連取引」という。）に係る棚卸資産と同種又は類似の棚卸資産を、特殊の関係（法第66条の4第1項に規定する特殊の関係をいう。）にない者（以下第8項までにおいて「非関連者」という。）から購入した者（以下この項及び第8項第2号において「再販売者」という。）が当該同種又は類似の棚卸資産を非関連者に対して販売した取引（以下この項において「比較対象取引」という。）に係る当該再販売者の売上総利益の額（当該比較対象取引に係る棚卸資産の販売による収入金額の合計額から当該比較対象取引に係る棚卸資産の原価の額の合計額を控除した金額をいう。）の当該収入金額の合計額に対する割合とする。ただし、比較対象取引と当該国外関連取引に係る棚卸資産の買手が当該棚卸資産を非関連者に対して販売した取引とが売手の果たす機能その他において差異がある場合には、その差異により生ずる割合の差につき必要な調整を加えた後の割合とする。

7　法第66条の4第2項第1号ハに規定する政令で定める通常の利益率は、国外関連取引に係る棚卸資産と同種又は類似の棚卸資産を、購入（非関連者からの購入に限る。）、製造その他の行為により取得した者（以下この項及び次項第3号において「販売者」という。）が当該同種又は類似の棚卸資産を非関連者に対して販売した取引（以下この項において「比較対象取引」という。）に係る当該販売者の売上総利益の額（当該比較対象取引に係る棚卸資産の販売による収入金額の合計額から当該比較対象取引に係る棚卸資産の原価の額の合計額を控除した金額をいう。）の当該原価の額の合計額に対する割合とする。ただし、比較対象取引と当該国外関連取引とが売手の果たす機能その他において差異がある場合には、その差異により生ずる割合の差につき必要な調整を加えた後の割合とする。

8　法第66条の4第2項第1号ニに規定する政令で定める方法は、次に掲げる方法とする。

資料／租税特別措置法施行令（抄）

一　国外関連取引に係る棚卸資産の法第66条の4第1項の法人及び当該法人に係る国外関連者による購入、製造その他の行為による取得及び販売（以下この号において「販売等」という。）に係る所得が、次に掲げる方法によりこれらの者に帰属するものとして計算した金額をもつて当該国外関連取引の対価の額とする方法
　イ　当該国外関連取引に係る棚卸資産と同種又は類似の棚卸資産の非関連者による販売等（イにおいて「比較対象取引」という。）に係る所得の配分に関する割合（当該比較対象取引と当該国外関連取引に係る棚卸資産の当該法人及び当該国外関連者による販売等とが当事者の果たす機能その他において差異がある場合には、その差異により生ずる割合の差につき必要な調整を加えた後の割合）に応じて当該法人及び当該国外関連者に帰属するものとして計算する方法
　ロ　当該国外関連取引に係る棚卸資産の当該法人及び当該国外関連者による販売等に係る所得の発生に寄与した程度を推測するに足りるこれらの者が支出した費用の額、使用した固定資産の価額その他これらの者に係る要因に応じてこれらの者に帰属するものとして計算する方法
　ハ　(1)及び(2)に掲げる金額につき当該法人及び当該国外関連者ごとに合計した金額がこれらの者に帰属するものとして計算する方法
　　　(1)　当該国外関連取引に係る棚卸資産の当該法人及び当該国外関連者による販売等に係る所得が、当該棚卸資産と同種又は類似の棚卸資産の非関連者による販売等（(1)において「比較対象取引」という。）に係る第6項、前項、次号又は第3号に規定する必要な調整を加えないものとした場合のこれらの規定による割合（当該比較対象取引と当該国外関連取引に係る棚卸資産の当該法人及び当該国外関連者による販売等とが当事者の果たす機能その他において差異がある場合には、その差異（当該棚卸資産の販売等に関し当該法人及び当該国外関連者に独自の機能が存在することによる差異を除く。）により生ずる割合の差につき必要な調整を加えた後の割合）に基づき当該法人及び当該国外関連者に帰属するものとして計算した金額
　　　(2)　当該国外関連取引に係る棚卸資産の当該法人及び当該国外関連者による販売等に係る所得の金額と(1)に掲げる金額の合計額との差額（(2)において「残余利益等」という。）が、当該残余利益等の発生に寄与した程度を推測するに足りるこれらの者が支出した費用の額、使用した固定資産の価額その他これらの者に係る要因に応じてこれらの者に帰属するものとして計算した金額
二　国外関連取引に係る棚卸資産の買手が非関連者に対して当該棚卸資産を販売した対価の額（以下この号において「再販売価格」という。）から、当該再販売価格にイに掲げる金額のロに掲げる金額に対する割合（再販売者が当該棚卸資産と同種又は類似の棚卸資産を非関連者に対して販売した取引（以下この号において「比較対象取引」という。）

と当該国外関連取引に係る棚卸資産の買手が当該棚卸資産を非関連者に対して販売した取引とが売手の果たす機能その他において差異がある場合には、その差異により生ずる割合の差につき必要な調整を加えた後の割合）を乗じて計算した金額に当該国外関連取引に係る棚卸資産の販売のために要した販売費及び一般管理費の額を加算した金額を控除した金額をもつて当該国外関連取引の対価の額とする方法
　　　　イ　当該比較対象取引に係る棚卸資産の販売による営業利益の額の合計額
　　　　ロ　当該比較対象取引に係る棚卸資産の販売による収入金額の合計額
　　　三　国外関連取引に係る棚卸資産の売手の購入、製造その他の行為による取得の原価の額（以下この号において「取得原価の額」という。）に、イに掲げる金額にロに掲げる金額のハに掲げる金額に対する割合（販売者が当該棚卸資産と同種又は類似の棚卸資産を非関連者に対して販売した取引（以下この号において「比較対象取引」という。）と当該国外関連取引とが売手の果たす機能その他において差異がある場合には、その差異により生ずる割合の差につき必要な調整を加えた後の割合）を乗じて計算した金額及びイ(2)に掲げる金額の合計額を加算した金額をもつて当該国外関連取引の対価の額とする方法
　　　　イ　次に掲げる金額の合計額
　　　　　(1)　当該取得原価の額
　　　　　(2)　当該国外関連取引に係る棚卸資産の販売のために要した販売費及び一般管理費の額
　　　　ロ　当該比較対象取引に係る棚卸資産の販売による営業利益の額の合計額
　　　　ハ　当該比較対象取引に係る棚卸資産の販売による収入金額の合計額からロに掲げる金額を控除した金額
　　　四　前3号に掲げる方法に準ずる方法
9　法第66条の4第5項に規定する政令で定める場合は、同項の法人と同項の非関連者（以下この項及び次項において「非関連者」という。）との間の取引の対象となる資産が同条第5項の当該法人に係る国外関連者に販売、譲渡、貸付け又は提供されることが当該取引を行つた時において契約その他によりあらかじめ定まつている場合で、かつ、当該販売、譲渡、貸付け又は提供に係る対価の額が当該法人と当該国外関連者との間で実質的に決定されていると認められる場合及び同項の当該法人に係る国外関連者と非関連者との間の取引の対象となる資産が同項の法人に販売、譲渡、貸付け又は提供されることが当該取引を行つた時において契約その他によりあらかじめ定まつている場合で、かつ、当該販売、譲渡、貸付け又は提供に係る対価の額が当該法人と当該国外関連者との間で実質的に決定されていると認められる場合とする。
10　法第66条の4第5項の規定により国外関連取引とみなされた取引に係る同条第1項に規定する独立企業間価格は、同条第2項の規定にかかわらず、当該取引が前項の法人と同項の当該法人に係る国外関連者との間で行われたものとみなして同条第2項の規定を適用し

た場合に算定される金額に、当該法人と当該国外関連者との取引が非関連者を通じて行われることにより生ずる対価の額の差につき必要な調整を加えた金額とする。
11 法第66条の4第6項第1号に規定する売上総利益率又はこれに準ずる割合として政令で定める割合は、同号に規定する同種の事業を営む法人で事業規模その他の事業の内容が類似するものの同号の国外関連取引が行われた日を含む事業年度又はこれに準ずる期間内の当該事業に係る売上総利益の額（当該事業年度又はこれに準ずる期間内の棚卸資産の販売による収入金額の合計額（当該事業が棚卸資産の販売に係る事業以外の事業である場合には、当該事業に係る収入金額の合計額。以下この項において「総収入金額」という。）から当該棚卸資産の原価の額の合計額（当該事業が棚卸資産の販売に係る事業以外の事業である場合には、これに準ずる原価の額又は費用の額の合計額。以下この項において「総原価の額」という。）を控除した金額をいう。）の総収入金額又は総原価の額に対する割合とする。
12 法第66条の4第6項第2号に規定する同条第2項第1号ニに規定する政令で定める方法又は同項第2号に定める方法（当該政令で定める方法と同等の方法に限る。）に類するものとして政令で定める方法は、国外関連取引が棚卸資産の販売又は購入である場合にあつては第1号から第4号までに掲げる方法とし、国外関連取引が棚卸資産の販売又は購入以外の取引である場合にあつては第1号又は第5号に掲げる方法とする。
一　法第66条の4第6項の法人及び当該法人の同項の国外関連取引に係る国外関連者の属する企業集団の財産及び損益の状況を連結して記載した計算書類による当該国外関連取引が行われた日を含む事業年度又はこれに準ずる期間の当該国外関連取引に係る事業に係る所得（当該計算書類において当該事業に係る所得が他の事業に係る所得と区分されていない場合には、当該事業を含む事業に係る所得とする。以下この号において同じ。）が、これらの者が支出した当該国外関連取引に係る事業に係る費用の額、使用した固定資産の価額（当該計算書類において当該事業に係る費用の額又は固定資産の価額が他の事業に係る費用の額又は固定資産の価額と区分されていない場合には、当該事業を含む事業に係る費用の額又は固定資産の価額とする。）その他これらの者が当該所得の発生に寄与した程度を推測するに足りる要因に応じてこれらの者に帰属するものとして計算した金額をもつて当該国外関連取引の対価の額とする方法
二　国外関連取引に係る棚卸資産の買手が非関連者（法第66条の4第1項に規定する特殊の関係にない者をいう。）に対して当該棚卸資産を販売した対価の額（以下この号において「再販売価格」という。）から、当該再販売価格にイに掲げる金額のロに掲げる金額に対する割合を乗じて計算した金額に当該国外関連取引に係る棚卸資産の販売のために要した販売費及び一般管理費の額を加算した金額を控除した金額をもつて当該国外関連取引の対価の額とする方法
　イ　当該国外関連取引に係る事業と同種又は類似の事業を営む法人で事業規模その他の

事業の内容が類似するもの（以下この号において「比較対象事業」という。）の当該国外関連取引が行われた日を含む事業年度又はこれに準ずる期間（以下この号において「比較対象事業年度」という。）の当該比較対象事業に係る棚卸資産の販売による営業利益の額の合計額

　　ロ　当該比較対象事業年度の当該比較対象事業に係る棚卸資産の販売による収入金額の合計額

　三　国外関連取引に係る棚卸資産の売手の購入、製造その他の行為による取得の原価の額（以下この号において「取得原価の額」という。）に、イに掲げる金額にロに掲げる金額のハに掲げる金額に対する割合を乗じて計算した金額及びイ (2) に掲げる金額の合計額を加算した金額をもつて当該国外関連取引の対価の額とする方法

　　イ　次に掲げる金額の合計額
　　　(1)　当該取得原価の額
　　　(2)　当該国外関連取引に係る棚卸資産の販売のために要した販売費及び一般管理費の額

　　ロ　当該国外関連取引に係る事業と同種又は類似の事業を営む法人で事業規模その他の事業の内容が類似するもの（以下この号において「比較対象事業」という。）の当該国外関連取引が行われた日を含む事業年度又はこれに準ずる期間（以下この号において「比較対象事業年度」という。）の当該比較対象事業に係る棚卸資産の販売による営業利益の額の合計額

　　ハ　当該比較対象事業年度の当該比較対象事業に係る棚卸資産の販売による収入金額の合計額からロに掲げる金額を控除した金額

　四　前2号に掲げる方法に準ずる方法
　五　前3号に掲げる方法と同等の方法

13　未施行

14　法第66条の4第21項に規定する政令で定める要件は、次に掲げる要件とする。

　一　法第66条の4第21項に規定する国外関連取引に係る同項に規定する独立企業間価格につき財務大臣が租税条約の我が国以外の締約国又は締約者（次号において「条約相手国等」という。）の権限ある当局との間で当該租税条約に基づく合意をしたこと。

　二　前号の条約相手国等が、同号の合意に基づき法第66条の4第21項に規定する国外関連者に係る租税を減額し、かつ、その減額により還付をする金額に、還付加算金に相当する金額のうちその計算の基礎となる期間で財務大臣と当該条約相手国等の権限ある当局との間で合意をした期間に対応する部分に相当する金額を付さないこと。

15　法第66条の4第21項に規定する納付すべき法人税に係る延滞税は、同条第1項の規定を適用した場合に納付すべき法人税の額から同項の規定の適用がなかつたとした場合に納付すべき法人税の額に相当する金額を控除した金額に係る延滞税とする。

資料／租税特別措置法施行令（抄）

16 法第66条の4第1項、第2項第1号イ若しくはロ若しくは第5項の規定又は第6項の規定を適用する場合において、これらの規定に規定する特殊の関係が存在するかどうかの判定は、それぞれの取引が行われた時の現況によるものとする。

第39条の12の2 法第66条の4の二第1項に規定する法人税の額及び当該法人税の額に係る加算税の額として政令で定めるところにより計算した金額は、次に掲げる金額の合計額とする。

一 法第66条の4の二第1項に規定する申立てに係る更正決定（法第66条の4第17項第1号に掲げる更正決定をいう。以下この号及び第3項第2号において同じ。）により納付すべき法人税の額（次号において「更正決定に係る法人税の額」という。）から、当該更正決定のうち法第66条の4の二第1項に規定する法人税の額に係る部分がなかつたものとして計算した場合に納付すべきものとされる法人税の額（次号において「猶予対象以外の法人税の額」という。）を控除した金額

二 更正決定に係る法人税の額を基礎として課することとされる加算税（国税通則法第69条に規定する加算税をいう。以下この号において同じ。）の額から、猶予対象以外の法人税の額を基礎として課することとされる加算税の額を控除した金額

2 法第66条の4の二第1項に規定する合意がない場合その他の政令で定める場合は次の各号に掲げる場合とし、同項に規定する政令で定める日は国税庁長官が当該各号に掲げる場合に該当する旨を通知した日とする。

一 法第66条の4の二第1項に規定する協議（以下この項において「相互協議」という。）を継続した場合であつても同条第1項の合意（次号及び第3号において「合意」という。）に至らないと国税庁長官が認める場合（同条第5項各号に掲げる場合を除く。）において、国税庁長官が当該相互協議に係る条約相手国等（租税条約の我が国以外の締約国又は締約者をいう。次号において同じ。）の権限ある当局に当該相互協議の終了の申入れをし、当該権限ある当局の同意を得たとき。

二 相互協議を継続した場合であつても合意に至らないと当該相互協議に係る条約相手国等の権限ある当局が認める場合において、国税庁長官が当該権限ある当局から当該相互協議の終了の申入れを受け、国税庁長官が同意をしたとき。

三 法第66条の4の二第1項に規定する法人税の額に関し合意が行われた場合において、当該合意の内容が当該法人税の額を変更するものでないとき。

3 法第66条の4の二第1項の規定による納税の猶予を受けようとする者は、次に掲げる事項を記載した申請書に、同項の申立てをしたことを証する書類その他の財務省令で定めるものを添付し、これを国税通則法第46条第1項に規定する税務署長等に提出しなければならない。

一 当該猶予を受けようとする法人の名称及び納税地（その納税地と本店又は主たる事務

所の所在地とが異なる場合には、名称及び納税地並びにその本店又は主たる事務所の所在地）
　二　納付すべき更正決定に係る法人税の事業年度、納期限及び金額
　三　前号の金額のうち当該猶予を受けようとする金額
　四　当該猶予を受けようとする金額が50万円を超える場合には、その申請時に提供しようとする国税通則法第50条各号に掲げる担保の種類、数量、価額及び所在（その担保が保証人の保証であるときは、保証人の名称又は氏名及び本店若しくは主たる事務所の所在地又は住所若しくは居所）その他担保に関し参考となるべき事項（担保を提供することができない特別の事情があるときは、その事情）
4　法第66条の4の二第1項の規定による納税の猶予を受けた法人税についての国税通則法施行令第23条第1項の規定の適用については、同項中「納税の猶予又は」とあるのは、「納税の猶予（租税特別措置法第66条の4の二第1項（国外関連者との取引に係る課税の特例に係る納税の猶予）の規定による納税の猶予を含む。）又は」とする。

資料／租税特別措置法施行規則（抄）

租税特別措置法施行規則（抄）

(昭和32年3月31日大蔵省令第15号)

(最終改正：平成24年1月20日財務省令第5号)

第22条の10　法第66条の4第6項に規定する財務省令で定める書類は、次に掲げる書類とする。
　一　法第66条の4第1項に規定する国外関連取引（以下この項において「国外関連取引」という。）の内容を記載した書類として次に掲げる書類
　　イ　当該国外関連取引に係る資産の明細及び役務の内容を記載した書類
　　ロ　当該国外関連取引において法第66条の4第6項の法人及び当該法人に係る国外関連者（同条第1項に規定する国外関連者をいう。以下この項において同じ。）が果たす機能並びに当該国外関連取引において当該法人及び当該国外関連者が負担するリスク（為替相場の変動、市場金利の変動、経済事情の変化その他の要因による当該国外関連取引に係る利益又は損失の増加又は減少の生ずるおそれをいう。）に係る事項を記載した書類
　　ハ　法第66条の4第6項の法人又は当該法人に係る国外関連者が当該国外関連取引において使用した無形固定資産その他の無形資産の内容を記載した書類
　　ニ　当該国外関連取引に係る契約書又は契約の内容を記載した書類
　　ホ　法第66条の4第6項の法人が、当該国外関連取引において当該法人に係る国外関連者から支払を受ける対価の額又は当該国外関連者に支払う対価の額の設定の方法及び当該設定に係る交渉の内容を記載した書類
　　ヘ　法第66条の4第6項の法人及び当該法人に係る国外関連者の当該国外関連取引に係る損益の明細を記載した書類
　　ト　当該国外関連取引に係る資産の販売、資産の購入、役務の提供その他の取引について行われた市場に関する分析その他当該市場に関する事項を記載した書類
　　チ　法第66条の4第6項の法人及び当該法人に係る国外関連者の事業の方針を記載した書類
　　リ　当該国外関連取引と密接に関連する他の取引の有無及びその内容を記載した書類
　二　法第66条の4第6項の法人が国外関連取引に係る独立企業間価格（同条第1項に規定する独立企業間価格をいう。以下この条において同じ。）を算定するための書類として次に掲げる書類
　　イ　当該法人が選定した法第66条の4第2項に規定する算定の方法及びその選定の理由を記載した書類その他当該法人が独立企業間価格を算定するに当たり作成した書類（ロからホまでに掲げる書類を除く。）
　　ロ　当該法人が採用した当該国外関連取引に係る比較対象取引（法第66条の4第2項第

1号イに規定する特殊の関係にない売手と買手が国外関連取引に係る棚卸資産と同種の棚卸資産を当該国外関連取引と同様の状況の下で売買した取引、施行令第39条の12第6項に規定する比較対象取引、同条第7項に規定する比較対象取引、同条第8項第1号イに規定する比較対象取引、同号ハ(1)に規定する比較対象取引、同項第2号に規定する比較対象取引及び同項第3号に規定する比較対象取引をいう。以下この号において同じ。）（法第66条の4第2項第1号ニに掲げる準ずる方法に係る比較対象取引に相当する取引、施行令第39条の12第8項第4号に掲げる方法に係る比較対象取引に相当する取引及び法第66条の4第2項第2号に定める方法に係る比較対象取引に相当する取引を含む。以下この号において「比較対象取引等」という。）の選定に係る事項及び当該比較対象取引等の明細を記載した書類
- ハ 当該法人が施行令第39条の12第8項第1号に掲げる方法又は同項第4号に掲げる方法（同項第1号に掲げる方法に準ずる方法に限る。）を選定した場合におけるこれらの方法により当該法人及び当該法人に係る国外関連者に帰属するものとして計算した金額を算出するための書類（ロ及びホに掲げる書類を除く。）
- ニ 当該法人が複数の国外関連取引を一の取引として独立企業間価格の算定を行つた場合のその理由及び各取引の内容を記載した書類
- ホ 比較対象取引等について差異調整（法第66条の4第2項第1号イに規定する調整、施行令第39条の12第6項に規定する必要な調整、同条第7項に規定する必要な調整、同条第8項第1号イに規定する必要な調整、同号ハ(1)に規定する必要な調整、同項第2号に規定する必要な調整及び同項第3号に規定する必要な調整をいう。以下この号において同じ。）（法第66条の4第2項第1号ニに掲げる準ずる方法に係る差異調整に相当する調整、施行令第39条の12第8項第4号に掲げる方法に係る差異調整に相当する調整及び法第66条の4第2項第2号に定める方法に係る差異調整に相当する調整を含む。以下この号において「差異調整等」という。）を行つた場合のその理由及び当該差異調整等の方法を記載した書類

2 法第66条の4第15項に規定する財務省令で定める事項は、次に掲げる事項とする。
- 一 法第66条の4第15項の法人との間で同条第1項に規定する取引を行う者が当該法人に係る国外関連者（同項に規定する国外関連者をいい、同条第5項の規定の適用がある場合における同項に規定する非関連者を含む。以下この条において同じ。）に該当する事情
- 二 法第66条の4第15項の法人の当該事業年度終了の時における当該法人に係る国外関連者の資本金の額又は出資金の額及び従業員の数並びに当該国外関連者の営む主たる事業の内容
- 三 法第66条の4第15項の法人の当該事業年度終了の日以前の同日に最も近い日に終了する当該法人に係る国外関連者の事業年度の営業収益、営業費用、営業利益、税引前当

期利益及び利益剰余金の額
四　法第66条の4第15項の法人が、当該事業年度において当該法人に係る国外関連者から支払を受ける対価の額の取引種類別の総額又は当該国外関連者に支払う対価の額の取引種類別の総額
五　法第66条の4第2項に規定する算定の方法のうち、前号に規定する対価の額に係る独立企業間価格につき同条第15項の法人が選定した算定の方法（一の取引種類につきその選定した算定の方法が2以上ある場合には、そのうち主たる算定の方法）
六　第4号に規定する対価の額に係る独立企業間価格の算定の方法についての法第66条の4第15項の法人の納税地を所轄する国税局長若しくは税務署長又は当該法人に係る国外関連者の本店若しくは主たる事務所の所在する国の権限ある当局による確認の有無
七　その他参考となるべき事項

第22条の10の2　施行令第39条の12の二第3項に規定する財務省令で定めるものは、次に掲げる書類とする。
一　法第66条の4の二第1項の申立てをしたことを証する書類
二　施行令第39条の12の二第1項第1号に掲げる金額が、法第66条の4第17項第1号に掲げる更正決定により納付すべき法人税の額であること及び前号の申立てに係る同条第21項に規定する条約相手国等との間の租税条約（法人税法第139条に規定する条約をいう。）に規定する協議の対象であることを明らかにする書類
三　施行令第39条の12の二第3項第4号に規定する場合に該当するときにあつては、供託書の正本、抵当権を設定するために必要な書類、保証人の保証を証する書面その他の担保の提供に関する書類

租税特別措置法関係通達（法人税編）

第66条の4《国外関連者との取引に係る課税の特例》関係（抄）

第1款　特殊の関係
（発行済株式）

66の4(1)-1　措置法第66条の4第1項の「発行済株式」には、その株式の払込み又は給付の金額（以下「払込金額等」という。）の全部又は一部について払込み又は給付（以下「払込み等」という。）が行われていないものも含まれるものとする。（昭61年直法2-12「二十五」により追加、平5年課法2-1「二十九」、平12年課法2-13「二」、平15年課法2-7「六十九」、平19年課法2-3「四十八」により改正）

（直接又は間接保有の株式）

66の4(1)-2　法人がその取引の相手方である外国法人との間に出資関係を通じて措置法第66条の4第1項に規定する特殊の関係（以下「特殊の関係」という。）にあるかどうかを判定する場合の当該法人又は当該外国法人が直接又は間接に保有する株式には、その払込金額等の全部又は一部について払込み等が行われていないものが含まれるものとする。（昭61年直法2-12「二十五」により追加、平5年課法2-1「二十九」、平12年課法2-13「二」、平19年課法2-3「四十八」により改正）

　（注）　名義株は、その実際の権利者が所有するものとして特殊の関係の有無を判定することに留意する。

（実質的支配関係があるかどうかの判定）

66の4(1)-3　措置法令第39条の12第1項第3号に規定する「その他これに類する事実」とは、例えば、次に掲げるような事実をいう。（昭61年直法2-12「二十五」により追加、平5年課法2-1「二十九」、平12年課法2-13「二」により改正）

(1)　一方の法人が他方の法人から提供される事業活動の基本となる著作権（出版権及び著作隣接権その他これに準ずるものを含む。以下同じ。）、工業所有権（特許権、実用新案権、意匠権及び商標権をいう。）、ノーハウ等に依存してその事業活動を行っていること。

(2)　一方の法人の役員の2分の1以上又は代表する権限を有する役員が他方の法人によって実質的に決定されていると認められる事実があること。

第2款　独立企業間価格の算定方法の選定
（最も適切な算定方法の選定に当たって留意すべき事項）

66の4(2)-1　措置法第66条の4第2項に規定する「最も適切な方法」の選定に当たり、同

項の「当該国外関連取引の内容及び当該国外関連取引の当事者が果たす機能その他の事情を勘案して」とは、国外関連取引（同条第1項に規定する国外関連取引をいう。以下同じ。）及び非関連者間取引（法人が非関連者（同条第5項に規定する非関連者をいう。以下同じ。）との間で行う取引（同項の適用がある取引を除く。）、国外関連者（同条第1項に規定する国外関連者をいう。以下同じ。）が当該国外関連者の非関連者との間で行う取引又は法人若しくは国外関連者の非関連者が当該非関連者の他の非関連者との間で行う取引をいう。以下同じ。）に係る66の4(3)-3に掲げる諸要素並びに次に掲げる点を勘案することをいうのであるから留意する。（平23年課法2-13「二」により追加）

(1) 独立企業間価格（同条第1項に規定する独立企業間価格をいう。以下同じ。）の算定における同条第2項各号に掲げる方法（以下「独立企業間価格の算定方法」という。）の長所及び短所
(2) 国外関連取引の内容及び当該国外関連取引の当事者の果たす機能等に対する独立企業間価格の算定方法の適合性
(3) 独立企業間価格の算定方法を適用するために必要な情報の入手可能性
(4) 国外関連取引と非関連者間取引との類似性の程度（当該非関連者間取引について、措置法規則第22条の10第1項第2号ホに規定する差異調整等を行う必要がある場合には、当該差異調整等に係る信頼性を含む。）

第3款　比較対象取引

（比較対象取引の意義）

66の4(3)-1　独立企業間価格の算定の基礎となる取引（以下「比較対象取引」という。）は、国外関連取引との類似性の程度が十分な比関連者間取引をいうのであるから、例えば、措置法第66条の4第2項第1号に規定する棚卸資産の販売又は購入の場合にあっては、次に掲げる独立企業間価格の算定方法の区分に応じ、それぞれ次に掲げる取引となることに留意する。（平12年課法2-13「二」により追加、平14年課法2-1「五十八」、平16年課法2-14「二十八」、平22年課法2-7「三十」、平23年課法2-13「二」により改正）

(1) 措置法第66条の4第2項第1号イに掲げる方法（以下「独立価格比準法」という。）
国外関連取引に係る棚卸資産と同種の棚卸資産を当該国外関連取引と同様の状況の下で売買した取引（当該取引と国外関連取引とにおいて取引段階、取引数量その他に差異のある状況の下で売買した場合には、その差異により生じる同号イに規定する対価の額の差を調整することができるものに限る。）
(2) 措置法第66条の4第2項第1号ロに掲げる方法（以下「再販売価格基準法」という。）
国外関連取引に係る棚卸資産と同種又は類似の棚卸資産を、非関連者から購入した者が当該同種又は類似の棚卸資産を非関連者に対して販売した取引（当該取引と国外関連取引とにおいて売手の果たす機能その他に差異がある場合には、その差異により生じる措

置法令第39条の12第6項に規定する割合の差につき必要な調整を加えることができるものに限る。）

(3) 措置法第66条の4第2項第1号ハに掲げる方法（以下「原価基準法」という。） 国外関連取引に係る棚卸資産と同種又は類似の棚卸資産を、購入（非関連者からの購入に限る。）、製造その他の行為により取得した者が当該同種又は類似の棚卸資産を非関連者に対して販売した取引（当該取引と国外関連取引とにおいて売手の果たす機能その他に差異がある場合には、その差異により生じる措置法令第39条の12第7項に規定する割合の差につき必要な調整を加えることができるものに限る。）

(4) 措置法令第39条の12第8項第1号に掲げる方法（同号イに掲げる方法に係る部分に限る。）国外関連取引に係る棚卸資産と同種又は類似の棚卸資産を、購入、製造その他の行為により取得した者が当該同種又は類似の棚卸資産を非関連者に対して販売し、かつ、当該同種又は類似の棚卸資産を購入した当該非関連者が当該同種若しくは類似の棚卸資産又はこれを加工し若しくは製造等に用いて取得した棚卸資産を他者に対して販売した取引（これらの取引と国外関連取引に係る棚卸資産の法人及び国外関連者による販売等（同号に規定する販売等をいう。以下同じ。）とにおいて取引の当事者の果たす機能その他に差異がある場合には、その差異により生ずる同号イに規定する割合の差につき必要な調整を加えることができるものに限る。）

(5) 措置法令第39条の12第8項第1号に掲げる方法（同号ハに掲げる方法に係る部分に限る。以下「残余利益分割法」という。）同号ハ(1)に掲げる金額（以下「基本的利益」という。）を計算する場合において、66の4(3)-1の(2)、(3)、(6)又は(7)に掲げる取引（ただし、それぞれの取引に係る「当該取引と国外関連取引とにおいて売手の果たす機能その他に差異がある場合」の差異からは、法人及び国外関連者に独自の機能が存在することによる差異がある場合の当該差異を除く。）

(6) 措置法令第39条の12第8項第2号に掲げる方法 国外関連取引に係る棚卸資産と同種又は類似の棚卸資産を、非関連者から購入した者が当該同種又は類似の棚卸資産を非関連者に対して販売した取引（当該取引と国外関連取引とにおいて売手の果たす機能その他に差異がある場合には、その差異により生じる同号に規定する割合の差につき必要な調整を加えることができるものに限る。）

(7) 措置法令第39条の12第8項第3号に掲げる方法 国外関連取引に係る棚卸資産と同種又は類似の棚卸資産を、購入（非関連者からの購入に限る。）、製造その他の行為により取得した者が当該同種又は類似の棚卸資産を非関連者に対して販売した取引（当該取引と国外関連取引とにおいて売手の果たす機能その他に差異がある場合には、その差異により生じる同号に規定する割合の差につき必要な調整を加えることができるものに限る。）

(同種又は類似の棚卸資産の意義)

66の4(3)-2　措置法第66条の4第2項第1号イに規定する「同種の棚卸資産」又は措置法令第39条の12第6項、第7項並びに第8項第1号イ、同号ハ(1)、第2号及び第3号に規定する「同種又は類似の棚卸資産」とは、国外関連取引に係る棚卸資産と性状、構造、機能等の面において同種又は類似である棚卸資産をいう。

　　ただし、これらの一部について差異がある場合であっても、その差異が措置法第66条の4第2項第1号イに規定する対価の額若しくは同号ロ及びハに規定する通常の利益率の算定又は措置法令第39条の12第8項第1号イ、同号ハ(1)、第2号及び第3号に規定する割合の算定に影響を与えないと認められるときは、同種又は類似の棚卸資産として取り扱うことができる。(平12年課法2-13「二」により追加、平16年課法2-14「二十八」、平23年課法2-13「二」により改正)

(比較対象取引の選定に当たって検討すべき諸要素)

66の4(3)-3　措置法第66条の4の規定の適用上、比較対象取引に該当するか否かにつき国外関連取引と非関連者間取引との類似性の程度を判断する場合には、例えば、法人、国外関連者及び非関連の事業の内容等並びに次に掲げる諸要素の類似性を勘案することに留意する。(平12年課法2-13「二」により追加、平14年課法2-1「五十八」、平22年課法2-7「三十」、平23年課法2-13「二」により改正)

(1)　棚卸資産の種類、役務の内容等
(2)　売手又は買手の果たす機能
(3)　契約条件
(4)　市場の状況
(5)　売手又は買手の事業戦略

　(注)
　1　(2)の売手又は買手の果たす機能の類似性については、売手又は買手の負担するリスク、売手又は買手の使用する無形資産(著作権、基本通達20-1-21に定める工業所有権等のほか、顧客リスト、販売網等の重要な価値のあるものをいう。以下同じ。)等も考慮して判断する。

　2　(4)の市場の状況の類似性については、取引段階(小売り又は卸売り、一次問屋又は二次問屋等の別をいう。)、取引規模、取引時期、政府の政策(法令、行政処分、行政指導その他の行政上の行為による価格に対する規制、金利に対する規制、使用料等の支払に対する規制、補助金の交付、ダンピングを防止するための課税、外国為替の管理等の政策をいう。)の影響等も考慮して判断する。

　3　(5)の売手又は買手の事業戦略の類似性については、売手又は買手の市場への参入時期等も考慮して判断する。

(比較対象取引が複数ある場合の取扱い)

66の4(3)-4　国外関連取引に係る比較対象取引が複数存在し、独立企業間価格が一定の幅を形成している場合において、当該幅の中に当該国外関連取引の対価の額があるときは、当該国外関連取引については措置法第66条の4第1項の規定の適用はないことに留意する。(平23年課法2-13「二」により追加)

第4款　独立企業間価格の算定
(取引単位)

66の4(4)-1　独立企業間価格の算定は、原則として、個別の取引ごとに行うのであるが、例えば、次に掲げる場合には、これらの取引を一の取引として独立企業間価格を算定することができる。(平12年課法2-13「二」により追加、平23年課法2-13「二」により改正)
(1)　国外関連取引について、同一の製品グループに属する取引、同一の事業セグメントに属する取引等を考慮して価格設定が行われており、独立企業間価格についてもこれらの単位で算定することが合理的であると認められる場合
(2)　国外関連取引について、生産用部品の販売取引と当該生産用部品に係る製造ノーハウの使用許諾取引等が一体として行われており、独立企業間価格についても一体として算定することが合理的であると認められる場合

(相殺取引)

66の4(4)-2　措置法第66条の4の規定の適用上、一の取引に係る対価の額が独立企業間価格と異なる場合であっても、その対価の額と独立企業間価格との差額に相当する金額を同一の相手方との他の取引の対価の額に含め、又は当該対価の額から控除することにより調整していることが取引関係資料の記載その他の状況からみて客観的に明らかな場合には、それらの取引は、それぞれ独立企業間価格で行われたものとすることができる。(昭61年直法2-12「二十五」により追加、平3年課法2-4「二十九」、平5年課法2-1「二十九」、平12年課法2-13「二」、平23年課法2-13「二」により改正)

(為替差損益)

66の4(4)-3　措置法第66条の4の規定の適用上、取引日の外国為替の売買相場と当該取引の決済日の外国為替の売買相場との差額により生じた為替差損益は、独立企業間価格には含まれないことに留意する。(平12年課法2-13「二」、平23年課法2-13「二」により追加)

(値引き、割戻し等の取扱い)

66の4(4)-4　措置法第66条の4の規定の適用上、国外関連取引と比較対象取引との間で異なる条件の値引き、割戻し等が行われている場合には、当該値引き、割戻し等に係る条件

の差異を調整したところにより同条第4項に規定する差額を算定することに留意する。(昭61年直法2-12「二十五」により追加、平3年課法2-4「二十九」、平5年課法2-1「二十九」、平12年課法2-13「二」、平23年課法2-13「二」により改正)

(会計処理方法の差異の取扱い)

66の4(4)-5　措置法第66条の4の規定の適用上、国外関連取引と比較対象取引との間で用いられている会計処理方法(例えば、棚卸資産の評価方法、減価償却資産の償却方法)に差異があり、その差異が独立企業間価格の算定に影響を与える場合には、当該差異を調整したところにより同条第4項に規定する差額を算定することに留意する。(平12年課法2-13「二」により追加、平23年課法2-13「二」により改正)

(原価基準法における取得原価の額)

66の4(4)-6　原価基準法により独立企業間価格を算定する場合において、国外関連取引に係る棚卸資産をその売手が、例えば特殊の関係にある者から通常の取引価格に満たない価格で購入しているためその購入価格をその算定の基礎とすることが相当でないと認められるときは、その購入価格を通常の取引価格に引き直して当該国外関連取引に係る独立企業間価格を算定するものとする。(昭61年直法2-12「二十五」により追加、平3年課法2-4「二十九」、平5年課法2-1「二十九」、平12年課法2-13「二」、平23年課法2-13「二」により改正)

(注)　この取扱いを適用する場合の「通常の取引価格」は、独立企業間価格の算定方法に準じて計算する。

第5款　利益分割法の適用

(利益分割法の意義)

66の4(5)-1　措置法令第39条の12第8項第1号に掲げる方法(以下「利益分割法」という。)は、同号イからハまでに掲げるいずれかの方法によって、国外関連取引に係る棚卸資産の販売等により法人及び国外関連者に生じた所得(以下「分割対象利益等」といい、原則として、当該法人に係る営業利益又は営業損失に当該国外関連者に係る営業利益又は営業損失を加算した金額を用いるものとする。)を当該法人及び国外関連者に配分することにより独立企業間価格を算定する方法をいうことに留意する。(平12年課法2-13「二」により追加、平16年課法2-14「二十八」、平23年課法2-13「二」により改正)

(分割要因)

66の4(5)-2　利益分割法の適用に当たり、分割対象利益等又は措置法令第39条の12第8項第1号ハ(2)に規定する残余利益等(以下「残余利益等」という。)の配分に用いる要因が

複数ある場合には、それぞれの要因が分割対象利益等又は残余利益等の発生に寄与した程度に応じて、合理的に計算するものとする。(平12年課法2-13「二」により追加、平23年課法2-13「二」により改正)

(為替の換算)
66の4(5)-3　利益分割法の適用に当たり、国外関連者の国外関連取引に係る営業利益等を換算する際に用いる外国為替の売買相場については、基本通達13の2-1-8の取扱いを準用する。(平12年課法2-13「二」により追加、平23年課法2-13「二」により改正)

(残余利益分割法)
66の4(5)-4　残余利益分割法の適用に当たり、基本的利益とは、66の4(3)-1の(5)に掲げる取引に基づき算定される独自の機能を果たさない非関連者間取引において得られる所得をいうのであるから、分割対象利益等と法人及び国外関連者に係る基本的利益の合計額との差額である残余利益等は、原則として、国外関連取引に係る棚卸資産の販売等において、当該法人及び国外関連者が独自の機能を果たすことによりこれらの者に生じた所得となることに留意する。

　また、残余利益等を法人及び国外関連者で配分するに当たっては、その配分に用いる要因として、例えば、法人及び国外関連者が無形資産を用いることにより独自の機能を果たしている場合には、当該無形資産による寄与の程度を推測するに足るものとして、これらの者が有する無形資産の価額、当該無形資産の開発のために支出した費用の額等を用いることができることに留意する。(平12年課法2-13「二」により追加、平23年課法2-13「二」により改正)

第6款　取引単位営業利益法の適用
(準ずる方法の例示)
66の4(6)-1　措置法令第39条の12第8項第2号及び第3号に掲げる方法に係る同項第4号に規定する「準ずる方法」とは、例えば、次のような方法がこれに該当する。(平16年課法2-14「二十八」により追加、平23年課法2-13「二」により改正)
(1)　国外関連取引に係る棚卸資産の買手が当該棚卸資産を用いて製品等の製造をし、これを非関連者に対して販売した場合において、当該製品等のその非関連者に対する販売価格から次に掲げる金額の合計額を控除した金額をもって当該国外関連取引の対価の額とする方法
　　イ　当該販売価格に措置法令第39条の12第8項第2号に規定する比較対象取引に係る営業利益の額の収入金額に対する割合を乗じて計算した金額
　　ロ　当該製品等に係る製造原価の額(当該国外関連取引に係る棚卸資産の対価の額を除

ハ　当該製品等の販売のために要した販売費及び一般管理費の額
(2)　一方の国外関連者が法人から購入した棚卸資産を他方の国外関連者を通じて非関連者に対して販売した場合において、当該一方の国外関連者と当該他方の国外関連者との取引価格を通常の取引価格に引き直した上で、措置法令第39条の12第8項第2号に掲げる算定方法に基づいて計算した金額をもって当該法人と当該一方の国外関連者との間で行う国外関連取引に係る対価の額とする方法
(注)　この取扱いを適用する場合の「通常の取引価格」は、独立企業間価格の算定方法に準じて計算する。

第7款　棚卸資産の売買以外の取引における独立企業間価格の算定方法の適用

(同等の方法の意義)

66の4(7)-1　措置法第66条の4第2項第2号に規定する「同等の方法」とは、有形資産の貸借取引、金銭の貸借取引、役務提供取引、無形資産の使用許諾又は譲渡の取引等、棚卸資産の売買以外の取引において、それぞれの取引の類型に応じて同項第1号に掲げる方法に準じて独立企業間価格を算定する方法をいう。（平12年課法2-13「二」、平16年課法2-14「二十八」、平23年課法2-13「二」により改正）

(有形資産の貸借の取扱い)

66の4(7)-2　有形資産の貸借取引について、独立価格比準法と同等の方法を適用する場合には、比較対象取引に係る資産が国外関連取引に係る資産と同種であり、かつ、比較対象取引に係る貸借時期、貸借期間、貸借期間中の資産の維持費用等の負担関係、転貸の可否等貸借の条件が国外関連取引と同様であることを要することに留意する。また、有形資産の貸借取引について、原価基準法と同等の方法を適用する場合には、比較対象取引に係る資産が国外関連取引に係る資産と同種又は類似であり、かつ、上記の貸借の条件と同様であることを要することに留意する。（平12年課法2-13「二」により追加、平16年課法2-14「二十八」、平23年課法2-13「二」により改正）

(委託製造先に対する機械設備等の貸与の取扱い)

66の4(7)-3　法人が製品等の製造を委託している国外関連者に対して機械設備等の資産を貸与している場合には、当該製品等の製造委託取引と当該資産の貸借取引が一の取引として行われているものとして独立企業間価格を算定することができる。（平12年課法2-13「二」により追加、平16年課法2-14「二十八」、平23年課法2-13「二」により改正）

(金銭の貸付け又は借入れの取扱い)

66の4(7)-4　金銭の貸借取引について独立価格比準法と同等の方法又は原価基準法と同等の方法を適用する場合には、比較対象取引に係る通貨が国外関連取引に係る通貨と同一であり、かつ、比較対象取引における貸借時期、貸借期間、金利の設定方式（固定又は変動、単利又は複利等の金利の設定方式をいう。）、利払方法（前払い、後払い等の利払方法をいう。）、借手の信用力、担保及び保証の有無その他の利率に影響を与える諸要因が国外関連取引と同様であることを要することに留意する。（平12年課法2-13「二」により追加、平16年課法2-14「二十八」、平23年課法2-13「二」により改正）

(注)　国外関連取引の借手が銀行等から当該国外関連取引と同様の条件の下で借り入れたとした場合に付されるであろう利率を比較対象取引における利率として独立企業間価格を算定する方法は、独立価格比準法に準ずる方法と同等の方法となることに留意する。

(役務提供の取扱い)

66の4(7)-5　役務提供取引について独立価格比準法と同等の方法を適用する場合には、比較対象取引に係る役務が国外関連取引に係る役務と同種であり、かつ、比較対象取引に係る役務提供の時期、役務提供の期間等の役務提供の条件が国外関連取引と同様であることを要することに留意する。また、役務提供取引について、原価基準法と同等の方法を適用する場合には、比較対象取引に係る役務が国外関連取引に係る役務と同種又は類似であり、かつ、上記の役務提供の条件と同様であることを要することに留意する。（平12年課法2-13「二」により追加、平16年課法2-14「二十八」、平23年課法2-13「二」により改正）

(無形資産の使用許諾等の取扱い)

66の4(7)-6　無形資産の使用許諾又は譲渡の取引について、独立価格比準法と同等の方法を適用する場合には、比較対象取引に係る無形資産が国外関連取引に係る無形資産と同種であり、かつ、比較対象取引に係る使用許諾又は譲渡の時期、使用許諾の期間等の使用許諾又は譲渡の条件が国外関連取引と同様であることを要することに留意する。また、無形資産の使用許諾又は譲渡の取引について、原価基準法と同等の方法を適用する場合には、比較対象取引に係る無形資産が国外関連取引に係る無形資産と同種又は類似であり、かつ、上記の無形資産の使用許諾又は譲渡の条件と同様であることを要することに留意する。（平12年課法2-13「二」により追加、平16年課法2-14「二十八」、平23年課法2-13「二」により改正）

第8款　申告調整等

(独立企業間価格との差額の申告調整)

66の4(8)-1　措置法第66条の4第1項に規定する「当該国外関連取引は、独立企業間価格で行われたものとみなす」とは、法人が国外関連者から支払を受ける対価の額が独立企業間価格に満たない場合又は法人が国外関連者に支払う対価の額が独立企業間価格を超える場合は、その差額を益金の額に算入し、又は損金の額に算入しないことをいうのであるから留意する。(平12年課法2-13「二」により追加、平16年課法2-14「二十八」、平23年課法2-13「二」により改正)

(注)　この差額の調整が、寄附金の損金算入限度額、外国税額の控除限度額等に影響を及ぼす場合には、それらについても再計算することに留意する。

(独立企業間価格との差額の申告減算)

66の4(8)-2　国外関連取引につき、法人が国外関連者から支払を受ける対価の額が独立企業間価格を超える場合又は国外関連者に支払う対価の額が独立企業間価格に満たない場合における独立企業間価格との差額については、所得の金額の計算上、確定申告書等において減額できないことに留意する。(平12年課法2-13「二」により追加、平15年課法2-7「六十九」、平16年課法2-14「二十八」、平23年課法2-13「二」により改正)

(高価買入れの場合の取得価額の調整)

66の4(8)-3　法人が国外関連取引につき国外関連者に支払う対価の額が独立企業間価格を超える場合において、その対価の額と独立企業間価格との差額の全部又は一部に相当する金額が当該事業年度終了の日において有する資産の取得価額に算入されているため当該事業年度の損金の額に算入されていないときは、その損金の額に算入されていない部分の金額に相当する金額を当該資産の取得価額から減額することができる。(昭61年直法2-12「二十五」により追加、平3年課法2-4「二十九」、平5年課法2-1「二十九」、平12年課法2-13「二」、平15年課法2-7「六十九」、平16年課法2-14「二十八」、平23年課法2-13「二」により改正)

(注)　この取扱いにより減価償却資産の取得価額を減額した場合には、その減額した後の金額を基礎として各事業年度(その事業年度が連結事業年度に該当する場合には、当該連結事業年度)の償却限度額を計算することに留意する。

第9款　国外移転所得金額の取扱い等

(国外移転所得金額の取扱い)

66の4(9)-1　措置法第66条の4第4項に規定する国外関連取引の対価の額と当該国外関連取引に係る独立企業間価格との差額(以下「国外移転所得金額」という。)は、その全部

又は一部を国外関連者から返還を受けるかどうかにかかわらず、利益の社外流出として取り扱う。(昭61年直法2-12「二十五」により追加、平3年課法2-4「二十九」、平5年課法2-1「二十九」、平12年課法2-13「二」、平16年課法2-14「二十八」、平23年課法2-13「二」により改正)

(国外移転所得金額の返還を受ける場合の取扱い)
66の4(9)-2　法人が国外移転所得金額の全部又は一部を合理的な期間内に国外関連者から返還を受けることとし、次に掲げる事項を記載した書面を所轄税務署長(国税局の調査課所管法人にあっては所轄国税局長)に提出した場合において、当該書面に記載した金額の返還を受けたときには、当該返還を受けた金額は益金の額に算入しないことができる。(平12年課法2-13「二」により追加、平15年課法2-7「六十九」、平16年課法2-14「二十八」、平23年課法2-13「二」により改正)
　イ　納税地
　ロ　法人名
　ハ　代表者名
　ニ　国外関連者名及び所在地
　ホ　返還を受ける予定の日
　ヘ　返還を受ける金額(外貨建取引の場合は、外国通貨の金額を併記する。)
　ト　返還方法
　(注)　外貨建ての取引につき返還を受けることとして届け出る金額は、その発生の原因となった国外関連取引に係る収益、費用の円換算に用いた外国為替の売買相場によって円換算した金額とし、当該金額とその返還を受けた日の外国為替の売買相場によって円換算した金額との差額は、その返還を受けた日を含む事業年度(その事業年度が連結事業年度に該当する場合には、当該連結事業年度)の益金の額又は損金の額に算入する。

資料／移転価格事務運営要領

移転価格事務運営要領

査調7-1、官際3-1、官協1-16、課法6-7
平成13年6月1日

国税局長 殿
沖縄国税事務所長 殿

国税庁長官

移転価格事務運営要領の制定について（事務運営指針）

沿革
2001年8月31日査調7-7・官協1-61
2002年6月20日査調7-11・官際3-2・官協1-22・課法6-11
2005年4月28日査調7-3・官際1-18・官協1-13・課法6-6
2006年3月20日査調7-2・官際1-13・官協1-6・課法7-2
2007年6月25日査調7-21・官際1-52・官協1-35・課法7-5
2008年10月22日査調7-24・官際1-44・官協1-98・課法7-9
2010年6月22日査調7-31・官際1-27・官協1-47・課法7-3
2011年10月27日査調8-130・官際1-73・官協1-100・課法7-14 改正

　標題のことについて、別添のとおり定めたから、これにより適切に実施されたい。
　なお、平成11年10月25日付査調8-1ほか3課共同「独立企業間価格の算定方法等の確認について（事務運営指針）」は廃止する。

（趣旨）
　租税特別措置法第66条の4（（国外関連者との取引に係る課税の特例））に関し、事務運営の指針を整備し、移転価格税制の適正、円滑な執行を図るものである。

第1章　定義及び基本方針
（定義）
1-1　この事務運営指針において、次に掲げる用語の意義は、それぞれ次に定めるところによる。
　(1)　法 法人税法をいう。
　(2)　措置法 租税特別措置法をいう。
　(3)　基本通達 法人税基本通達をいう。
　(4)　措置法通達 租税特別措置法関係通達（法人税編）をいう。

(5) 移転価格税制 措置法第66条の4の規定（第3項を除く。）をいう。
(6) 連結法人 法第2条第12号の7の4に規定する連結法人をいう。
(7) 連結親法人 法第2条第12号の7の2に規定する連結親法人をいう。
(8) 確定申告書 法第2条第31号に規定する確定申告書及びこれに添付することとされている書類をいう。
(9) 事業年度 法第13条に規定する事業年度をいう。
(10) 連結事業年度 法第15条の2に規定する連結事業年度をいう。
(11) 国外関連者 措置法第66条の4第1項及び第68条の88第1項に規定する国外関連者をいう。
(12) 国外関連取引 措置法第66条の4第1項及び第68条の88第1項に規定する国外関連取引をいう。
(13) 独立企業間価格 措置法第66条の4第1項に規定する独立企業間価格をいう。
(14) 独立企業間価格の算定方法 措置法第66条の4第2項各号に掲げる方法をいう。
(15) 非関連者 措置法第66条の4第1項に規定する特殊の関係にない者をいう。
(16) 非関連者間取引 措置法通達66の4(2)-1に定める非関連者間取引をいう。
(17) 比較可能性 措置法通達66の4(2)-1の(4)に掲げる「国外関連取引と非関連者間取引との類似性の程度」をいう。
(18) 比較対象取引 措置法通達66の4(3)-1に定める比較対象取引（同通達66の4(3)-1の(5)に掲げる取引を除く。）をいう。
(19) 独立価格比準法 措置法第66条の4第2項第1号イに掲げる方法をいう。
(20) 再販売価格基準法 措置法第66条の4第2項第1号ロに掲げる方法をいう。
(21) 原価基準法 措置法第66条の4第2項第1号ハに掲げる方法をいう。
(22) 基本三法 独立価格比準法、再販売価格基準法及び原価基準法をいう。
(23) 準ずる方法 措置法第66条の4第2項第1号ニに掲げる方法（措置法施行令第39条の12第8項第1号から第3号までに掲げる方法を除く。）をいう。
(24) 同等の方法 措置法第66条の4第2項第2号に規定する方法をいう。
(25) 利益分割法 措置法施行令第39条の12第8項第1号に掲げる方法をいう。
(26) 残余利益分割法 利益分割法のうち措置法施行令第39条の12第8項第1号ハに掲げる方法をいう。
(27) 取引単位営業利益法 措置法施行令第39条の12第8項第2号及び第3号に掲げる方法をいう。
(28) 無形資産 措置法通達66の4(3)-3の（注）1に定める無形資産をいう。
(29) 租税条約 我が国が締結した所得に対する租税に関する二重課税の回避又は脱税の防止のための条約をいう。
(30) 租税条約等実施特例法 租税条約等の実施に伴う所得税法、法人税法及び地方税法の

特例等に関する法律をいう。
(31) 相互協議 租税条約の規定に基づく我が国の権限ある当局と外国の権限ある当局との協議をいう。
(32) 事前確認 税務署長又は国税局長が、法人が採用する最も合理的と認められる独立企業間価格の算定方法及びその具体的内容等（以下「独立企業間価格の算定方法等」という。）について確認を行うことをいう。
(33) 事前確認審査 局担当課が行う事前確認の申出に係る審査をいう。
(34) 事前相談 事前確認を受けようとする法人が、事前確認の申出前に、事前確認を申し出ようとする独立企業間価格の算定方法等について局担当課（必要に応じて庁担当課及び庁相互協議室を含む。）と行う相談（代理人を通じた匿名の相談を含む。）をいう。
(35) 局担当課 国税局課税第二部（金沢、高松及び熊本国税局にあっては、課税部）法人課税課及び沖縄国税事務所法人課税課（以下「局法人課税課」という。）又は東京及び大阪国税局調査第一部国際情報第二課、名古屋国税局調査部国際調査課、関東信越国税局調査査察部国際調査課、札幌、仙台、金沢、広島、高松、福岡及び熊本国税局調査査察部調査管理課並びに沖縄国税事務所調査課（以下「局調査課」という。）をいう。
(36) 庁担当課 国税庁課税部法人課税課又は国税庁調査査察部調査課をいう。
(37) 庁相互協議室 国税庁長官官房国際業務課相互協議室をいう。
(38) 連結指針 平成17年4月28日付査調7-4ほか3課共同「連結法人に係る移転価格事務運営要領の制定について」（事務運営指針）をいう。

（基本方針）
1-2 移転価格税制に係る事務については、この税制が独立企業原則に基づいていることに配意し、適正に行っていく必要がある。このため、次に掲げる基本方針に従って当該事務を運営する。
(1) 法人の国外関連取引に付された価格が非関連者間取引において通常付された価格となっているかどうかを十分に検討し、問題があると認められる取引を把握した場合には、市場の状況及び業界情報等の幅広い事実の把握に努め、算定方法・比較対象取引の選定や差異調整等について的確な調査を実施する。
(2) 独立企業間価格の算定方法等に関し、法人の申出を受け、また、当該申出に係る相互協議の合意がある場合にはその内容を踏まえ、事前確認を行うことにより、当該法人の予測可能性を確保し、移転価格税制の適正・円滑な執行を図る。
(3) 移転価格税制に基づく課税により生じた国際的な二重課税の解決には、移転価格に関する各国税務当局による共通の認識が重要であることから、調査又は事前確認審査に当たっては、必要に応じOECD移転価格ガイドラインを参考にし、適切な執行に努める。

(別冊の活用)
1-3　別冊「移転価格税制の適用に当たっての参考事例集」は、一定の前提条件を置いた設例に基づいて移転価格税制上の取扱いを取りまとめたものである。このため、別冊で取り上げた事例以外の事例があることはもとより、類似の事例であっても、前提条件が異なることにより移転価格税制上の取扱いが異なり得ることに留意の上、これを参考にして当該税制に係る事務を適切に行う。

第2章　調査

(調査の方針)
2-1　調査に当たっては、移転価格税制上の問題の有無を的確に判断するために、例えば次の事項に配意して国外関連取引を検討することとする。この場合においては、形式的な検討に陥ることなく個々の取引実態に即した検討を行うことに配意する。
(1)　法人の国外関連取引に係る売上総利益率又は営業利益率等（以下「利益率等」という。）が、同様の市場で法人が非関連者と行う取引のうち、規模、取引段階その他の内容が類似する取引に係る利益率等に比べて過少となっていないか。
(2)　法人の国外関連取引に係る利益率等が、当該国外関連取引に係る事業と同種で、規模、取引段階その他の内容が類似する事業を営む非関連者である他の法人の当該事業に係る利益率等に比べて過少となっていないか。
(3)　法人及び国外関連者が国外関連取引において果たす機能又は負担するリスク等を勘案した結果、法人の当該国外関連取引に係る利益が、当該国外関連者の当該国外関連取引に係る利益に比べて相対的に過少となっていないか。

(調査に当たり配意する事項)
2-2　国外関連取引の検討は、確定申告書及び調査等により収集した資料等を基に行う。
　独立企業間価格の算定を行うまでには、個々の取引実態に即した多面的な検討を行うこととし、例えば次の(1)から(3)により、移転価格税制上の問題の有無について検討し、効果的な調査展開を図る。
(1)　法人の国外関連取引に係る事業と同種で、規模、取引段階その他の内容がおおむね類似する複数の非関連者間取引（以下「比較対象取引の候補と考えられる取引」という。）に係る利益率等の範囲内に、国外関連取引に係る利益率等があるかどうかを検討する。
(2)　国外関連取引に係る棚卸資産等が一般的に需要の変化、製品のライフサイクル等により価格が相当程度変動することにより、各事業年度又は連結事業年度ごとの情報のみで検討することが適切でないと認められる場合には、当該事業年度又は連結事業年度の前後の合理的な期間における当該国外関連取引又は比較対象取引の候補と考えられる取引の対価の額又は利益率等の平均値等を基礎として検討する。

(3) 国外関連取引に係る対価の額が当該国外関連取引に係る取引条件等の交渉において決定された過程等について、次の点も考慮の上、十分検討する。
　イ　法人及びその国外関連者が国外関連取引に係るそれぞれの事業の業績を適切に評価するために、独立企業原則を考慮して当該国外関連取引に係る対価の額を決定する場合があること。
　ロ　法人又は国外関連者が複数の者の共同出資により設立されたものである場合には、その出資者など国外関連取引の当事者以外の者が当該国外関連取引に係る取引条件等の交渉の当事者となる場合があること。また、当該交渉において独立企業原則を考慮した交渉が行われる場合があること。
　(注)　国外関連取引に係る対価の額が厳しい価格交渉によって決定されたという事実、国外関連取引の当事者以外の者が当該国外関連取引に係る取引条件等の交渉の当事者となっている事実又は国外関連取引に係る契約の当事者に法人及び国外関連者以外の者が含まれているという事実のみでは、当該国外関連取引が非関連者間取引と同様の条件で行われた根拠とはならないことに留意する。

(別表17(4)の添付状況の検討)
2-3　国外関連取引を行う法人が、その確定申告書に「国外関連者に関する明細書」(法人税申告書別表17(4))を添付していない場合又は当該別表の記載内容が十分でない場合には、当該別表の提出を督促し、又はその記載の内容について補正を求めるとともに、当該国外関連取引の内容について一層的確な把握に努める。

(調査時に検査を行う書類)
2-4　調査においては、例えば次に掲げる書類(帳簿その他の資料を含む。)から国外関連取引の実態を的確に把握し、移転価格税制上の問題があるかどうかを判断する。
(1) 法人及び国外関連者ごとの資本関係及び事業内容を記載した書類
　イ　法人及び関連会社間の資本及び取引関係を記載した書類
　ロ　法人及び国外関連者の沿革及び主要株主の変遷を記載した書類
　ハ　法人にあっては有価証券報告書又は計算書類その他事業内容を記載した書類、国外関連者にあってはそれらに相当する書類
　ニ　法人及び国外関連者の主な取扱品目及びその取引金額並びに販売市場及びその規模を記載した書類
　ホ　法人及び国外関連者の事業別の業績、事業の特色、各事業年度の特異事項等その事業の内容を記載した書類
(2) 措置法施行規則第22条の10第1項第1号((国外関連取引の内容を記載した書類))に掲げる書類

(3) 措置法施行規則第22条の10第1項第2号（（独立企業間価格を算定するための書類））に掲げる書類
(4) その他の書類
　　イ　法人及び国外関連者の経理処理基準の詳細を記載した書類
　　ロ　外国税務当局による国外関連者に対する移転価格調査又は事前確認の内容を記載した書類
　　ハ　移転価格税制に相当する外国の制度にあって同制度の実効性を担保するために適正な資料作成を求める規定（いわゆるドキュメンテーション・ルール）に従って国外関連者が書類を準備している場合の当該書類
　　ニ　その他必要と認められる書類

（推定規定又は同業者に対する質問検査規定の適用に当たっての留意事項）
2-5　法人に対し措置法第66条の4第6項（（推定規定））に規定する独立企業間価格を算定するために必要と認められる書類として財務省令で定めるもの又はこれらの写し（以下2-5において「第6項に規定する書類」という。）の提示又は提出を求めた場合において、当該法人が第6項に規定する書類を遅滞なく提示又は提出しなかったときには、同項又は同条第8項（（同業者に対する質問検査規定））の規定を適用することができるのであるが、これらの規定の適用に当たっては、次の事項に配意する。
(1) 独立企業間価格を算定するために、第6項に規定する書類の提示又は提出を求める場合には、法人に対し、「当該書類が遅滞なく提示又は提出されないときには、措置法第66条の4第6項又は同条第8項の適用要件を満たす」旨を説明するとともに、当該説明を行った事実及びその後の法人からの提示又は提出の状況を記録する。
　　　また、法人が第6項に規定する書類を遅滞なく提示又は提出したかどうかは、当該書類の提示又は提出の準備に通常要する期間を考慮して判断する。
(2) (1)の提示又は提出を求める場合には、独立企業間価格の算定に必要と認められる範囲内において、法人に対し期日を定めて当該提示又は提出を求める。
　　　また、当該期日は、当該法人の意見を聴取した上で当該提示又は提出の準備に通常要する期間を斟酌して定めることとし、当該期日までに当該提示又は提出がない場合で、当該法人がこれをできなかったことにつき合理的な理由が認められるときには、当該法人の意見を再聴取し、改めて期日を定める。
　　（注）
　　　　1　法人が独立企業間価格を算定している場合には、当該法人が当該算定に用いた書類に基づき独立企業間価格の算定ができるかどうかを検討し、当該書類以外の書類の提示又は提出を求める必要があるかどうかを判断する。
　　　　2　当該提示又は提出に係る期日の再設定を繰り返し行った結果、当初の期日から相

当の期間が経過した場合において、それ以後の書類の提示又は提出が見込まれないときには、法人に対し、「第6項に規定する書類が遅滞なく提示又は提出されなかったため措置法第66条の4第6項又は同条第8項の適用要件を満たす」旨を説明する。
 3 法人が定められた期日までに当該提示又は提出をできなかったことにつき合理的な理由が認められる場合には、例えば、当該法人が災害によりこれをできなかった場合が該当する。
(3) 法人から第6項に規定する書類に該当するものとして提示又は提出された書類を総合的に検討して独立企業間価格の算定ができるかどうかを判断するのであるが、当該判断の結果、当該書類に基づき独立企業間価格を算定することができず、かつ、措置法第66条の4第6項又は同条第8項の規定の適用がある場合には、当該法人に対しその理由を説明する。
 なお、当該書類を総合的に検討した結果、独立企業間価格の算定ができる場合には、措置法第66条の4第6項又は同条第8項の規定の適用はないことに留意する。
 (注) 当該書類が不正確な情報等に基づき作成されたものである場合には、当該書類の提示又は提出については、第6項に規定する書類の提示又は提出には該当しない。
  この場合には、当該法人に対し、正確な情報等に基づき作成した書類を速やかに提示又は提出するよう求めるものとする。
(4) 措置法第66条の4第8項の規定を適用して把握した非関連者間取引を比較対象取引として選定した場合には、当該選定のために用いた条件、当該比較対象取引の内容、差異の調整方法等を法人に対し十分説明するのであるが、この場合には、国税通則法第126条((職員の守秘義務規定))の規定に留意するとともに、当該説明を行った事実を記録する。

(金銭の貸借取引)
2-6 金銭の貸借取引について調査を行う場合には、次の点に留意する。
(1) 基本通達9-4-2((子会社等を再建する場合の無利息貸付け等))の適用がある金銭の貸付けについては、移転価格税制の適用上も適正な取引として取り扱う。
(2) 国外関連取引において返済期日が明らかでない場合には、当該金銭貸借の目的等に照らし、金銭貸借の期間を合理的に算定する。

(独立価格比準法に準ずる方法と同等の方法による金銭の貸借取引の検討)
2-7 法人及び国外関連者がともに業として金銭の貸付け又は出資を行っていない場合において、当該法人が当該国外関連者との間で行う金銭の貸付け又は借入れについて調査を行うときには、必要に応じ、次に掲げる利率を独立企業間の利率として用いる独立価格比準法に準ずる方法と同等の方法の適用について検討する。

(1) 国外関連取引の借手が、非関連者である銀行等から当該国外関連取引と通貨、貸借時期、貸借期間等が同様の状況の下で借り入れたとした場合に付されるであろう利率
(2) 国外関連取引の貸手が、非関連者である銀行等から当該国外関連取引と通貨、貸借時期、貸借期間等が同様の状況の下で借り入れたとした場合に付されるであろう利率
(3) 国外関連取引に係る資金を、当該国外関連取引と通貨、取引時期、期間等が同様の状況の下で国債等により運用するとした場合に得られるであろう利率

(注)
1　(1)、(2)及び(3)に掲げる利率を用いる方法の順に、独立企業原則に即した結果が得られることに留意する。
2　(2)に掲げる利率を用いる場合においては、国外関連取引の貸手における銀行等からの実際の借入れが、(2)の同様の状況の下での借入れに該当するときには、当該国外関連取引とひも付き関係にあるかどうかを問わないことに留意する。

(役務提供)
2-8　役務提供について調査を行う場合には、次の点に留意する。
(1) 役務提供を行う際に無形資産を使用しているにもかかわらず、当該役務提供の対価の額に無形資産の使用に係る部分が含まれていない場合があること。
　(注)　無形資産が役務提供を行う際に使用されているかどうかについて調査を行う場合には、役務の提供と無形資産の使用は概念的には別のものであることに留意し、役務の提供者が当該役務提供時にどのような無形資産を用いているか、当該役務提供が役務の提供を受ける法人の活動、機能等にどのような影響を与えているか等について検討を行う。
(2) 役務提供が有形資産又は無形資産の譲渡等に併せて行われており、当該役務提供に係る対価の額がこれらの資産の譲渡等の価格に含まれている場合があること。

(企業グループ内における役務の提供の取扱い)
2-9
(1) 法人が国外関連者に対し、次に掲げるような経営・財務・業務・事務管理上の活動を行う場合において、当該活動が役務の提供に該当するかどうかは、当該活動が当該国外関連者にとって経済的又は商業的価値を有するものかどうかにより判断する。具体的には、当該国外関連者と同様の状況にある非関連者が他の非関連者からこれと同じ活動を受けた場合に対価を支払うかどうか、又は当該法人が当該活動を行わなかったとした場合に国外関連者自らがこれと同じ活動を行う必要があると認められるかどうかにより判断する。
　イ　企画又は調整

ロ　予算の作成又は管理
　　ハ　会計、税務又は法務
　　ニ　債権の管理又は回収
　　ホ　情報通信システムの運用、保守又は管理
　　ヘ　キャッシュフロー又は支払能力の管理
　　ト　資金の運用又は調達
　　チ　利子率又は外国為替レートに係るリスク管理
　　リ　製造、購買、物流又はマーケティングに係る支援
　　ヌ　従業員の雇用、配置又は教育
　　ル　従業員の給与、保険等に関する事務
　　ヲ　広告宣伝（リに掲げるマーケティングに係る支援を除く。）
(2) 法人が、国外関連者の要請に応じて随時役務の提供を行い得るよう人員や設備等を利用可能な状態に定常的に維持している場合には、かかる状態を維持していること自体が役務の提供に該当することに留意する。
(3) 法人が国外関連者に対し行う(1)の活動が、役務の提供に該当するかどうかを検討するに当たり、次に掲げる活動は国外関連者にとって経済的又は商業的価値を有するものではないことに留意する。
　　イ　法人が国外関連者に対し、非関連者が当該国外関連者に行う役務の提供又は当該国外関連者が自らのために行う(1)の活動と重複する活動を行う場合における当該重複する活動（ただし、その重複が一時的であると認められる場合、又は当該重複する活動が事業判断の誤りに係るリスクを減少させるために手続上重複して行われるチェック等であると認められる場合を除く。）
　　ロ　国外関連者に対し株主としての地位を有する法人が、専ら自らのために行う株主としての法令上の権利の行使又は義務の履行に係る活動（以下「株主活動」という。）で、例えば次に掲げるもの
　　　(イ)　親会社が実施する株主総会の開催や株式の発行など、親会社が遵守すべき法令に基づいて行う活動
　　　(ロ)　親会社が金融商品取引法に基づく有価証券報告書等を作成するための活動
　　　　(注)　親会社が子会社等に対して行う特定の業務に係る企画、緊急時の管理、技術的助言、日々の経営に関する支援等は、株主としての地位を有する者が専ら株主として自らのために行うものとは認められないことから、株主活動には該当しない。
　　　　　　また、親会社が子会社等に対する投資の保全を目的として行う活動で、かつ、当該子会社等にとって経済的又は商業的価値を有するものは役務の提供に該当する。

(4) (1)から(3)までの取扱いは、国外関連者が法人に対して行う活動について準用する。
(5) 法人が国外関連者に対し支払うべき役務の提供に係る対価の額の適否の検討に際して、当該法人に対し、当該国外関連者から受けた役務の内容等が記載された書類（帳簿その他の資料を含む。）の提示又は提出を求める。この場合において、当該役務の提供に係る実態等が確認できないときには、措置法第66条の4第3項等の規定の適用について検討することに留意する。

（原価基準法に準ずる方法と同等の方法による役務提供取引の検討）
2-10
(1) 法人が国外関連者との間で行う役務提供のうち、当該法人又は当該国外関連者の本来の業務に付随した役務提供について調査を行う場合には、必要に応じ、当該役務提供の総原価の額を独立企業間価格とする原価基準法に準ずる方法と同等の方法の適用について検討する。
　　この場合において、本来の業務に付随した役務提供とは、例えば、海外子会社から製品を輸入している法人が当該海外子会社の製造設備に対して行う技術指導等、役務提供を主たる事業としていない法人又は国外関連者が、本来の業務に付随して又はこれに関連して行う役務提供をいう。また、役務提供に係る総原価には、原則として、当該役務提供に関連する直接費のみならず、合理的な配賦基準によって計算された担当部門及び補助部門の一般管理費等間接費まで含まれることに留意する。
　(注) 本来の業務に付随した役務提供に該当するかどうかは、原則として、当該役務提供の目的等により判断するのであるが、次に掲げる場合には、本文の取扱いは適用しない。
　　イ 役務提供に要した費用が、法人又は国外関連者の当該役務提供を行った事業年度の原価又は費用の額の相当部分を占める場合
　　ロ 役務提供を行う際に無形資産を使用する場合等当該役務提供の対価の額を当該役務提供の総原価とすることが相当ではないと認められる場合
(2) 法人が国外関連者との間で行う(1)以外の役務提供について調査を行う場合において、当該役務提供が次に掲げる要件の全てを満たしているときには、必要に応じ、(1)と同様の方法の適用について検討する。
　　イ 役務の内容が次に掲げる業務のいずれかに該当すること。
　　　㈲ 予算の作成又は管理
　　　㈹ 会計、税務又は法務
　　　㈺ 債権の管理又は回収
　　　㈻ 情報通信システムの運用、保守又は管理
　　　㈯ キャッシュフロー又は支払能力の管理
　　　㈻ 資金の運用又は調達（事務処理上の手続に限る。）

(ト)　従業員の雇用、配置又は教育
　(チ)　従業員の給与、保険等に関する事務
　(リ)　広告宣伝（2-9(1)リに掲げるマーケティングに係る支援を除く。）
　(ヌ)　その他一般事務管理
ロ　当該役務提供が法人又は国外関連者の事業活動の重要な部分に関連していないこと。
ハ　当該役務提供に要した費用が法人又は国外関連者の当該役務提供を行った事業年度の原価又は費用の額の相当部分を占めていないこと。
ニ　当該役務提供を行う際に自己の無形資産を使用していないこと。
ホ　当該役務提供に関連する直接費及び間接費の計算が、当該役務提供に係る従事者の従事割合や使用資産の使用割合等、合理的な配分割合によっていること。

(調査において検討すべき無形資産)

2-11　調査において無形資産が法人又は国外関連者の所得にどの程度寄与しているかを検討するに当たっては、例えば、次に掲げる重要な価値を有し所得の源泉となるものを総合的に勘案することに留意する。
イ　技術革新を要因として形成される特許権、営業秘密等
ロ　従業員等が経営、営業、生産、研究開発、販売促進等の企業活動における経験等を通じて形成したノウハウ等
ハ　生産工程、交渉手順及び開発、販売、資金調達等に係る取引網等
　　なお、法人又は国外関連者の有する無形資産が所得の源泉となっているかどうかの検討に当たり、例えば、国外関連取引の事業と同種の事業を営み、市場、事業規模等が類似する法人のうち、所得の源泉となる無形資産を有しない法人を把握できる場合には、当該法人又は国外関連者の国外関連取引に係る利益率等の水準と当該無形資産を有しない法人の利益率等の水準との比較を行うとともに、当該法人又は国外関連者の無形資産の形成に係る活動、機能等を十分に分析することに留意する。
　　(注)　役務提供を行う際に無形資産が使用されている場合の役務提供と無形資産の関係については、2-8(1)の（注）に留意する。

(無形資産の形成、維持又は発展への貢献)

2-12　無形資産の使用許諾取引等について調査を行う場合には、無形資産の法的な所有関係のみならず、無形資産を形成、維持又は発展（以下「形成等」という。）させるための活動において法人又は国外関連者の行った貢献の程度も勘案する必要があることに留意する。
　　なお、無形資産の形成等への貢献の程度を判断するに当たっては、当該無形資産の形成等のための意思決定、役務の提供、費用の負担及びリスクの管理において法人又は国外関

連者が果たした機能等を総合的に勘案する。この場合、所得の源泉となる見通しが高い無形資産の形成等において法人又は国外関連者が単にその費用を負担しているというだけでは、貢献の程度は低いものであることに留意する。

(無形資産の使用許諾取引)
2-13　法人又は国外関連者のいずれか一方が保有する無形資産を他方が使用している場合で、当事者間でその使用に関する取決めがないときには、譲渡があったと認められる場合を除き、当該無形資産の使用許諾取引があるものとして当該取引に係る独立企業間価格の算定を行うことに留意する。
　なお、その使用許諾取引の開始時期については、非関連者間取引における例を考慮するなどにより、当該無形資産の提供を受けた日、使用を開始した日又はその使用により収益を計上することとなった日のいずれかより、適切に判断する。

(費用分担契約)
2-14　費用分担契約とは、特定の無形資産を開発する等の共通の目的を有する契約当事者(以下「参加者」という。)間で、その目的の達成のために必要な活動(以下「研究開発等の活動」という。)に要する費用を、当該研究開発等の活動から生じる新たな成果によって各参加者において増加すると見込まれる収益又は減少すると見込まれる費用(以下「予測便益」という。)の各参加者の予測便益の合計額に対する割合(以下「予測便益割合」という。)によって分担することを取り決め、当該研究開発等の活動から生じる新たな成果の持分を各参加者のそれぞれの分担額に応じて取得することとする契約をいい、例えば、新製品の製造技術の開発に当たり、法人及び国外関連者のそれぞれが当該製造技術を用いて製造する新製品の販売によって享受するであろう予測便益を基礎として算定した予測便益割合を用いて、当該製造技術の開発に要する費用を法人と国外関連者との間で分担することを取り決め、当該製造技術の開発から生じる新たな無形資産の持分をそれぞれの分担額に応じて取得することとする契約がこれに該当する。

(費用分担契約の取扱い)
2-15　法人が国外関連者との間で締結した費用分担契約に基づく費用の分担(費用分担額の調整を含む。)及び持分の取得は、国外関連取引に該当し、当該費用分担契約における当該法人の予測便益割合が、当該法人の適正な予測便益割合(2-16及び2-18による検討に基づき算定される割合をいう。)に比して過大であると認められるときは、当該法人が分担した費用の総額のうちその過大となった割合に対応する部分の金額は、独立企業間価格を超えるものとして損金の額に算入されないことに留意する。
(注)　法人が分担した費用については、法人税に関する法令の規定に基づいて処理するの

であるから、例えば、研究開発等の活動に要する費用のうちに措置法第61条の4第3項に規定する交際費等がある場合には、適正な予測便益割合に基づき法人が分担した交際費等の額は、措置法通達61の4(1)-23（（交際費等の支出の方法））(1)の規定に準じて取り扱うこととなり、当該分担した交際費等の額を基に同条第1項の規定に基づく損金不算入額の計算を行うこととなることに留意する。

(費用分担契約に関する留意事項)

2-16　法人が国外関連者との間で費用分担契約を締結している場合には、次のような点に留意の上、法人の費用分担額等の適否を検討する。

　イ　研究開発等の活動の範囲が明確に定められているか。また、その内容が具体的かつ詳細に定められているか。

　ロ　研究開発等の活動から生じる成果を自ら使用するなど、すべての参加者が直接的に便益を享受することが見込まれているか。

　ハ　各参加者が分担すべき費用の額は、研究開発等の活動に要した費用の合計額を、適正に見積もった予測便益割合に基づいて配分することにより、決定されているか。

　ニ　予測便益を直接的に見積もることが困難である場合、予測便益の算定に、各参加者が享受する研究開発等の活動から生じる成果から得る便益の程度を推測するに足りる合理的な基準（売上高、売上総利益、営業利益、製造又は販売の数量等）が用いられているか。

　ホ　予測便益割合は、その算定の基礎となった基準の変動に応じて見直されているか。

　ヘ　予測便益割合と実現便益割合（研究開発等の活動から生じた成果によって各参加者において増加した収益又は減少した費用（以下「実現便益」という。）の各参加者の実現便益の合計額に対する割合をいう。）とが著しく乖離している場合に、各参加者の予測便益の見積りが適正であったかどうかについての検討が行われているか。

　ト　新規加入又は脱退があった場合、それまでの研究開発等の活動を通じて形成された無形資産等がある場合には、その加入又は脱退が生じた時点でその無形資産等の価値を評価し、その無形資産等に対する持分の適正な対価の授受が行われているか。

(費用分担契約における既存の無形資産の使用)

2-17　参加者の保有する既存の無形資産（当該費用分担契約を通じて取得・開発された無形資産以外の無形資産をいう。以下同じ。）が費用分担契約における研究開発等の活動で使用されている場合には、その無形資産が他の参加者に譲渡されたと認められる場合を除き、当該無形資産を保有する参加者において、その無形資産に係る独立企業間の使用料に相当する金額が収受されているか、あるいはこれを分担したものとして費用分担額の計算が行われているかについて検討する必要があることに留意する。

（注） 法人が研究開発等の活動において自ら開発行為等を行っている場合や国外関連者である参加者の実現便益がその予測便益を著しく上回っているような場合には、法人の保有する既存の無形資産が当該研究開発等の活動に使用されているかどうかを検討し、その使用があると認められた場合においては、本文の検討を行うことに留意する。

（費用分担契約に係る検査を行う書類）
2-18　調査においては、2-4に掲げる書類から国外関連取引の実態を的確に把握するのであるが、費用分担契約に係る調査を行うに当たっては、費用分担契約書（研究開発等の活動の範囲・内容を記載した附属書類を含む。）のほか、主として次に掲げる書類（帳簿その他の資料を含む。）の提示を求め、移転価格税制上の問題があるかどうかを検討する。
(1) 費用分担契約の締結に当たって作成された書類
　　イ　参加者の名称、所在地、資本関係及び事業内容等を記載した書類
　　ロ　参加者が契約締結に至るまでの交渉・協議の経緯を記載した書類
　　ハ　予測便益割合の算定方法及びそれを用いることとした理由を記載した書類
　　ニ　費用分担額及び予測便益の算定に用いる会計基準を記載した書類
　　ホ　予測便益割合と実現便益割合とが乖離した場合における費用分担額の調整に関する細目を記載した書類
　　ヘ　新規加入又は脱退があった場合の無形資産等の価値の算定に関する細目を記載した書類
　　ト　契約条件の変更並びに費用分担契約の改定又は終了に関する細目を記載した書類
(2) 費用分担契約締結後の期間において作成された書類
　　イ　各参加者が研究開発等の活動のために要した費用の総額及びその内訳並びに各参加者の費用分担額及びその計算過程を記載した書類
　　ロ　研究開発等の活動に関する予測便益割合と実現便益割合との乖離の程度を記載した書類
　　ハ　研究開発等の活動を通じて形成された無形資産等に対する各参加者の持分の異動状況（研究開発等の活動を通じて形成された無形資産等の価値の算定方法を含む。）を記載した書類
　　ニ　新規加入又は脱退があった場合の事情の詳細を記載した書類
(3) その他の書類
　　イ　既存の無形資産を研究開発等の活動に使用した場合における当該既存の無形資産の内容及び使用料に相当する金額の算定に関する細目を記載した書類
　　ロ　研究開発等の活動から生じる成果を利用することが予定されている者で、費用分担契約に参加しない者の名称、所在地等を記載した書類

(国外関連者に対する寄附金)
2-19 調査において、次に掲げるような事実が認められた場合には、措置法第66条の4第3項の規定の適用があることに留意する。
　イ　法人が国外関連者に対して資産の販売、金銭の貸付け、役務の提供その他の取引(以下「資産の販売等」という。)を行い、かつ、当該資産の販売等に係る収益の計上を行っていない場合において、当該資産の販売等が金銭その他の資産又は経済的な利益の贈与又は無償の供与に該当するとき
　ロ　法人が国外関連者から資産の販売等に係る対価の支払を受ける場合において、当該法人が当該国外関連者から支払を受けるべき金額のうち当該国外関連者に実質的に資産の贈与又は経済的な利益の無償の供与をしたと認められる金額があるとき
　ハ　法人が国外関連者に資産の販売等に係る対価の支払を行う場合において、当該法人が当該国外関連者に支払う金額のうち当該国外関連者に金銭その他の資産又は経済的な利益の贈与又は無償の供与をしたと認められる金額があるとき
　(注)　法人が国外関連者に対して財政上の支援等を行う目的で国外関連取引に係る取引価格の設定、変更等を行っている場合において、当該支援等に基本通達9-4-2((子会社等を再建する場合の無利息貸付け等))の相当な理由があるときには、措置法第66条の4第3項の規定の適用がないことに留意する。

(価格調整金等がある場合の留意事項)
2-20 法人が価格調整金等の名目で、既に行われた国外関連取引に係る対価の額を事後に変更している場合には、当該変更が合理的な理由に基づく取引価格の修正に該当するものかどうかを検討する。
　当該変更が国外関連者に対する金銭の支払又は費用等の計上(以下「支払等」という。)により行われている場合には、当該支払等に係る理由、事前の取決めの内容、算定の方法及び計算根拠、当該支払等を決定した日、当該支払等をした日等を総合的に勘案して検討し、当該支払等が合理的な理由に基づくものと認められるときは、取引価格の修正が行われたものとして取り扱う。
　なお、当該支払等が合理的な理由に基づくものと認められない場合には、当該支払等が措置法第66条の4第3項の規定の適用を受けるものであるか等について検討する。

(外国税務当局が算定した対価の額)
2-21 独立企業間価格は我が国の法令に基づき計算されるのであるから、外国税務当局が移転価格税制に相当する制度に基づき国外関連者に対する課税を行うため算定した国外関連取引の対価の額は、必ずしも独立企業間価格とはならないことに留意する(相互協議において合意された場合を除く。)。

（事前確認の申出との関係）
2-22
(1) 調査は、事前確認の申出により中断されないことに留意する。
(2) 調査に当たっては、事前確認の申出を行った法人（以下「確認申出法人」という。）から事前確認審査のために収受した資料（事実に関するものを除く。）を使用しない。ただし、当該資料を使用することについて当該法人の同意があるときは、この限りではない。

（移転価格課税と所得の内外区分）
2-23 調査に当たり、移転価格税制とともに法第69条第1項（（外国税額の控除））の規定を適用するときは、移転価格税制の適用により増加する所得について法第138条（（国内源泉所得））から法第140条（（国内源泉所得の細目））までの規定の適用により所得の内外区分を判定した上、同項に規定する控除限度額の計算を行うことに留意する。

（過少資本税制との関係）
2-24 調査に当たり、移転価格税制とともに措置法第66条の5（（国外支配株主等に係る負債の利子等の課税の特例））の規定を適用する場合には、同条第1項に規定する「負債の利子」の算定において、独立企業間価格を超える部分の「負債の利子」を含めないことに留意する。

（源泉所得税との関係）
2-25 調査の結果、法人が国外関連者に対して支払った利子又は使用料について、法人税の課税上独立企業間価格との差額が生ずる場合であっても、源泉所得税の対象となる利子又は使用料の額には影響しないことに留意する。また、租税条約のうちには当該差額について租税条約上の軽減税率が適用されない定めがあるものがあることに留意する。

（消費税との関係）
2-26 移転価格税制は法人税法その他法人税に関する法令の適用を定めたものであり、調査に当たり同税制が適用された場合であっても、消費税の計算には影響しないことに留意する。

第3章 独立企業間価格の算定等における留意点
（最も適切な方法の選定に関する検討）
3-1 措置法第66条の4第2項に規定する最も適切な方法（以下「最も適切な方法」という。）の選定のための検討を行う場合には、措置法通達66の4(3)-3に掲げる諸要素等に基づいて

国外関連取引の内容等を的確に把握し、措置法通達66の4(2)-1の(1)から(4)までに掲げる点等を勘案して当該国外関連取引に係る比較対象取引の有無等を検討することに留意する。

(独立企業間価格の算定における基本三法の長所)
3-2　独立企業間価格の算定方法のうち、取引の価格を直接比較する独立価格比準法（独立価格比準法と同等の方法を含む。以下同じ。）は、独立企業間価格を最も直接的に算定することができる長所を有し、また、売上総利益に係る利益率（措置法第66条の4第2項第1号ロ及びハに規定する政令で定める通常の利益率をいう。）に基づき算定された価格を比較する再販売価格基準法及び原価基準法（再販売価格基準法と同等の方法及び原価基準法と同等の方法を含む。以下同じ。）は、独立価格比準法に次いで独立企業間価格を直接的に算定することができる長所を有することに留意する。

したがって、最も適切な方法の選定に当たり、措置法通達66の4(2)-1の(1)から(4)までに掲げる点等を勘案した結果、最も適切な方法の候補が複数ある場合において、独立価格比準法の適用における比較可能性が十分であるとき（国外関連取引と比較対象取引との差異について調整を行う必要がある場合は、当該調整を行うことができるときに限る。以下同じ。）には、上記の長所により独立価格比準法の選定が最も適切となり、また、独立価格比準法を選定することはできないが、再販売価格基準法又は原価基準法の適用における比較可能性が十分であるときには、上記の長所により再販売価格基準法又は原価基準法の選定が最も適切となることに留意する。

(差異の調整方法)
3-3　国外関連取引と、比較対象取引又は措置法通達66の4(3)-1の(5)に掲げる取引との差異について調整を行う場合には、例えば次に掲げる場合に応じ、それぞれ次に定める方法により行うことができることに留意する。

なお、差異の調整は、その差異が措置法第66条の4第2項第1号イに規定する対価の額若しくは同号ロ及びハに規定する通常の利益率の算定又は措置法施行令第39条の12第8項第2号及び第3号に規定する割合の算定に影響を及ぼすことが客観的に明らかである場合に行うことに留意する（措置法第66条の4第2項第2号の規定の適用において同じ。）。
(1)　貿易条件について、一方の取引がFOB（本船渡し）であり、他方の取引がCIF（運賃、保険料込み渡し）である場合　比較対象取引の対価の額に運賃及び保険料相当額を加減算する方法
(2)　決済条件における手形一覧後の期間について、国外関連取引と比較対象取引に差異がある場合　手形一覧から決済までの期間の差に係る金利相当額を比較対象取引の対価の額に加減算する方法
(3)　比較対象取引に係る契約条件に取引数量に応じた値引き、割戻し等がある場合　国外

関連取引の取引数量を比較対象取引の値引き、割戻し等の条件に当てはめた場合における比較対象取引の対価の額を用いる方法
(4) 機能又はリスクに係る差異があり、その機能又はリスクの程度を国外関連取引及び比較対象取引の当事者が当該機能又はリスクに関し支払った費用の額により測定できると認められる場合 当該費用の額が当該国外関連取引及び比較対象取引に係る売上又は売上原価に占める割合を用いて調整する方法

(無形資産の使用を伴う国外関連取引に係る比較対象取引の選定)
3-4 措置法通達66の4(3)-3の取扱いの適用において、法人又は国外関連者が無形資産の使用を伴う国外関連取引を行っている場合には、比較対象取引の選定に当たり、無形資産の種類、対象範囲、利用態様等の類似性について検討することに留意する。

(比較対象取引が複数ある場合の独立企業間価格の算定)
3-5 国外関連取引に係る比較対象取引が複数存在し、当該比較対象取引に係る価格又は利益率等(国外関連取引と比較対象取引との差異について調整を行う必要がある場合は、当該調整を行った後のものに限る。以下「比較対象利益率等」という。)が形成する一定の幅の外に当該国外関連取引に係る価格又は利益率等がある場合には、原則として、当該比較対象利益率等の平均値に基づき独立企業間価格を算定する方法を用いるのであるが、中央値など、当該比較対象利益率等の分布状況等に応じた合理的な値が他に認められる場合は、これを用いて独立企業間価格を算定することに留意する。

(利益分割法における共通費用の取扱い)
3-6 利益分割法の適用に当たり、法人又は国外関連者の売上原価、販売費及び一般管理費その他の費用のうち国外関連取引及びそれ以外の取引の双方に関連して生じたもの(以下3-6において「共通費用」という。)がある場合には、これらの費用の額を、個々の取引形態に応じて、例えば当該双方の取引に係る売上金額、売上原価、使用した資産の価額、従事した使用人の数等、当該双方の取引の内容及び費用の性質に照らして合理的と認められる要素の比に応じて按分し、当該国外関連取引の分割対象利益等(措置法通達66の4(5)-1に定める分割対象利益等をいう。以下同じ。)を計算することに留意する。
　なお、分割対象利益等の配分に用いる要因の計算を費用の額に基づいて行う場合にも、共通費用については上記に準じて計算することに留意する。

(残余利益分割法の取扱い)
3-7 残余利益分割法の適用に当たり、措置法施行令第39条の12第8項第1号ハ(1)に掲げる金額(以下「基本的利益」という。)については、同号ハ(1)に規定する「第6項、前項、

次号又は第3号に規定する必要な調整を加えないものとした場合のこれらの規定による割合」のうち、最も適切な利益指標を選定して計算することに留意する。
　（注）　措置法通達66の4(3)-1の(5)に掲げる取引が複数存在する場合の基本的利益の計算については、原則として、当該取引に係る上記の割合の平均値を用いるのであるが、当該上記の割合の分布状況等に応じた合理的な値が他に認められる場合は、これを用いることに留意する。
　　　なお、上記の割合は、措置法施行令第39条の12第8項第1号ハ(1)のかっこ書きに規定する必要な調整を加えた後の割合であることに留意する。

（取引単位営業利益法の適用における比較対象取引の選定）
3-8　国外関連取引と非関連者間取引との差異が措置法第66条の4第2項第1号イに規定する対価の額又は同号ロ及びハに規定する通常の利益率の算定に影響を及ぼす場合であっても、措置法施行令第39条の12第8項第2号及び第3号に規定する割合の算定においては、当該差異が影響を及ぼすことが客観的に明らかでない場合があることから、取引単位営業利益法の適用においては、基本三法の適用に係る差異の調整ができない非関連者間取引であっても、比較対象取引として選定して差し支えない場合があることに留意する。
　（注）　国外関連取引の当事者が果たす主たる機能と非関連者間取引の当事者が果たす主たる機能が異なる場合には、通常その差異は上記の割合の算定に影響を及ぼすことになることに留意する。

（取引単位営業利益法における販売のために要した販売費及び一般管理費）
3-9　取引単位営業利益法により独立企業間価格を算定する場合の「国外関連取引に係る棚卸資産の販売のために要した販売費及び一般管理費」には、その販売に直接に要した費用のほか、間接に要した費用が含まれることに留意する。この場合において、国外関連取引及びそれ以外の取引の双方に関連して生じたものがある場合には、これらの費用の額を、個々の取引形態に応じて、例えば、当該双方の取引に係る売上金額、売上原価、使用した資産の価額、従事した使用人の数等、当該双方の取引の内容及び費用の性質に照らして合理的と認められる要素の比に応じて按分する。

（推定による課税を行う場合の留意事項）
3-10
(1)　措置法施行令第39条の12第12項第1号に掲げる方法の適用に当たっては、措置法通達66の4(5)-1から66の4(5)-3までの取扱いを準用することとし、原則として法人及び国外関連者が属する企業集団の財産及び損益の状況を連結して記載した計算書類（以下「連結財務諸表等」という。）における国外関連取引に係る事業に係る営業利益又はこれ

に相当する金額（以下「営業利益等」という。）を同号に規定する要因で分割することにより当該法人及び国外関連者への配分計算を行うことに留意する。
　　(注)　連結財務諸表等において国外関連取引に係る事業に係る営業利益等が他の事業に係る営業利益等と区分されていない場合には、当該国外関連取引に係る事業を含む事業に係る営業利益等に以下のロのイに対する割合を乗じて計算した金額を法人への配分額とすることができる。
　　イ　当該国外関連取引に係る事業を含む事業に係る営業利益等の発生に企業集団が寄与した程度を推測するに足りる要因
　　ロ　イのうち当該国外関連取引に係る事業に係るものとして法人が寄与した程度を推測するに足りる要因
　(2)　措置法施行令第39条の12第12項第4号に掲げる方法の適用に当たっては、措置法通達66の4(6)-1の取扱いを準用することに留意する。

第4章　国外移転所得金額等の取扱い

（国外移転所得金額の返還を受ける場合の取扱いに関する留意事項）

4-1　措置法通達66の4(9)-2に定める書面を提出した法人が、当該書面に記載された金額の全部又は一部について返還を受ける予定の日後に返還を受けた場合には、予定日後に返還を受けたことについて合理的な理由があるかどうかを検討した上で、措置法通達66の4(9)-2の取扱いの適用の有無を判断する。
　　(注)　措置法通達66の4(9)-2に定める書面の様式に関し、法人から照会があった場合には、「国外移転所得金額の返還に関する届出書」（別紙様式1）を用いて差し支えない旨法人に回答する。

（対応的調整に伴う返還額の取扱い）

4-2　外国税務当局が国外関連者に対して移転価格税制に相当する制度に基づき課税を行った場合において、相互協議の合意に基づく対応的調整により減額更正を受けた法人が、当該減額更正を受けた金額の全部又は一部を国外関連者に対し返還しているときは、当該返還した金額は損金の額に算入されないことに留意する。

（対応的調整に伴い国外関連者に返還する金額がある場合の取扱い）

4-3　相互協議の合意に基づく対応的調整により減額更正を行う場合において、法人が減額される所得金額の全部又は一部を合理的な期間内に国外関連者に対して返還することとし、租税条約等実施特例法第7条第1項（（租税条約に基づく合意があつた場合の更正の特例））に規定する更正の請求とともに、次に掲げる内容を記載した書面（「対応的調整に伴う返還に関する届出書」（別紙様式7））を所轄税務署長（国税局の調査課所管法人にあっては

所轄国税局長)に届け出た場合には、その返還することとした金額を当該国外関連者に対する未払金として処理することに留意する。
  イ　法人名
  ロ　納税地
  ハ　代表者名
  ニ　国外関連者名及び所在地
  ホ　返還する予定の日
  ヘ　返還する金額(外貨建取引の場合は、外国通貨の金額を併記する。)
  ト　返還方法
  (注)　外貨建ての取引につき返還することとして届け出る金額は、基本通達13の2-1-2((外貨建取引及び発生時換算法の円換算))の規定に基づき円換算した金額とし、当該金額とその返還を行った日の外国為替の売買相場によって円換算した金額との差額は、その返還を行った日の属する事業年度の益金又は損金の額に算入する。

第5章　事前確認手続

(事前確認の方針)

5-1　事前確認が移転価格税制に係る法人の予測可能性を確保し、当該税制の適正・円滑な執行を図るための手続であることを踏まえ、我が国の課税権の確保に十分配意しつつ、事案の複雑性・重要性に応じたメリハリのある事前確認審査を的確・迅速に行う。また、事前確認手続における法人の利便性向上及び事前確認手続の迅速化を図るため、事前相談に的確に対応する。

(事前確認の申出)

5-2

(1)　所轄税務署長(調査課所管法人(調査査察部等の所掌事務の範囲を定める省令(昭和24年大蔵省令第49号)により調査課が所管する法人をいう。)にあっては、所轄国税局長(沖縄国税事務所長を含む。)とする。以下同じ。)は、法人からその国外関連取引の全部又は一部に係る事前確認の申出がなされた場合には、これを収受する。

(2)　事前確認の申出は、事前確認を受けようとする事業年度(以下「確認対象事業年度」という。)のうち最初の事業年度開始の日までに、確認対象事業年度、国外関連者、事前確認の対象となる国外関連取引(以下「確認対象取引」という。)及び独立企業間価格の算定方法等を記載した「独立企業間価格の算定方法等の確認に関する申出書」(別紙様式2。以下「確認申出書」という。)をその国外関連者の所在地国ごとに法人の納税地の所轄税務署長に提出することにより行うものとする。

(注)　確認対象事業年度のうち最初の事業年度開始の日が、日曜日、国民の祝日に関す

る法律（昭和23年法律第178号）に規定する休日その他一般の休日又は国税通則法施行令第2条第2項（（期限の特例））に規定する日に当たるときは、これらの日の翌日までに提出することにより行うものとする。
(3) 確認申出書の提出部数は、調査課所管法人にあっては2部（相互協議を求める場合には、3部）、調査課所管法人以外の法人にあっては3部（相互協議を求める場合には、4部）とする（以下5-3、5-8及び5-9において同じ。）。

（資料の添付）
5-3
(1) 所轄税務署長は、確認申出法人に対し、確認申出書に次に掲げる資料を添付するよう求める。
　イ　確認対象取引及び当該確認対象取引を行う組織等の概要を記載した資料
　ロ　事前確認を求めようとする独立企業間価格の算定方法等及びそれが最も合理的であることの説明を記載した資料
　ハ　事前確認を行い、かつ、事前確認を継続する上で前提となる重要な事業上又は経済上の諸条件に関する資料
　ニ　確認対象取引における取引及び資金の流れ、確認対象取引に使用される通貨の種類等確認対象取引の詳細を記載した資料
　ホ　確認対象取引に係る国外関連者（以下「当該国外関連者」という。）と確認申出法人との直接若しくは間接の資本関係又は実質的支配関係に関する資料
　ヘ　確認対象取引において確認申出法人及び当該国外関連者が果たす機能に関する資料
　ト　確認申出法人及び当該国外関連者の過去3事業年度分の営業及び経理の状況その他事業の内容を明らかにした資料（確認対象取引が新規事業又は新規製品に係るものであり、過去3事業年度分の資料を提出できない場合には、将来の事業計画、事業予測の資料等これに代替するもの）
　チ　当該国外関連者について、その所在地国で移転価格に係る調査、不服申立て、訴訟等が行われている場合には、その概要及び過去の課税状況を記載した資料
　リ　事前確認の申出に係る独立企業間価格の算定方法等を確認対象事業年度前3事業年度に適用した場合の結果等確認申出法人が申し出た独立企業間価格の算定方法等を具体的に説明するために必要な資料
　ヌ　その他事前確認に当たり必要な資料
　　（注）ト及びリに掲げる資料については、確認対象取引に係る製品のライフサイクル等を考慮した場合に、3事業年度分に係る資料では十分な事前確認審査を行うことができないと認められるときには、局担当課は、確認申出法人に対し、これらに加え、その前2事業年度分に係る資料の提出を求める。

(2) 確認申出法人が確認申出書に(1)に掲げる資料の添付を怠った場合には、5-15(4)及び5-15(5)の規定に基づき独立企業間価格の算定方法等を事前確認できない旨の通知を行うのであるが、(1)に掲げる資料の一部につき添付がなかったことについて相当の理由があると認められるときには、局担当課は、当該資料の作成に通常要すると認める期間（以下「提出猶予期間」という。）を限度として当該通知を行わないことができる。

　この場合において、局担当課は、当該確認申出法人に対し当該提出猶予期間を明示するとともに、その間事前確認審査を保留するかどうかについて説明する。

（翻訳資料の添付）

5-4　確認申出書に添付された資料のうち、外国語で記載されたものについては、日本語訳を添付するよう求める。

（確認申出書の補正）

5-5　署法人課税部門（税務署の法人税の事務を所掌する部門をいう。以下同じ。）又は局調査課は、収受した確認申出書の記載事項について記載誤り若しくは記載漏れがないかどうか又は5-3に規定する資料の添付の有無等について検討し、不備がある場合には、法人に対して補正を求める。

（確認申出書の送付等）

5-6　署法人課税部門は、収受した確認申出書2部（確認申出法人が相互協議を求めている場合には、3部）を、局法人課税課に速やかに送付し、局法人課税課は、うち1部（確認申出法人が相互協議を求めている場合には、2部）を国税庁課税部法人課税課に、速やかに送付する。局調査課は、収受した確認申出書1部（確認申出法人が相互協議を求めている場合には、2部）を国税庁調査査察部調査課に、速やかに送付する。庁担当課は、確認申出法人が相互協議を求めている場合については、確認申出書1部を庁相互協議室に回付する。

（確認対象事業年度）

5-7　確認対象事業年度は、原則として3事業年度から5事業年度とする。

（事前確認の申出の修正）

5-8　確認申出法人から事前確認の申出の修正に係る書類の提出があった場合には、署法人課税部門又は局調査課は、5-5及び5-6の規定に準じて処理を行う。

（事前確認の申出の取下げ）
5-9　確認申出法人から事前確認の申出の取下書の提出があった場合には、署法人課税部門又は局調査課は、5-5及び5-6の規定に準じて処理を行う。

（事前相談）
5-10
(1)　局担当課は、法人から事前相談があった場合には、これに応ずる。この場合、局担当課からの連絡を受け、庁担当課（相互協議を伴う事前確認に係る相談にあっては、庁相互協議室を含む。(2)において同じ。）は、原則として、これに加わる。
(2)　局担当課（事前相談に加わる庁担当課を含む。）は、事前相談が事前確認手続における法人の利便性向上及び事前確認手続の迅速化に資することに留意の上、確認申出法人の事前確認の申出に係る事務の軽減及び申出後の事前確認審査の円滑化が図られるよう、次の点に配意して相談に応ずる。
　イ　確認申出書の添付資料の作成要領、提出期限など、事前確認手続に必要な事項を事前相談時に十分に説明する。
　ロ　相談対象の国外関連取引の内容を的確に把握し、事前確認の申出を行うかどうか、どのような申出を行うかについて当該法人が適切に判断できるよう必要な情報の提供に努める。
(3)　局担当課は、相談を行おうとする法人が提示又は提出した資料の範囲内で事前相談に応ずる。
　なお、事前相談の内容に応じ必要となる資料の提示又は提出が無い場合には、当該法人に対し十分な相談に応じることができない旨を説明する。
(4)　(1)の事前相談において、5-3に規定する資料の添付に係る相談があり、確認申出書の提出期限までに当該資料の一部を提出できないことについて相当の理由があると認められる場合には、5-3(2)の規定に準じて取り扱う。

（事前確認審査）
5-11　局担当課は、確認申出法人から事前確認の申出があった場合には、次により事前確認審査を行う。
(1)　局担当課は、事前確認の申出を受けた場合には、速やかに事前確認審査に着手し、事案の複雑性・困難性に応じたメリハリのある事前確認審査等を行い、的確・迅速な事務処理に努める。また、庁担当課は、必要に応じ事前確認審査に加わる。
　なお、事前確認審査を迅速に進めるためには、確認申出法人の協力が不可欠であることから、その旨確認申出法人に対し理解を求める。
(2)　局担当課は、原則として2-1及び2-2の規定その他の第2章及び第3章の規定の例によ

り事前確認審査を行う。

なお、事前確認審査は、法人税に関する調査には該当しないことに留意する。

(3) 局担当課は、事前確認審査のため、5-3に規定する資料以外の資料が必要と認められる場合には、確認申出法人にその旨を説明し、当該資料の提出を求める。

なお、事前確認審査の迅速化の観点から、局担当課は、当該資料の作成等に通常要する期間について当該確認申出法人の事情等を勘案した上で合理的と認められる当該資料の提出期限を設定する。

(4) 局担当課は、確認申出法人が申し出た独立企業間価格の算定方法等が最も合理的であると認められない場合には、当該確認申出法人に対し、申出の修正を求めることができる。

(5) 庁担当課は、必要に応じ、局担当課に対し事前確認審査の状況等について報告を求める。

(事前確認に係る相互協議)

5-12

(1) 局担当課は、確認申出法人が事前確認について相互協議の申立てを行っていない場合には、二重課税を回避し、予測可能性を確保する観点から、当該確認申出法人がどのような申出を行うかについて適切に判断できるよう必要な情報の提供等を行い、当該確認申出法人が相互協議を伴う事前確認を受ける意向であると確認された場合には、相互協議の申立てを行うよう勧しょうする。

(2) 局担当課は、法人又は当該国外関連者が外国の税務当局に事前相談又は事前確認の申出を行っていることを把握した場合には、当該法人に対し、我が国にも速やかに事前相談又は事前確認の申出を行うよう勧しょうする。

(3) 局担当課は、確認申出法人が事前確認について相互協議を求める場合には、確認申出書のほか、平成13年6月25日付官協1-39ほか7課共同「相互協議の手続について」(事務運営指針)に定める相互協議申立書を提出するよう指導する。

(局担当課又は庁担当課と庁相互協議室との連絡・協議)

5-13 確認申出法人が事前確認について相互協議を求める場合には、局担当課、庁担当課及び庁相互協議室は、必要に応じ協議を行う。

この場合において、局担当課は、事前確認審査を了したときには、庁担当課を通じて事前確認の申出に対する意見を庁相互協議室に連絡し、庁相互協議室は、事前確認の申出に係る相互協議の結果について、庁担当課を通じて局担当課に連絡する。

(事前確認及び事前確認手続を行うことが適当でない場合)
5-14　事前確認審査に当たっては、移転価格税制の適正・円滑な執行を図る観点から、それぞれ(1)又は(2)に定めるところにより適切に対応することに留意する。
　(1)　例えば、次に掲げるような場合で、事前確認を行うことが適当でないと認められる事前確認の申出については、局担当課は、庁担当課(相互協議を伴う事前確認にあっては、庁相互協議室を含む。)と協議の上、確認申出法人に対して申出の修正等を求め、当該確認申出法人がこれに応じない場合には、事前確認できない旨を当該確認申出法人に説明する。
　　　なお、事前相談の内容がイに掲げる場合には、相談を行った法人に対し、上記の内容について説明する。
　　イ　非関連者間では通常行われない形態の取引を確認対象とすること等により、経済上の合理的な理由なく我が国での租税負担が軽減されることとなると認められる場合
　　ロ　確認申出法人が、事前確認審査に必要な情報を提供しない等、当該確認申出法人から協力が得られないことにより、事前確認に支障が生じている場合
　(2)　例えば、次に掲げるような場合で、事前確認審査を開始又は継続することが適当でないと認められる事前確認の申出については、局担当課は、庁担当課(相互協議を伴う事前確認にあっては、庁相互協議室を含む。)と協議の上、確認申出法人に対し、事前確認審査を開始又は再開できる時期が到来するまでの間事前確認手続を保留する旨を説明する。
　　イ　確認申出法人から、移転価格税制に基づく更正等に係る取引と同様の取引を確認対象とする申出がなされている場合において、当該更正等に係る不服申立ての裁決若しくは決定又は裁判の確定を待って事前確認審査を行う必要があると認められるとき。
　　ロ　確認申出法人から、確認対象取引以外の国外関連取引に係る事前確認の申出及び相互協議の申立てがなされている場合において、当該相互協議の合意を待って当該確認対象取引に係る事前確認審査を行う必要があると認められるとき。
　　ハ　5-3トかっこ書きに規定する将来の事業計画、事業予測の資料等のみでは事業活動の実態を把握できないため、確認対象取引に係る取引実績が得られるのを待って事前確認審査を行う必要があると認められるとき。

(事前確認審査の結果の通知)
5-15
　(1)　局担当課は、相互協議の対象となった申出につき、庁担当課を通じて庁相互協議室から相互協議の合意結果について連絡を受けた場合には、当該合意結果に従い、確認申出法人に対し申出の修正を求める等所要の処理を行った上で、当該合意結果に基づき事前確認する旨を速やかに所轄税務署長に連絡する。

(2) 局担当課は、相互協議の対象となった申出につき、庁担当課を通じて庁相互協議室から相互協議の合意が成立しなかった旨の連絡を受けた場合には、確認申出法人から申出を取り下げるか又は相互協議によることなく事前確認を求めるかについて意見を聴取し、5-9又は5-15(3)若しくは5-15(4)に定める処理を速やかに行う。

(3) 局担当課は、相互協議を求めていない申出につき、事前確認審査の結果、申出に係る独立企業間価格の算定方法等が最も合理的であると認められる場合には、当該独立企業間価格の算定方法等を事前確認する旨を速やかに所轄税務署長に連絡する。

(4) 局担当課は、事前確認審査の結果、申出に係る独立企業間価格の算定方法等が最も合理的であると認められない場合、確認申出法人が5-3に規定する資料の添付を怠った場合、5-11(3)の資料の提出に応じない場合又は5-14(1)の規定に基づき事前確認できないと判断した場合には、庁担当課(相互協議を伴う事前確認の申出にあっては、庁相互協議室を含む。)と協議の上、当該独立企業間価格の算定方法等を事前確認できない旨を速やかに所轄税務署長に連絡する。

(5) 所轄税務署長は、局担当課から5-15(1)若しくは5-15(3)又は5-15(4)の連絡を受け、確認申出法人に対し、「独立企業間価格の算定方法等の確認通知書」(別紙様式3)又は「独立企業間価格の算定方法等の確認ができない旨の通知書」(別紙様式4)により事前確認する旨又は事前確認できない旨の通知を速やかに行う。

(事前確認の効果)

5-16 所轄税務署長は、5-15(5)の事前確認する旨の通知を受けた法人(以下「確認法人」という。)が事前確認を受けた国外関連取引(以下「確認取引」という。)に係る各事業年度(以下「確認事業年度」という。)において事前確認の内容に適合した申告を行っている場合には、当該確認取引は独立企業間価格で行われたものとして取り扱う。

なお、事前確認時に既に経過した確認対象事業年度がある場合において、当該確認対象事業年度に係る申告を事前確認の内容に適合させるために確認法人が提出する修正申告書は、国税通則法第65条((過少申告加算税))第5項に規定する「更正があるべきことを予知してされたもの」には該当しないことに留意する。

(報告書の提出)

5-17 所轄税務署長は、確認法人に対し、確認事業年度の確定申告書の提出期限又は所轄税務署長があらかじめ定める期間までに、次の事項を記載した報告書を提出するよう求める。

なお、報告書の提出部数は、調査課所管法人にあっては、2部、調査課所管法人以外の法人にあっては、3部とする。

イ 確認法人が事前確認の内容に適合した申告を行っていることの説明

ロ　確認取引に係る確認法人及び当該国外関連者の損益（事前確認の内容により局担当課が必要と認める場合に限る。）
　ハ　事前確認の前提となった重要な事業上又は経済上の諸条件の変動の有無に関する説明
　ニ　確認取引の結果が事前確認の内容に適合しなかった場合に、確認法人が行った5-19に規定する価格の調整の説明
　ホ　確認事業年度に係る確認法人及び当該国外関連者の財務状況
　ヘ　その他確認法人が事前確認の内容に適合した申告を行っているかどうかを検討する上で参考となる事項

（報告書の取扱い）
5-18
(1)　確認法人から、5-17に定める報告書の提出があった場合には、署法人課税部門又は局調査課は5-5及び5-6の規定に準じて処理を行う。
(2)　局担当課は、報告書等から、事前確認の内容に適合した申告が行われているかどうかを検討する。
　　報告書等の検討は、法人税に関する調査に該当することに留意し、局担当課は、報告書等の検討に際してその旨を確認法人に説明する。また、局担当課は、報告書等を検討した結果、事前確認の内容に適合した申告が行われておらず、所得金額が過少となっている事実が判明した場合には、確認法人に対し、検討の結果及び修正申告書の提出が必要となる旨を説明する。
　　(注)　局担当課による報告書等の検討のための確認法人への臨場又は上記事実の指摘等によって当該確認法人が局担当課による報告書等の検討があったことを了知したと認められる以前に、当該事実が判明したことにより、5-19(2)ロの規定に基づいて当該確認法人が自主的に修正申告書を提出する場合には、当該修正申告書は、国税通則法第65条（（過少申告加算税））第5項に規定する「更正があるべきことを予知してされたもの」には該当しない。
　　　なお、「更正があるべきことを予知してされたもの」に該当するかどうかは、平成12年7月3日付課法2-9ほか3課共同「法人税の過少申告加算税及び無申告加算税の取扱いについて」（事務運営指針）に基づき判断する。
(3)　局担当課は、必要に応じ、報告書等の検討結果を庁担当課に報告し、相互協議の合意が成立した事案について、庁担当課を通じて検討結果を庁相互協議室に連絡する。

（価格の調整）
5-19
(1)　所轄税務署長は、確認法人が事前確認の内容に適合した申告を行うために確定決算に

おいて行う必要な調整は、移転価格上適正な取引として取り扱う。
(2) 局担当課は、確認法人のその事前確認に係る価格の調整（以下「補償調整」という。）について、次に掲げる区分に応じ、それぞれ次に掲げる処理を行うよう指導する。
　イ　確認法人は、確認事業年度に係る確定申告前に、確定決算が事前確認の内容に適合していないことにより、所得金額が過少となることが判明した場合には、申告調整により所得金額を修正する。
　ロ　確認法人は、確認事業年度に係る確定申告後に、確定申告が事前確認の内容に適合していないことにより、所得金額が過少となっていたことが判明した場合には、速やかに修正申告書を提出する。
　ハ　確認法人は、確認事業年度に係る確定申告前に、確定決算が相互協議の合意が成立した事前確認の内容に適合していないことにより、所得金額が過大となることが判明した場合には、補償調整に係る相互協議の合意内容に従い、申告調整により所得金額を修正することができる。
　ニ　確認法人は、確認事業年度に係る確定申告後に、確定申告が相互協議の合意が成立した事前確認の内容に適合していないことにより、所得金額が過大となっていたことが判明した場合には、補償調整に係る相互協議の合意内容に従い、租税条約実施特例法第7条第1項に基づき更正の請求を行うことができる。

（事前確認の改定）

5-20　確認法人から、確認事業年度のうちのいずれかの事業年度において、事前確認を継続する上で前提となる重要な事業上又は経済上の諸条件等について事情の変更が生じたことにより改定の申出がなされた場合には、5-1から5-19までの規定に準じて所要の処理を行う。

（事前確認の取消し）

5-21

(1) 局担当課は、次のイからハまでに該当する場合には当該事実の発生した事業年度以後の事業年度（その事業年度が連結事業年度に該当する場合には、当該連結事業年度）について、ニに該当する場合には確認事業年度について、事前確認を取り消す旨を所轄税務署長に連絡する。
　イ　確認法人が5-20に規定する事情が生じたにもかかわらず事前確認の改定の申出を行わなかった場合
　ロ　確認法人が事前確認の内容に適合した申告を行わなかった場合
　ハ　確認法人が5-17に規定する報告書を提出しなかった場合又は報告書に重大な誤りがあった場合

ニ　事前確認の基礎とした事実関係が真実でない場合又は申出の内容に重大な誤りがあった場合
(2)　(1)の取消しの連絡を行う場合、局担当課は必要に応じ庁担当課と協議を行う。
(3)　相互協議の合意が成立した事前確認について(1)の取消事由が生じている場合には、局担当課は、庁担当課を通じ、庁相互協議室と協議し、当該事前確認につき事前確認を取り消す旨の相互協議の合意を受け、その旨を所轄税務署長に連絡する。
(4)　所轄税務署長は、局担当課からの連絡を受け事前確認を取り消す場合には、確認法人に対し、「独立企業間価格の算定方法等の確認取消通知書」（別紙様式5）により事前確認を取り消す旨の通知を行う。

（事前確認の更新）
5-22　確認法人から事前確認の更新の申出がなされた場合には、5-1から5-21までの規定に準じて所要の処理を行う。

（確認対象事業年度前の各事業年度への準用）
5-23　確認申出法人から確認対象事業年度における独立企業間価格の算定方法等を確認対象事業年度前の各事業年度（その事業年度が連結事業年度に該当する場合には、当該連結事業年度。以下5-23において同じ。）に準用したい旨の申出があった場合において、その事前確認の申出が相互協議の申立てを伴うものであって、当該独立企業間価格の算定方法等が確認対象事業年度前の各事業年度においても最も合理的と認められるときは、5-15、5-16、5-19及び5-21の規定に準じて所要の処理を行う。

（本支店間取引への準用）
5-24　法施行令第176条第1項第7号に掲げる事業を行う法人の我が国に所在する支店と当該法人の国外にある本店又は支店との間の取引について、当該本店が所在する国の税務当局から事前確認に類する申出に係る相互協議の申入れがあり、かつ、当該我が国に所在する支店が事前確認の申出に準じた申出を行う場合には、5-1から5-23までの規定に準じて所要の処理を行う。

（法人が連結グループに加入等した場合の取扱い）
5-25
(1)　確認申出法人が連結法人となった場合で、その法人（以下「連結加入等法人」という。）が引き続き事前確認の申出を行うときは、連結加入等法人に係る連結親法人の納税地の所轄税務署長は、当該連結親法人に対し、「連結加入等法人の事前確認の継続届出書」（別紙様式6）を速やかに提出するよう求める。

なお、届出書の提出部数は、調査課所管法人にあっては、2部（当該連結親法人が相互協議を求めている場合には、3部）、調査課所管法人以外の連結法人にあっては、3部（当該連結親法人が相互協議を求めている場合には、4部）とする。
(2)　(1)の連結親法人からその納税地の所轄税務署長に対し、(1)に定める届出書の提出があった場合には、当該税務署長は、当該届出書の写しをその連結加入等法人の本店又は主たる事務所の所在地の所轄税務署長に送付し、署法人課税部門又は局調査課は5-5及び5-6の規定に準じて処理を行う。また、相互協議を求めているものについては、庁担当課は届出書1部を庁相互協議室に回付する。
(3)　(1)の連結親法人から(1)に定める届出書の提出があった場合のその連結加入等法人に係る事前確認については、当該連結親法人からその納税地の所轄税務署長に対し、連結指針5-2に規定する事前確認の申出がなされたものとして、その後については連結指針5-1から5-25までの規定を適用する。

（経過的取扱い…改正通達の適用時期）
　改正法令（現下の厳しい経済状況及び雇用情勢に対応して税制の整備を図るための所得税法等の一部を改正する法律（平成23年法律第82号）、租税特別措置法施行令等の一部を改正する政令（平成23年政令第199号）及び租税特別措置法施行規則等の一部を改正する省令（平成23年財務省令第35号）をいう。）の適用を受けるこの事務運営指針の取扱いの改正及びこれらの改正に伴う別冊「移転価格税制の適用に当たっての参考事例集」の変更部分は、平成23年10月1日以後開始する事業年度に係る調査及び事前確認審査について適用し、同日より前に開始する事業年度に係る調査及び事前確認審査については、なお従前の例による。

索　　引

アルファベット

AFR ································ 166
APAリポート ······················ 129
Contemporaneous Documentation ······ 4
IGS ································· 18
TNMM ····························· 100

あ

赤字操業 ··························· 143
移転価格ドキュメンテーション ······ 2
売上高営業利益率 ················· 114
役務の提供 ························· 18

か

海外子会社の設立費用 ············· 29
外国子会社に対する寄附金 ········ 134
外国税額控除 ····················· 169
外国法人税 ······················· 172
活動 ······························· 46
株主活動 ··························· 20
基本的機能 ······················· 111
基本的利益 ···················· 65, 74
給与較差補てん ···················· 34
金銭消費貸借取引 ················· 162
金利 ······························ 163
経済産業省 ······················· 131
経済団体連合会 ··················· 131

原価基準法 ······················· 128
検証対象法人 ····················· 111
国外関連取引 ·················· 2, 160
国外所得金額 ····················· 171
国税庁相互協議室 ················· 184
コンテンポレイニアス・ドキュメンテーション ····························· 4

さ

財務データベース ················· 100
残余利益等 ························ 67
残余利益分割法 ···················· 64
事業再編 ··························· 49
事前確認審査 ······················ 71
事前確認申出 ····················· 122
支店帰属所得 ····················· 174
受託製造会社 ····················· 104
受託製造者 ······················· 105
出向契約 ··························· 39
スプレッド ······················· 162
製造委託者 ······················· 105
セーフハーバールール ············· 166
相互協議 ················ 123, 173, 176
相互協議の手続 ··················· 181
総費用営業利益率 ············ 74, 118
損失が生じている活動 ·············· 56

た

調査時に検査を行う書類 …………… 12
低廉譲渡 ………………………… 134
同時文書化 ………………………… 4
独自の機能 ……………… 62, 67, 70
特殊の関係 ……………………… 159
独立企業間価格と時価 …………… 135
独立企業間利率 ………………… 162
独立企業原則 …………………… 86
取引単位営業利益法 ………… 100, 156

は

バイラテラル …………………… 122
分割ファクター ………………… 74
ベンチマークテスト ……………… 157
本来の業務として行われる役務の提供 22
本来の業務に付随した役務提供 …… 22

ま

無形資産 ………………………… 55
無形資産の移転 ………………… 55
無償支給 ………………………… 125

や

有償支給 ………………………… 125
ユニラテラル …………………… 123

ら

リスクの再配分 ………………… 106
リスク配分及びリスクコントロール … 52
ロイヤルティの支払免除 ………… 143
ロケーション・セービング …… 52, 148

著者紹介

伊藤　雄二（いとう　ゆうじ）

　東京国税局調査部において調査部調査官，同調査審理課主査，国際税務専門官及び移転価格担当課長補佐を歴任し，大規模法人調査，審理事務及び国際課税調査(移転価格調査を含む)に従事。その後，国税庁において海外取引調査担当主査として国際課税に関する企画立案を指揮。その間，国税庁研究セクションのリーダーとして国際的租税回避スキームを研究するとともに，米国内国歳入庁，OECD主催の国際会議や税務訴訟に関するタスクフォースの主要メンバーとして活躍するなど，国際税務に関する高度な実務経験及び理論研究実績を有する。

　退官直前は，税務大学校研究部教授として移転価格事案や複雑な国際的租税回避事案に関する国際課税分野の研究に従事するとともに，国際調査担当部門及び租税訴訟担当部門に対する支援を行った。

　現在は，租税法の研究及び調査の実践を通じて培った国際課税に関する知見に基づき，FCGの活動における理論面での統括機能を果たすとともに，税理士として，移転価格課税，タックスヘイブン課税，国際源泉課税，租税条約の解釈・適用及び外国税額控除に関するアドバイス等，様々な国際課税問題を担当しているほか，広く国内の課税問題についての審理事務や訴訟事件補佐も担当している。

萩谷　忠（はぎや　ただし）

　東京国税局調査部の国税調査官として中・大規模法人(ホテル，レジャー，ゴルフ場，コンピュータソフトウェア，外国法人)の調査に1993年まで従事。

　その後2005年までのうち9年間は，同局国税調査官・国際税務専門官として，大規模・超大規模法人の移転価格調査に従事し，新聞で課税報道された事案をはじめとする無形資産取引を中心とした移転価格調査を担当するなど，豊富な実務経験を有する。また，コンピュータシステムやインターネットに関連する特殊な税務調査手法をカナダなどで修得し，日本国の移転価格調査で活用するなど，高度情報化分野における国際税務に関し，豊富な専門知識と経験を有する。

　現在は，移転価格文書化及び移転価格課税リスク診断コンサルティング，国税局による移転価格調査への対応業務，APA(事前確認)申出手続のサポート業務，国税局によるAPA審査への対応業務，相互協議(二国間協議)への対応業務などを行う。

フェアコンサルティンググループ

フェアコンサルティンググループは，税理士法人フェアコンサルティング，株式会社フェアコンサルティング及び海外拠点で構成され，顧客の事業の健全な発展を通じて，社会に貢献するため，次のソリューションを提供しています。

- 公正なソリューション
  公正をキーワードにした，コンプライアンスの維持・向上のためのサポートサービス
- グローバルなワンストップソリューション
  国内外のグループ拠点を通じた，経営・財務・税務問題に対するサポートサービス
- 高度な専門知識に裏付けられたソリューション
  高度な専門知識と豊富な実務経験を有する，大手会計事務所や国税当局，シンクタンク等の勤務経験者によるプロフェッショナルサービス

（具体的業務内容）
国内外税務
- クロスボーダーM&A，海外事業組織再編
- 移転価格税制
- グループ企業間取引に内在する移転価格税制に関するリスク診断
- グローバルベースで整合性のある移転価格ポリシーの構築支援
- 税務リスク軽減のための事前確認申請・取得支援や相互協議の交渉・合意支援
- 移転価格調査，事前確認申請，相互協議を視野に入れた移転価格文書の作成支援
- 移転価格ポリシーを構築・徹底するための取引資料，契約文書，管理体制等に関するアドバイザリー業務
- 移転価格調査，不服申立，訴訟等に際しての税務当局との折衝支援
- 外国子会社合算税制（タックスヘイブン対策税制）
- 長期出張者や駐在員の個人所得税
  日本と海外の両国を視野に入れた個人の所得課税に関するアドバイザリー業務
  居住者及び非居住者に生じる関係各国の税務リスク評価と問題解決のためのアドバイザリー業務
  長期出張者，海外駐在員に与えられるストックオプションなどの経済的利益の課税上の取扱い，企業における出向者規程・派遣契約・社会保険制度等に関するアドバイザリー業務
  企業価値最大化と税務コンプライアンス構築支援

海外財務
- 海外進出・撤退支援
- 支店や法人等といった海外進出形態に関するアドバイザリー業務

- 進出先国の税制・執行状況，会計制度，会社法等に関するアドバイザリー業務
- 進出先国における資本政策の立案・実施に関するアドバイザリー業務
- 迅速かつ確実な海外撤退を行うためのアドバイザリー業務
- 財務調査・株式等評価業務
- キャッシュフロー戦略立案支援
- 会計制度・内部管理体制構築支援

国内財務
- 経理指導や内部管理体制の改善指導
- J-SOX対応を含む上場準備支援
- 株式やストック・オプションの評価
- 財務デューデリジェンス
- 日本における会社設立等の対日投資支援

（その他）

拠点（www.faircongrp.com/network.html）
- 東京オフィス　東京都中央区築地四丁目1-12　ビュロー銀座
  www.faircongrp.com/tokyo.html
- 大阪オフィス　大阪府大阪市北区梅田二丁目5-25　ハービスOSAKA
  www.faircongrp.com/osaka.html
- 香港オフィス　www.faircongrp.com/hongkong.html
- 上海オフィス　www.faircongrp.com/shanghai.html
- ハノイオフィス　www.faircongrp.com/hanoi.html
- シンガポールオフィス　www.faircongrp.com/singapore.html
- インドオフィス　www.faircongrp.com/india.html

著者との契約により検印省略

平成24年4月1日 初版発行

Q&A
移転価格税制のグレーゾーンと実務対応

著　者	伊　藤　雄　二
	萩　谷　　　忠
発 行 者	大　坪　嘉　春
製 版 所	株式会社マッドハウス
印 刷 所	税経印刷株式会社
製 本 所	牧製本印刷株式会社

発 行 所　東京都新宿区　株式　税務経理協会
　　　　　下落合2丁目5番13号　会社
郵便番号　161－0033　振替 00190－2－187408　電話 (03)3953－3301(編集部)
　　　　　　　　　　FAX (03)3565－3391　　　 (03)3953－3325(営業部)
　　　　　URL http://www.zeikei.co.jp/
　　　　　乱丁・落丁の場合はお取替えいたします。

© 伊藤雄二・萩谷 忠 2012　　　　　　　　　Printed in Japan

本書を無断で複写複製（コピー）することは，著作権法上の例外を除き，禁じられています。本書をコピーされる場合は，事前に日本複写権センター（JRRC）の許諾を受けてください。
JRRC(http://www.jrrc.or.jp　eメール：info@jrrc.or.jp　電話：03-3401-2382)

ISBN978-4-419-05788-6　C3034